KB189203

불교에 대해
꼭 알아야 할
100가지

불교에 대해
꼭 알아야 할
100 가지

믿음

이해

수행

깨달음

이일야
지음

불광출판사

목차

이해의 길

닦음의 길

깨침의 길

몇 해 전의 일이다. 당시 〈불교신문〉에 연재하던 '에세이 구산선문'을 모두 마치고 단행본으로 엮어 출판하고 싶었다. 그래서 현재 불광출판사에 몸담고 있는 이상근 주간에게 연락을 했더니 돌아온 답은 뜻밖에도 불교에 대한 백 가지 질문과 답을 쓰는 조건으로 출판하면 어떻겠느냐는 것이었다. 기분 좋은 제안이긴 했지만, 부담이 많이 되었다. 불교 전체를 100개의 질문과 대답으로 구성해서 책을 쓰는 일은 작은 사전을 만드는 것과 비슷하다고 느꼈기 때문이다. 이 일을 완수하기 위해서는 불교 전체를 바라보는 안목뿐만 아니라 양적으로나 질적으로 많은 공부가 되어있어야 한다. 어디 그뿐이겠는가. 불교적 삶을 통해 얻은 지혜 또한 갖추고 있어야 가능한 일이다. 이 일을 감당하기에 필자의 역량은 많이 부족했다. 제안을 받고 망설였던 이유다.

　얼마간의 고민 끝에 그 제안을 받아들이기로 하였다. 비록 많이 부족하지만 새롭게 공부한다는 마음으로 써보면 되지 않겠느냐고 생각했던 것이다. 그래서 전체적으로 어떻게 구성을 할지 고민하고 있었는데, 갑작스레 전북불교대학 학장으로 취임을 하게 되었다. 학장 취임 이후 불교대학을 추스르는 일에 집중하느라 다른 생각을 할 겨를이 없었다. 당연히 글을 쓰는 일은 점점 어렵게 되었고 약속을 지키지 못해 미안한 마음만 쌓여가고 있었다.

그해 〈불교신문〉에 연재한 구산선문 답사기를 『아홉 개의 산문이 열리다』라는 제목으로 출간했는데, 뜻밖에도 제13회 불교출판문화상 대상을 받게 되었다. 시상식이 열린 한국불교역사문화기념관에서 이상근 주간을 만나 원고를 쓰지 못한 그간의 사정을 이야기했다. 그랬더니 지금의 상황을 충분히 이해한다면서 너무 서둘지 않아도 된다고 하였다. 미안한 마음이 조금은 가시는 듯했다. 그렇게 '써야 되는데.' 하는 생각만 있었을 뿐 실제로는 진척은 없이 시간만 흐르고 있었다. 그런데 원고를 집중해서 쓸 수 있는 기회가 주어졌다. 2019년부터 2년 동안 〈현대불교신문〉에 '이일야의 신해행증으로 본 백문백답'이란 제목으로 연재를 하게 된 것이다. 이 책은 그렇게 매주 한 편씩 쓴 원고를 모아서 엮은 것이다.

『불교에 대해 꼭 알아야 할 100가지』에는 적지 않은 소중한 인연들이 담겨있다. 먼저 이 책을 쓰면서 스승이신 전(前) 전북대학교 철학과 교수 강건기 선생님이 많이 생각났다. 이 책에 쓴 글은 모두 그분께 배운 내용으로 되어있다. 필자는 그저 스승님께 배운 불교를 나의 시선에서 해석하고 있을 뿐이다. 현재 송광사에서 유행기의 삶을 여법하게 보내고 계신 스승님께 이 자리를 빌려 감사와 존경의 마음을 전하고 싶다. 참으로 닮고 싶은 분이다.

글을 쓰는 마음 자세에 대해 조언을 아끼지 않은 호남불교문화원 이준엽 실장 또한 이 책의 한 부분을 차지하는 소중한 인연이다. 늘 감사한 마음이다. 원고를 보낼 때마다 멋진 제목을 뽑아서 신문에 실어준 〈현대불교신문〉 박재완 기자에게도 감사의 인사를 전한다. 본래 1년간 쓰기로 했는데, 박재완 기자 덕분에 1년 더 연장해서 2년간의 연재 원고를 무사히 마칠 수 있었다. 이 책을 낼 수 있도록 배려를 해준 불광출판사 류지호 대표와 편집을 위해 애써준 출판사 가족에게도 감사의 마음을 전한다. 끝으로 이 책을 기획하고 마무리를 짓기 위해 필자가 사는 시골까지 걸음을 아끼지 않은 이상근 주간에게 감사를 드린다.

불기 2565년 4월
성작산 아래 초가에서
이일야 합장

프
롤
로
그

머리말에서 밝힌 것처럼 이 책은 〈현대불교신문〉에 연재한 '이일야의 신해행증으로 본 백문백답' 원고를 엮은 것이다. 처음 출판 제의를 받고 100개의 질문을 어떻게 구성할지 많은 고민을 했다. 그러다 문득 화엄불교에서 중시하는 신해행증(信解行證)이라는 단어가 떠올랐다. 신해행증이란 화엄의 깨치고 닦는 수행체계인데, 먼저 바르게 믿고[信] 이해[解]하며 이를 바탕으로 수행[行]을 했을 때 깨침[證]에 이른다는 뜻이다. 이러한 화엄의 체계에 따라 네 개의 주제로 구분해서 100가지 질문을 구성하면 불교 전체를 이해하는 데 효과적이라는 생각이 들었다. 그래서 책 전체를 '믿음의 길'과 '이해의 길', '닦음의 길', '깨침의 길'로 구분해서 정리하였다.

　먼저 1장 '믿음의 길'은 기본적으로 종교의 영역에 속한다고 할 수 있다. 이 부분에서는 믿음과 앎의 차이를 구분하고, 종교는 검증이 아니라 신앙의 대상이라는 점을 먼저 밝히고자 하였다. 그래야 종교가 어떤 위치에 있으며, 다른 학문 체계와 어떻게 다른지 가늠해볼 수 있기 때문이다. 또한 인간이 종교를 믿는 이유와 신앙에도 질적 차이가 존재한다는 점을 고찰하였다. 이를 바탕으로 불교의 다양한 신앙 체계들, 예컨대 아미타신앙과 미륵신앙, 관음신앙, 문수신앙, 보현신앙 등을 다루었다. 마지막으로 어떤 신앙이든 그것은 각자의 선택이며, 이는 마땅히 존중되어야 함을 강조하였다.

2장 '이해의 길'에서는 불교가 종교인지, 철학인지에 대한 문제의식으로 시작하였다. 여기서는 불교란 '앎의 철학이자 삶의 종교'라는 점을 먼저 드러내고 싶었다. 또한 불교는 신이 아니라 인간을 중심으로 하는 종교임을 밝히고 불교의 사상을 40개의 주제로 압축해서 살펴보았다. 주로 근본불교와 대승불교의 가르침을 역사적으로 고찰한 다음 중국과 한국에서 주요하게 다루었던 문제들을 일부 포함시켰다. 중국불교와 한국불교를 조금밖에 다루지 못한 점은 아쉬움으로 남아있다. 마지막에서는 불교와 원불교가 과연 같은 종교인가, 아닌가 하는 문제의식을 중심으로 불자들이 궁금해 하는 부분에 답을 하려고 노력하였다.

3장 '닦음의 길'에서는 불교의 다양한 수행 체계들을 다루었다. 먼저 붓다가 시행착오 끝에 고행을 포기하고 새로운 수행 체계인 위빠사나를 확립하는 내용과 이를 바탕으로 실제 수행되었던 여러 체계들을 살펴보았다. 또한 대승불교에서 중시한 바라밀 수행과 중국에서 새롭게 확립된 간화선이나 묵조선 등을 함께 다루었다. 일반 불자들이 평소에 많이 실천하고 있는 절 수행이나 주력, 사경 등도 포함시켰다. 마지막으로 일상의 모든 행위들을 수행의 차원에서 바라보아야 함을 강조하였다. 그래야 대상이나 경계에 먹히지 않고 주체적인 삶을 살 수 있을 테니 말이다.

4장 '깨침의 길'에서는 불교의 본질인 붓다의 깨침이 우리들 삶에 어떤 의미로 다가오는지 먼저 살펴보았다. 인간의 실존과 무관한 깨침은 공허하다고 느끼기 때문이다. 그리고 깨침이라는 종교적 체험과 해석 사이에는 엄청난 괴리와 간극이 존재한다는 점을 밝히고 그 간극을 좁히기 위한 노력들을 살펴보았다. 이를 바탕으로 불교의 다양한 종파, 예컨대 유식이나 화엄에서 말하고 있는 깨침의 내용과 단계 등을 다루었다. 또한 오늘까지 이어지고 있는 깨달음에 관한 논쟁, 즉 돈오점수와 돈오돈수의 쟁점 등에 대해서도 간략하게 정리하였다. 그리고 이 두 주장은 충분히 양립 가능할 수 있음을 제안하면서 전체 원고를 마무리하였다.

처음 원고를 쓸 때는 주어진 분량 안에 되도록 많은 정보를 담고 싶었다. 백문백답이라는 형식에서는 그러한 방식이 옳다고 느꼈던 것이다. 그러나 그것이 필자의 욕심이었다는 것을 아는 데는 그리 오랜 시간이 걸리지 않았다. 글이 자꾸 건조해지고 조금은 어려워지는 것 같았다. 문득 중학교를 졸업한 사람도 이해할 수 있는 글을 써야 한다는 어느 분의 조언이 떠올라 급히 방향을 수정하였다. 많은 정보를 담기보다는 핵심적인 내용을 압축해서 전하고 이를 쉽게 이해할 수 있도록 일상 속의 다양한 예들을 동원하였다. 특히 중점을 둔 부분은 불교의 가르침이 오늘을 사는 우리에게 어떤 의미인지 성찰하는 것이었다. 앞서 언급한 것처럼 나의 실존과 관계없는 가르침은 의미가 없다고 느꼈기 때문이다.

이 책의 목차는 때로는 질문 형식을 취하고 있지만, 질문에 대한 대답까지 담기도 하였다. 예컨대 '약사신앙이란 무엇인가?'라는 목차 대신 '책임과 권위의 상징, 약사여래'를 사용하였다. 자신에게 주어진 책임을 다할 때 비로소 권위가 따르며, 약사신앙은 이를 상징적으로 보여준다는 점을 강조하고 싶었던 것이다. 눈치 빠른 독자들은 제목만 보고도 어느 정도 내용을 이해할 수 있을 것이라 믿는다. 그리고 이 책은 처음부터 읽어도 좋지만, 관심이 가는 주제를 자유롭게 선택해서 읽어도 무리가 되지 않도록 원고를 썼다. 아무쪼록 이 책이 붓다의 가르침을 이해하고 생활 속에서 실천하는데 조금이라도 도움이 되었으면 하는 바람이다.

믿음의 길

001

믿는 것이
정말
아는 것인가?

우리는 평소 믿는다는 말을 많이 하면서 살고 있다. '나는 신의 존재를 믿어.', 혹은 '나는 윤회를 믿어.'와 같은 종교적 믿음이 있는가 하면, '나는 한용운이 말한 님은 조국이라고 믿어.', '나는 생태계가 파괴되고 있으므로 지구가 머지않아 멸망할 거라고 믿어.'와 같은 일상적 믿음도 있다. 그러나 우리는 믿음에 대해 이처럼 명확한 구분을 하면서 살지 않는다. 믿음이란 용어가 지니는 일반적 의미와 종교적 의미를 구분하는 것은 종교와 과학, 신앙과 사실의 관계를 이해하는 데 도움이 된다.

일상적으로 우리가 믿는다고 말은 하지만 그 속에는 해석이나 주장, 혹은 예측이나 결론, 평가 등의 의미가 담겨있다. 예컨대 앞서 말한 한용운의 시 「님의 침묵」에서의 님을 누군가는 부처님이라고 믿고 다른 누군가는 애인이나 조국이라고 믿는다. 모두 믿는다고 말을 하지만 각자 님에 대한 주장이나 해석을 하고 있는 것이다. 그리고 지구가 생태계의 파괴로 인해 파멸에 이를 것이라는 믿음은 곧 미래에 대한 예측을 하고 있는 것이다. 이뿐만 아니라 어떤 평가나 결론을 내릴 때도 우리는 믿는다는 말을 사용한다.

그런데 이러한 믿음은 단순히 세계에 대한 평가나 해석만을 표현한 것이 아니다. 그것은 곧 자신이 말한 것이 옳거나 사실이라고 굳게 믿는 것이다. 따라서 믿음이란 자신이 옳다고 받아들이는 해석이나 예측, 결론, 평가라고 정의할 수 있다.

그렇다면 자신이 옳다고 받아들이는 믿음이 정말 옳거나 사실이라고 할 수 있을까? 이를 확인하기 위해 믿음을 옳은 믿음, 잘못된 믿음, 불완전한 믿음으로 구분하고자 한다. 먼저 옳은 믿음이 되기 위해서는 자신의 주장이나 평가가 옳다는 것을 뒷받침할 수 있는 강력한 증거가 필요하다. 예컨대 '나는 지구가 둥글다고 믿어.'라고 주장하는 것은 옳다. 왜냐하면 지구가 둥글다는 분명한 증거가 있기 때문이다. 인공위성에서 지구의 둥근 모습을 찍은 사진이 바로 명확한 증거다. 이처럼 강력한 증거에 의해 뒷받침되는 믿음은 단순한 믿음이 아니라 옳은 믿음이다. 옳은 믿음이 바로 앎(knowing), 혹은 지식(知識)이 되는 것이다.

이처럼 믿음이 지식이 되기 위해서는 조건이 필요하다. 즉 그것이 사실이거나 분명한 증거가 있어야 한다는 뜻이다. 따라서 '나는 1+1=2라는 것을 알아.'라고 말하는 것은 정당하다. 이 명제가 옳기 때문이다. 물론 앞의 1과 뒤의 1이 완벽하게 동일한 조건일 때만 가능하다.

둘째로 완전히 잘못된 믿음이 있다. 지구가 네모나다거나 태양이 지구를 돈다는 믿음들이 이에 해당한다. 따라서 '나는 천동설을 믿어.'라고 말하는 것은 가능하지만, '나는 태양이 지구를 돈다는 것을 알아.'라고 말하는 것은 부당하다. 믿는 것은 자유지만, 그것을 앎이라고 인정할 수는 없기 때문이다. 지동설이 오늘날에는 상식이지만, 서구 중세사회에서는 종교적 이데올로기와 결부되어 금지된 믿음이었다. 그들은 믿은 것이지, 결코 안 것이 아니다.

아직도 민주주의의 반대말이 공산주의라고 믿는 사람들이 많다. 이는 결코 사실이 아니다. 민주주의와 공산주의는 범주가 다르기 때문에 동일선상에서 비교하는 것은 오류다. 이는 마치 '사과 맛이 파랗다.'라고 말하는 것과 같다. 민주의 반대는 독재이며, 공산주의의 반대는 자본주의다. 따라서 이러한 믿음은 왜곡된 믿음일 뿐 옳은 믿음, 즉 앎이라고 할 수 없다. 분명한 것은 사실이 아닌 것을 믿을 수는 있어도 알 수는 없다는 것이다.

셋째로 불완전한 믿음도 있다. 예컨대 다른 행성에 생명체가 살고 있다는 믿음은 완전하지 않다. 우리가 아직 모르는 생명체가 외계에 살고 있다 하더라도, 그것은 아직까지 정확하지 않은 믿음일 뿐 지식이라고 할 수 없다. 이러한 믿음을 뒷받침할 만한 명확한 증거가 없기 때문이다. 따라서 이러한 주장을 하는 사람들은 믿고 있는 것이지 알고 있는 것이 아니다.

이처럼 믿음을 옳은 믿음과 잘못된 믿음, 불완전한 믿음으로 구분하는 이유는 잘못된 믿음을 사실이나 앎이라고 생각하면서 사는 사람들이 의외로 많기 때문이다. 그러한 사회는 결코 건강하지 않다. 내가 믿는 것이 정말 아는 것일까? 이러한 질문을 스스로 할 줄 알아야 한다. 믿는 것과 아는 것은 범주가 다르기 때문이다.

이는 믿음과 종교의 관계에도 그대로 적용된다. 위의 구분에 의하면, 종교는 불완전한 믿음의 체계라고 할 수 있다. 아직까지 신이 존재한다거나 윤회가 사실이라는 것을 입증할 수 없기 때문이다. 하지만 대개의 종교인들은 이러한 불완전한 믿음이 사실이라고 절대적으로 믿는다. 반복되는 말이지만, 믿는다고 아는 것이 아니다.

002

종교는
믿는 것인가,
아는 것인가?

종교는 기본적으로 무언가를 믿는 체계다. 그 무엇에는 종교를 창시한 교주(敎主)와 그의 가르침인 교리(敎理), 그리고 교주와 그 가르침을 믿고 따르는 교단(敎團)이 포함된다. 이를 가리켜 종교의 3대 요소라 한다. 불교의 경우 교주인 석가모니 붓다[佛]와 그 가르침인 법(法), 교단인 승가[僧]가 이에 해당된다. 물론 힌두교와 같이 조직적이고 체계적인 교단이 없는 종교도 있지만, 대개의 종교는 이 셋을 갖추고 있다.

엄밀히 말하면 종교적 믿음은 불완전한 믿음이다. 왜냐하면 그 믿음이 옳은지 그른지 알 수 없기 때문이다. 다시 말하면, 종교적 믿음이 사실인지 아닌지 검증을 통해서 확인할 수 없다는 것이다. 과학은 가설을 세우고 실험이나 관찰을 통해 그것이 사실인지 아닌지, 옳은지 그른지를 판단하는 체계다. 실험이나 관찰을 통해서 사실 여부에 대한 분명한 결과가 나오지 않으면 보류하면 된다. 그러나 종교는 이런 검증체계를 통해서 신이 존재하는지, 전생이 존재하는지 여부를 확인할 수 없다. 신앙과 과학 사이에는 넘을 수 없는 카테고리의 벽이 존재하는 것이다.

이처럼 종교는 검증의 체계가 아닌데도 불구하고 이를 인간의 이성이나 경험을 통해 증명할 수 있다고 생각한 사람들이 있었다. 서구 중세 신학자들이 대표적이다. 그들은 무려 천 년에 걸쳐서 존재론적 증명, 우주론적 증명, 도덕론적 증명 등 어렵고 복잡한 시스템을 고안하여 신의 존재를 증명하려고 했다. 예컨대 존재론적 증명을 삼단논법을 통해 정리하면 이렇다.

대전제 : 신은 완전자다.
소전제 : 신이 완전하기 위해서는 관념뿐만 아니라 실제로
도 존재해야 한다.
결 론 : 따라서 신은 존재한다.

이는 신이 완전자(完全者), 즉 완전한 존재라는 개념과 부합하기 위해서는 실재해야 한다는 뜻이다. 왜냐하면 실제로 존재하지 않는다면

완전하다고 할 수 없기 때문이다. 예를 들어 어린아이가 도화지에 사과를 그렸다고 해보자. 그렇다면 그림 속 사과와 실제 먹을 수 있는 사과 중에 어느 것이 더 완전하다고 할 수 있을까? 당연히 생각 속에 있거나 그림으로 있는 사과보다 눈앞에 실재하는 사과가 더 완전하다. 이처럼 신도 완전한 존재이기 때문에 실제로 존재해야 논리적으로 타당하다는 것이 그들의 주장이다.

그런데 이를 타당한 증명이라고 생각하는 사람은 별로 없다. 결론이 타당하려면 전제들이 옳거나 사실이어야 하는데, 신의 완전성을 어떻게 증명할 수 있는가? 이 증명은 전제 속에 신이 존재한다는 것을 가정하고 있을 뿐이다. 이는 곧 인간의 이성을 통해 신의 존재를 증명할 수 있다는 지적 오만이 부른 무모한 시도일 뿐이다. 일종의 범주의 오류(category mistake)를 범하고 있는 것이다.

중세 신학자들의 이러한 시도들이 무의미한 것만은 아니었다. 이를 통해 종교는 검증의 대상이 아니라 믿음의 대상이라는 소중한 교훈을 얻었기 때문이다. 즉 신앙과 이성은 서로 카테고리가 다르다는 것을 확인한 것이다. 종교는 믿음의 대상이지 결코 검증의 대상이 아니다. 검증을 통해 신의 존재나 전생을 확인할 수 있다면, 이를 믿지 않는 사람이 어디 있겠는가.

이처럼 종교적 신앙은 일반적 의미의 앎, 즉 지식의 범주에 속하지 않는다. 지식은 경험적이든 분석적이든 검증을 통해 그것이 옳다는 것을 뒷받침할 수 있어야 하기 때문이다. 물론 신이나 내세가 존재한다는 종교적 언명들이 검증을 통해 사실로 확인되면 이 역시 지식이라고 할 수 있다.

종교는 이성과 경험을 통해 어떤 객관적 사실을 밝히는 일이 아니다. 이는 불교라고 해서 예외일 수 없다. 전생의 존재 여부를 지구 밖에 금성이 있음을 밝히는 것과 같이 확인할 수는 없다. 모든 종교는 과학이 아니라 믿음을 통해 자기 삶을 되돌아보고 질적인 변화를 추구하는 가르침이다.

결론적으로 종교는 믿는 것이지 아는 것이 아니다. 종교적 믿음을 과학이나 이성을 통해 검증하려는 태도는 난센스(nonsense)라 할 것이다. 앞서 언급한 것처럼 종교와 과학에는 넘을 수 없는 카테고리의 벽이 존재하기 때문이다. 그리고 종교적 믿음에는 지식과는 견줄 수 없는 삶의 중요한 의미들이 가득 들어있다. 사람들이 종교를 신앙하는 이유도 바로 여기에 있다. 앞으로의 글들은 이를 확인하는 과정이 될 것이다.

003

종교를
믿는 이유는?

인간은 무엇인가를 욕구하는 존재다. 배고프면 먹고 싶고, 졸리면 자고 싶다. 이런 개인적 욕구뿐만 아니라 특정한 사회와 문화 속에서 형성된 욕구도 있다. 평소에는 생각이 안 나는데 설날이 되면 떡국이 먹고 싶고, 추석이 다가오면 송편이 먹고 싶고, 동짓날엔 팥죽이 먹고 싶다. 서구인들은 추수감사절이 다가오면 칠면조 요리가 먹고 싶을 것이다. 사회문화적 욕구가 발동하는 것이다. 개인적이든, 사회적이든 욕구는 충족되어야 한다. 그렇지 않으면 문제가 발생한다. 배가 고픈데도 먹지 않으면 굶어죽고 설날인데도 떡국을 먹지 않으면 마음에 뭔지 모를 허전함이 밀려온다.

세속적인[俗] 삶에서 벗어나 거룩한[聖] 삶을 추구하는 종교적 욕구도 마찬가지다. 이를 충족시키기 위해 사람들은 주말이면 교회와 성당, 사찰 등에 간다. 종교적 욕구도 충족되지 않으면 인간의 문제가 발생한다. 그렇기 때문에 인류가 존재하는 한 종교는 결코 사라질 수 없다. 종교적 욕구 또한 개인적, 사회문화적 욕구와 마찬가지로 인간의 본능으로 자리 잡은 것이다.

그렇다면 종교적 욕구가 일어나는 근본적인 이유는 무엇일까? 그것은 인간의 삶이 영원하지 않기 때문이다. 인간이라면 아무리 건강하다 하더라도 언젠가는 늙고 병들고 죽을 수밖에 없다. 이처럼 유한한 실존 앞에 무력감을 느끼지만, 인간은 이 문제를 해결하기 위해 적극적인 방법을 모색하기도 한다. 여러 종교에서 영생, 즉 영원한 삶을 강조하는 이유도 여기에 있다. 종교란 이러한 욕구를 충족시키기 위한 과정에서 발생한 것이다.

미국의 철학자이자 종교심리학자인 윌리엄 제임스(William James, 1842~1910)는 사람들이 종교에 귀의하는 유형을 건강형(Healthy minded)과 병적인 형(Sicked minded)으로 구분하였다. 건강형이란 친구나 부모를 따라 교회나 성당에 가는 것처럼 특별한 문제의식 없이 자연스럽게 종교에 귀의하는 경우를 말한다. 이들에게 종교란 삶의 전부가 아니라 일부분에 속한다. 반면 병적인 형은 태어나면 죽을 수밖에 없는 삶의 유한성에 문제의식을 느끼고 이를 해결하기 위해 종교에 귀의하는 유형이다. 그들에게 생사의 문제는 삶의 일부가 아니라 전부를 차지하기 때문에 이를 해결하지 않고서는 삶의 의미가 없다고 느낀다.

인류 역사상 위대한 종교가들은 대개 병적인 형에 속한다. 석가모니 붓다가 대표적 인물이다. 그는 왕자로 태어나 화려한 삶을 살다가 성문 밖에서 늙고 병들고 죽은 사람과 마주한다. 그리고 생로병사라는 엄연한 현실 앞에 극심한 고통을 느낀다. 실존이라는 병에 걸린 것이다. 그는 생사의 문제를 해결하기 위해 출가를 하고 6년간의 처절한 고행을 한다. 마침내 붓다는 보리수 아래에서 깨달음을 얻고 이문제를 해결한다. 종교적 욕구를 완전히 충족시킨 것이다.

석가모니 붓다처럼 생사의 문제를 스스로의 힘으로 해결하는 것을 자력(自力)이라 부른다. 앞으로 살펴보겠지만, 불교는 기본적으로 어느 누구의 힘에도 의존하지 않는 자력신앙이다. 스스로 생사의 문제를 해결할 능력을 본래부터 갖추고 있다는 것이 불교의 기본 입장이다. 이와 달리 기독교에 의하면 인간은 결코 스스로 생사의 문제를 해결할 수 없다. 인간은 지음을 받은 신의 피조물이기 때문이다. 따라서 생사를 해결하는 주체도 인간이 아니라 신이다. 이처럼 신의 절대적인 힘에 의지해 생사의 문제를 해결하는 구조를 타력신앙(他力信仰)이라 한다.

자력이든 타력이든 삶은 유한하기 때문에 인간은 나고 죽은 문제를 해결하고자 하는 강력한 종교적 욕구를 가지고 있다. 타력신앙의 전통에서는 종교적 욕구를 완전히 충족시키고 영생을 얻는 것을 구원이라 한다. 반면 스스로의 힘으로 이를 해결하는 불교와 같은 전통에서는 깨달음이나 열반 혹은 해탈이라 부른다.

아무리 위대한 학문이라도 이러한 생사의 문제는 해결할 수 없다. 오직 종교만이 이 문제를 해결할 수 있는 구조로 되어있다. 그렇기 때문에 종교를 가리켜 '으뜸가는[宗] 가르침[敎]'이라고 부르는 것이다. 인간이 종교를 믿는 이유도 바로 여기에 있다.

004

신앙에도
질적 차이가 있는가?

종교는 경험이나 분석을 통해 옳고 그름이나 사실 여부를 판단하는 구조가 아니라 믿음을 통해 그것이 자신의 삶에 어떤 의미인지를 성찰하는 체계다. 종교가 지식이 아니라 불완전한 믿음의 체계라는 점에서 볼 때 어느 정도의 위험은 항상 존재한다. 잘못된 신앙으로 사람들을 이끌게 되면, 상상할 수 없는 결과를 가져올 수 있다는 것이다. 영생을 외치면서 집단 자살을 행한 어느 종교 단체의 행위는 이를 잘 보여주고 있다.

이처럼 종교적 믿음에는 적지 않은 위험이 자리하고 있다. 그렇기 때문에 종교적 신앙을 좀 더 냉철하게 성찰할 필요가 있다. 다시 말하면, 질적으로 유치한 신앙이 아니라 성숙한 신앙을 추구해야한다는 뜻이다. 러시아 신비주의자로 알려진 구제프(Gorge Gurdjieff, 1877~1949)에 의하면 믿음에도 질적 차이가 있다고 한다. 그는 신앙을 기계적 믿음(mechanical faith)과 정서적 믿음(emotional faith), 그리고 자각적 믿음(conscious faith) 세 가지로 구분하였다. 이러한 구분은 현재 자신의 신앙이 어느 수준인지를 성찰하는 데 도움이 된다.

먼저 기계적 믿음은 아무런 문제의식 없이 자신의 종교를 신앙하는 유형이다. 기계는 생각을 하지 않는다. 다만 그것을 디자인하고 만든 사람에 의해서 움직일 뿐이다. 아무 생각 없이 기계적으로 교회나 성당, 절 등을 왔다 갔다 하는 유형이다. 이런 신앙은 자기 성찰이 결여됐다는 점에서 매우 유치한 수준이라고 할 수 있다. 구제프는 이런 믿음을 어리석음(foolishness)이라고 하였다.

정서적 믿음 역시 정도 차이만 있을 뿐 문제의식과 성찰이 부족한 유형이다. 사람들은 종교가 지니는 정서에 영향을 받아 귀의하는 경우가 적지 않다. 예컨대 사찰의 고요한 분위기가 좋아서 불교를 믿기도 하고, 교회 성가대에서 울려 퍼지는 음악에 매료되어 개신교를 믿기도 한다. 자연스럽게 보일지 모르지만, 이런 유형에서 주연은 종교적 정서가 되며 우리 자신은 조연으로 전락하고 만다. 그래서 구제프는 정서적 믿음을 노예(slavery)라고 하였다.

마지막으로 자각적 믿음은 내가 왜 종교를 믿는지, 종교가 내 삶에 어떤 의미인지를 성찰하는 유형이다. 이는 분명한 문제의식을 가지고 신앙을 하기 때문에 말 그대로 깨어있는(conscious) 믿음이다. 구제프는 자각적 믿음을 자유(freedom)라고 하였다. 이를 통해 우리는 어리석음과 노예적 사유에서 벗어나 진정한 정신적 자유를 누릴 수 있다. 우리가 지향해야 할 신앙도 바로 스스로 주체가 되어 종교적 삶을 살아가는 자각적 믿음이다.

종교를 믿는 사람들이 간과하는 것이 하나 있다. 그것은 바로 신앙도 성장하고 익어간다는 사실이다. 어린 시절 어머니 손을 잡고 교회나 절을 다닐 때의 신앙과 어른이 되어 종교를 믿는 수준이 같을 수는 없다. 어릴 때는 교회나 절에 가서 기도를 하면 성적이 오르거나 소원이 이루어진다는 어머니 말씀을 전적으로 신뢰한다. 유치하지만 아이들을 종교의 세계로 이끄는 데는 꽤나 유용한 방법이다. 그러나 어른이 되어서도 이런 수준의 신앙에 머무는 것은 결코 바람직하지 않다.

몸은 어른으로 성장했는데 지적 수준이 어린아이의 상태라면, 이는 분명 문제가 있는 것이다. 신앙도 마찬가지다. 어른으로 성장했는데도 불구하고 신앙이 어린아이의 수준에 머문다면 종교적 삶이 유치할 수밖에 없다. 이런 상태에서는 자신의 삶에 대한 성찰은 없고 오직 기복만 남게 된다.

입시철만 되면 우리나라 교회나 성당, 사찰은 문전성시를 이룬다. 자식을 위한 부모의 마음을 이해 못 하는 것은 아니지만, 너무 지나치다는 생각이다. 어쩌면 우리는 예수나 붓다께 신앙이라는 이름으로 부당한 요구를 하고 있는 것은 아닐까? 그리고 종교 집단에서는 이런 마음을 이용해서 비즈니스를 하고 있는 것은 아닌지 돌아볼 일이다.

신앙에도 분명 질적 차이가 있다. 내가 믿는 종교가 내 삶에 어떤 내용과 의미를 가지는지에 대한 성찰이 없다면 유치하고 위험할 뿐이다. 어른다운 신앙, 자기 성찰이 담긴 신앙, 제대로 익은 신앙에서 아름다운 향기가 나는 법이다. 우리는 지금 어느 수준에 있을까? 어리석음의 잠으로부터 우리의 삶[生]이 깨어날[覺] 수 있도록 곰곰이 생각해볼 일이다.

005

불교에서
믿음의
의미와 대상은?

불교는 과학이 아니라 종교라는 점에서, 지식이 아니라 믿음의 범주에서 다루어져야 한다. 이를 간과한 채 불교를 과학의 시선으로 바라보고 모든 것을 증명하려는 태도는 지양되어야 한다. 이성이나 경험을 통해 신의 존재를 증명하려 했던 중세 기독교의 오류를 답습하는 것과 같기 때문이다.

불교에서 믿음의 대상은 구체적으로 붓다[佛]와 가르침[法], 승가[僧]다. 이를 가리켜 삼보(三寶), 즉 세 가지 보배라 한다. 그만큼 소중하다는 뜻이다. 삼보는 불교를 지탱하는 생명과도 같다. 불교의 모든 의식이 삼보에 귀의하는 것[三歸依]에서 시작되는 이유도 여기에 있다.

> 거룩한 부처님께 귀의합니다.
> 거룩한 가르침에 귀의합니다.
> 거룩한 승가에 귀의합니다.

귀의란 범어인 '나마스(namas)'를 번역한 말이다. 흔히 '나무아미타불'
할 때 '나무(南無)'는 나마스를 음역한 말이다. 이는 목숨 걸고 돌아간
다[歸命]는 뜻이다. 삼귀의란 삼보에 돌아가 절대적으로 믿고 의지한
다는 일종의 신앙고백이다. 이처럼 부처님과 가르침, 승가를 각기 다
른 모습으로 바라보는 것을 별상삼보(別相三寶)라 한다.

　반면에 삼보를 '하나인 마음'으로 바라보는 일심삼보(一心三寶)
도 있다. 불법승(佛法僧)이 마음 밖에 별도로 존재하는 대상[別相]이
아니라 우리들이 본래부터 갖추고 있는 일심이라는 것이다. 그렇다
면 삼귀의는 하나인 마음에 돌아가 살겠다는 간절하면서도 굳건한
다짐이라고 할 수 있다.

　이런 차원의 믿음은 화엄불교나 선불교에 이르러 더욱 적극적
으로 해석된다. 『화엄경』에는 "마음과 부처, 중생 이 셋은 차별이 없
다[心佛及衆生 是三無差別]."고 하였다. 우리는 탐진치(貪瞋痴) 삼독(三
毒)의 술에 취해 있어서 중생인 줄 알고 살지만, 실은 믿음의 대상인
부처가 다름 아닌 나 자신이라는 뜻이다. 따라서 삼독의 술에서 깨어

나 본래의 모습을 회복하고 부처다운 삶을 사는 것이 곧 신앙인의 참다운 모습이다. 『화엄경』에서는 또한 "믿음은 도의 근원이요 공덕의 어머니[信爲道元功德母]"라고 강조한다. 이러한 믿음을 통해 궁극적으로는 번뇌 망상으로부터 벗어나 위없는 깨달음을 성취할 수 있다. 불교의 목적인 깨달음은 인간의 이성이 아니라 믿음과 수행[信行]을 통해서 가능하다.

선불교에서도 '마음이 곧 부처[心卽佛]'임을 매우 강조한다. 이를 언급하지 않은 선사들이 거의 없을 정도다. 왜냐하면 내 마음이 다름 아닌 부처임을 믿고 깨치는 것이 곧 견성(見性)이기 때문이다. 자신의 성품을 밝게 비추는 견성은 선불교의 생명과도 같다.

화엄이나 선에서 내가 곧 부처임을 믿어야 한다고 강조하는 이유는 무엇일까? 그것은 다름 아닌 부처를 대상화하는 우를 범할 수 있기 때문이다. 부처를 대상화하면 나와 부처가 둘이 되어, 나는 '여기'에 있고 부처는 '거기'에 있게 된다. 그렇게 되면 부처를 찾는 우리의 시선이 밖에 있는 '거기'로 향할 수밖에 없다. 선불교에서는 밖으로 향하는 시선을 안으로 돌이키라[返照]고 한다. 그럴 때 비로소 부처는 다른 데 있는 것이 아니라 내 안에 있음을 깨칠 수 있다는 것이다. 선사들이 '절대로 밖에서 찾지 말라[切莫外求].'고 강조하는 이유도 여기에 있다.

불교가 지나치게 기복(祈福) 중심으로 흐르게 되면, 자기성찰의 종교라는 본래의 모습을 잃어버릴 수 있다. 기도도량으로 유명한 전국의 사찰들은 사람들의 발길이 끊이지 않는다. 흔히 말하는 영험 때문이다. 소원을 빌면 잘 이루어진다는 것이다. 물론 종교에 기복이 없을 수 없다. 부처님과 여러 보살님들의 위신력(威神力)에 의지해서 자신이 이루고자 하는 소망을 담을 수 있다. 연등이나 염주 등에 '소원성취(所願成就)'란 말이 많이 쓰이는 것도 이 때문이다.

그러나 그것이 지나치면 불교가 왜곡된 방향으로 흐를 수 있다. '기복신앙', '귀신장사', '아줌마 불교', 한국불교를 부정적으로 바라보는 용어들이다. 이를 극복하고 자기 성찰의 모습을 회복해야 한다. 불교는 어리석은 믿음[迷信]이 아니라 바른 믿음[正信]을 지향하는 종교다.

006

불교 신앙은
기복(祈福)인가?

언젠가 개신교를 믿다가 불교로 개종한 젊은 여성의 하소연을 들은 적이 있다. 교회를 다닐 때는 '도와주세요.'라는 기도만 하면 됐는데, 절에서는 모든 것은 자기가 지은 것이니 스스로 마음을 잘 다스려야 한다는 것이었다. 가뜩이나 직장과 육아, 가족 간의 갈등으로 힘든 일이 많아 의지할 곳이 절실한데, 불교에서는 스스로 해결하라고 하니 너무 힘들다는 하소연이었다.

주위에서 어렵지 않게 볼 수 있는 장면이다. 불교가 아무리 자기 성찰의 종교, 자력신앙의 체계라 하더라도, 이런 어려운 상황에서는 부처님께 도와달라고 기도하는 것이 훨씬 효과적일 수 있다. 기복의 힘을 통해 자신의 어려운 처지를 극복하고자 하는 것은 종교의 기본적 기능이다. 물론 소원을 비는 차원에 머물러서는 안 된다. 소원(所願)에서 서원(誓願), 행원(行願)으로 숙성되어야 삶의 질적 변화를 가져올 수 있기 때문이다. 위대한 종교인들은 대개 이러한 과정을 통해 자신의 삶을 질적으로 성장시켰다.

소원은 말 그대로 원하는 것을 '~해주세요.'라는 구조로 되어있다. 어린 시절 절이나 성당에 가서 부처님이나 하느님께 기도하면 소원이 이루어진다고 생각하는 유형이다. 각종 시험의 합격이나 사업의 번창, 가족의 건강 등을 위해 소원을 비는 행위 역시 이런 구조다. 이러한 기복이 종교의 가장 원초적인 기능이라는 점에서, 무언가를 바라는 소원은 '어린아이의 신앙'이라고 할 수 있다.

그런데 불교 신앙은 소원에서 멈추지 않는다. 기복을 어느 정도 수용하면서도 한 단계 더 나아가는 구조로 되어있다. 즉, 무언가를 '~해주세요.'보다는 '~하겠습니다.'라는 서원을 더 중시한다는 뜻이다. 조금 과격하게 말한다면 불교는 소원을 비는 종교가 아니라 서원을 세우는 종교라 할 수 있다. 불교 의식을 마치면서 행하는 사홍서원(四弘誓願)이 '중생을 건지고 번뇌를 끊으며, 법문을 배워 불도를 이루겠다.'는 내용으로 되어있는 것도 이를 잘 보여준다 할 것이다.

소원에서 서원으로의 전환은 종교적 삶에 많은 변화를 가져다준다. 기도의 내용과 질 또한 달라진다. 소원이 시험 잘 보게 '해주세요.'라는 기도라면, 서원은 시험을 잘 볼 수 있도록 공부를 열심히 '하겠다.'는 굳은 다짐이기 때문이다. 종교적 신앙은 서원에 이르러 비로소 어린아이의 단계를 벗어날 수 있다. 각자에 맞는 목표를 설정하고 이를 이루겠다는 발원은 우리의 삶을 더욱 풍요롭게 해준다. 이러한 서원은 아이의 단계에서 벗어나 삶의 지표를 세운다는 점에서 '청년의 신앙'이라고 할 수 있다.

그렇다면 불교 신앙은 서원에서 완성되는 것일까? 결코 그렇지 않다. 서원도 수없이 다지고 다져야 더욱 단단해지고 힘이 생긴다. 이뿐만 아니라 그렇게 다지고 다졌다 해도 현실에서 실천하지 않으면 결코 원을 이룰 수 없다. 땅에 씨를 뿌린다고 해서 모두가 잘 자라는 것은 아니다. 거름도 주고 김도 매주어야 잘 자랄 수 있다. 이와 마찬가지로 내가 세운 서원이 현실에서 잘 실천되지 않으면, 자신을 성찰하는 참회와 발원을 해야 한다. 이러한 과정이 반복되면서 서원은 더욱 굳건해지고 현실에서 힘을 발휘할 수 있다. 우리의 삶은 이러한 실천을 통해 꽃을 피우고 열매를 맺는다.

이처럼 서원을 바탕으로 반드시 실천하겠다는 것이 행원이다. 행원의 단계까지 이르러야 비로소 종교적 삶이 익었다고 할 수 있다. 『화엄경』의 결론이라 불리는 「보현행원품」은 보현보살의 열 가지 행원을 다루고 있는 경전으로서 실천의 중요성을 매우 강조하고 있다. 부처님을 예경하는 것으로 시작해서 자신이 지은 모든 공덕을 중생들을 향한 회향(廻向)으로 마무리하는 보현행원(普賢行願)은 불교 신앙의 지향점이 어디에 있는지를 잘 보여주고 있다. 행원은 어린아이와 청년의 과정을 거쳐 한층 성숙된 '어른의 신앙'이라고 할 수 있다.

불교 신앙이 기복의 차원에 머무르는 한 삶의 변화는 일어나지 않는다. 인격(人格)에서 불격(佛格)으로 전환은 소원이 아니라, 서원과 행원을 통해서 완성된다. 우리는 지금 어느 지점에 있을까? 곰곰이 생각해볼 일이다.

007

불교는
자력신앙인가,
타력신앙인가?

인간은 태어나면 언젠가는 늙고 병들어 죽기 마련이다. 이러한 유한한 실존 앞에 인간은 괴로움을 느끼고 한없이 작아진다. 그렇다면 우리가 할 수 있는 일이 무엇일까? 바로 영원한 삶을 꿈꾸거나 고통에서 벗어나기를 갈망하는 것이다. 그 꿈이 실현된 상태를 종교적 전통에 따라 구원, 혹은 깨달음 등으로 부른다. 인간이 종교를 믿는 이유다.

종교의 목적인 구원에 이르는 데는 두 가지 길이 있다. 자력신앙(自力信仰)과 타력신앙(他力信仰)이 그것이다. 자기 스스로의 힘으로 구원에 이를 수 있다는 입장이 자력신앙이라면 절대적 힘을 가진 타자(他者), 즉 신의 은총에 의해서만 구원받을 수 있다는 입장이 타력신앙이다. 기독교를 위시한 서양종교가 타력신앙이라면, 불교를 비롯한 동양종교는 자력신앙에 가깝다.

종교의 목적인 구원을 불교에서는 깨달음이라 표현한다. 그런데 깨달음은 어떤 절대적 존재의 은총으로 주어지는 것이 아니라 스스로의 노력으로 얻을 수 있는 종교적 체험이다. 석가모니 붓다는 이를 직접 체험하고 생로병사라는 인간의 실존적 괴로움에서 벗어난 인물이다. 그렇기 때문에 자력신앙의 모습은 그의 생애와 가르침에서 충분히 확인할 수 있다. 특히 그의 탄생게와 마지막 유훈에서 이를 잘 볼 수 있다. 널리 알려진 것처럼 붓다는 태어나자마자 일곱 발자국을 걸으면서 한 손으로는 하늘을, 다른 한 손으로는 땅을 가리키며 이렇게 외친다.

"하늘 위 하늘 아래 오직 나 홀로 높다[天上天下 唯我獨尊]."

흔히 탄생게(誕生偈)로 알려진 이 선언을 통해 불교에서 인간을 어떻게 바라보는지 이해할 수 있다. 흔히 오해하는 것처럼 이 말은 나 혼자 잘났다는 뜻이 아니다. 여기에서 '아(我)'라는 말을 잘 알아야 본래의 의미를 제대로 이해할 수 있다. 나[我]는 개별적 존재가 아니라 보편적 인간성을 가리킨다. 따라서 이 말은 모든 인간은 그 자체로 매우 존엄하다는 의미를 지니고 있다. 인간의 가능성을 매우 높이 평가한 위대한 인간선언이라고 할 수 있다.

그렇다면 불교에서는 왜 인간을 위대하다고 했을까? 바로 종교의 목적인 구원을 인간 스스로 실현할 수 있기 때문이다. 이러한 입장은 대승불교에 이르러 인간은 부처가 될 수 있는 성품[佛性]을 갖추고 있다는 불성사상이나, '여래의 씨알[如來藏]'이 있다는 여래장사상으로 발전하기도 한다. 이는 나고 죽는 인간의 문제를 스스로의 힘으로 해결할 수 있다는 자력신앙의 근거가 된다. 이러한 자력신앙의 모습은 붓다의 마지막 유훈에도 잘 나타나 있다. 그는 열반에 들기 전 제자들에게 이렇게 말한다.

> "너 자신을 등불 삼고 너 자신을 의지하라. 진리를 등불 삼고
> 진리를 의지하라. 이 밖에 다른 것에 의지해서는 안 된다."

흔히 '자등명 법등명(自燈明 法燈明)'으로 알려진 붓다의 마지막 유훈은 깨달음은 어떤 절대적 존재에 의해서가 아니라 자신을 등불 삼고 진리를 등불 삼아 정진할 때 이루어진다는 것을 여실히 보여주고 있다. 그리고 이를 실제로 증명해보인 인물이 바로 석가모니 붓다이다. 인간이 스스로의 힘으로 깨달음에 이를 수 있는 이유는 다른 데 있는 것이 아니다. 그것은 바로 인간은 절대적 존재에 의해 지음 받은 피조물이 아니라 우주의 중심이며 주인공이기 때문이다. 따라서 누구나 스스로 노력하면 깨달음을 얻어 붓다가 될 수 있다는 것이 불교의 기본 입장이다.

이처럼 인간의 가능성을 높이 평가한 철학이나 종교가 있을까 싶다. 붓다의 탄생과 열반에서 확인한 것처럼 불교는 전형적인 자력 신앙의 모습을 하고 있다. 그런데 다른 한편으로 절대타자인 아미타 불께 의지하여 정토에 낳고자 하는 타력신앙의 모습을 보이기도 한 다. 어떻게 된 것일까? 한 종교 안에서 자력신앙과 타력신앙이 서로 양립할 수 있을까? 다음 편의 주제다.

008

불교는
자력신앙이라고 하는데,
정토신앙은 타력신앙이 아닌가?

나는 수영을 못한다. 초등학교 4학년 이후로 수영장을 가본 적도 없다. 어린 시절부터 아버님은 내게 자주 말씀하셨다. 내 사주에 물과 가까이 해서는 안 된다고 나와 있으니, 조심해야 한다고 말이다. 이런 때문인지 성인이 되어 어디를 놀러갈 때도 '물에 가까이 가지 말라.'는 아버님의 당부는 끊이지 않았다. 나는 수영을 못하기 때문에 물에 빠지면 누군가 구해주지 않는 한 물에서 나올 수 없다. 안타깝지만 어쩔 수 없는 일이다.

이런 이야기를 하는 이유는 신앙도 수영하는 것과 비슷하다고 믿기 때문이다. 인간은 모두 생로병사라는 고통의 바다[苦海]에서 허우적대고 있는 존재다. 종교적 신앙은 바로 온갖 괴로움이 가득한 이곳[此岸]에서 즐거움이 가득한 저곳[彼岸]으로 건너가는 여정이다. 자력신앙은 우리 모두 수영을 해서 피안의 세계로 갈 수 있다는 입장이다. 이와 달리 인간은 수영을 못하기 때문에 절대적인 힘을 가진 누군가의 은총에 의해서만 물 밖으로 나올 수 있다는 입장이 타력신앙이다.

앞에서 살펴본 것처럼 불교는 전형적인 유형의 자력신앙이다. 모두가 수영을 할 수 있는 자질을 갖추고 있기 때문에 비록 지금은 수영을 못 하더라도 충분히 노력해서 그 능력을 향상시키면 고통의 바다에서 나올 수 있다는 입장이다. 인간은 스스로 수행을 통해 생로병사의 고통에서 벗어나 깨달음, 즉 구원을 얻을 수 있다는 것이 붓다의 일관된 입장이었다. 적어도 대승불교가 일어나기 전까지는 그랬다.

대승불교에 오게 되면 자력신앙과는 전혀 다른 유형을 보이기도 한다. 바로 아미타불(阿彌陀佛)이라는 절대적 힘을 가진 존재에 의지해서 구원의 문제를 해결하고자 하는, 즉 정토(淨土)에 낳기를 바라는 신앙이 등장한 것이다. 정토신앙은 전형적인 유형의 타력신앙이다. 불교의 교조인 붓다의 교설과는 다른 입장이다. 자력신앙과 타력신앙이라는 서로 이질적인 두 입장이 불교 내에서 공존하고 있는 상황이다.

일반적으로 자력신앙과 타력신앙은 서로 양립할 수 없다. 붓다의 가르침과 타력신앙은 어울리지도 않는다. 깨달음을 본질로 하는 불교의 정체성에 어긋나기 때문이다. 그런데 왜 대승불교에서는 붓다의 가르침과는 다른 정토신앙을 제시한 것일까? 여기에는 죄가 너무 깊어서 스스로는 도저히 빠져나올 수 없는 인간마저 모두 구원하겠다는 간절한 서원(誓願)이 담겨있다. 이것은 마치 누군가의 도움을 빌려서라도 수영을 전혀 할 줄 모르는 사람들을 모두 건지겠다는 것과 같다.

앞서 언급한 것처럼 우리는 모두 괴로움이라는 바다에 빠져 허우적대고 있는 존재다. 붓다는 누구나 스스로 헤엄쳐 나올 수 있다고 용기를 주었다. 그렇지만 현실적으로 수영을 못해 스스로는 도저히 나올 수 없는 사람도 있기 마련이다. 이런 상황에서 너는 충분히 수영해서 나올 수 있으니 힘을 내라고 할 것인가? 수영을 배우는 사람에게 '할 수 있다.'는 말은 큰 용기와 격려가 되지만, 바다에 빠져 허우적대는 위급한 상황에서 이 말은 도움이 되지 않는다. 그들에게 실제로 필요한 것은 바다에서 이끌고 나올 수 있는 구조대원이다.

대승불교에서는 나처럼 수영을 못 하는 사람이 위험에 빠진 상황을 고려해서 긴급하게 특수 구조대를 파견하였다. 그들은 고통의 바다에서 허우적대는 이들이 무사히 나올 수 있도록 구원의 손을 내미는 존재를 방편으로 설정하였다. 그 구조대장이 바로 아미타불이다. 든든하면서도 절대적 힘을 가진 존재가 등장한 것이다. 그래서 정토신앙에서는 '나무아미타불 관세음보살'을 간절한 마음으로 부르면 정토에 태어날 수 있다고 강조하였다. 이처럼 대승불교에서는 모든 사람을 구원하겠다는 염원을 담아 타력신앙을 방편적으로 수용하였다. 다양한 방편을 포용하는 것은 대승불교의 중요한 특징이기도 하다.

몇 해 전 치아 상태가 매우 좋지 않아 위아래 모두를 발치하는 큰 공사를 했다. 발치를 할 때 물론 마취를 했지만 솔직히 두려운 마음이 밀려왔다. 나도 모르게 속으로 '나무아미타불'을 염했다. 마음이 안정되었고 훨씬 편안했다. 위로도 되었다. 종교란 그런 것이다.

009

불교에
신앙의 대상이
많은 이유는?

고등학교 시절 친구들과 전북 김제에 위치한 금산사에 놀러간 적이 있다. 당시 우리는 대적광전(大寂光殿)이라 쓰인 법당에 들어갔다가 깜짝 놀라고 말았다. 그곳에는 여러 불상과 보살상이 모셔져있었기 때문이다. 당시에는 불자가 아니었기 때문에 불교는 석가모니 한 분만 신앙하는 종교로 알고 있었다. 그런데 대적광전에 모셔진 여러 불상을 보고 '이게 뭐지?' 하는 의문이 들었던 것이다.

　　대적광전에는 비로자나불을 중심으로 좌측에 노사나불과 약사여래, 우측에 아미타불과 석가모니불 등 총 다섯 분의 부처님을 모시고 있다. 물론 당시에는 법당에 모셔진 불상 가운데 석가모니불 이외에는 모두 생소한 이름이었다. 그뿐만 아니라 부처님들을 협시하고 있는 보살들도 낯설기는 마찬가지였다. 그렇다면 불교에서는 왜 교조인 석가모니 이외에도 신앙 대상이 그렇게 많은 것일까?

이러한 현상은 중국이나 한국, 일본과 같은 대승불교 전통에서만 볼 수 있다. 스리랑카나 태국과 같은 남방불교에서는 볼 수 없는 현상이다. 그들은 오직 석가모니 붓다 한 분만을 신앙하기 때문이다. 신앙 대상이 많아진 것은 초기불교가 아니라 대승불교에 이르러 나타난 현상이다. 남방불교에서는 『금강경』이나 『법화경』, 『화엄경』과 같은 대승경전 또한 붓다의 친설(親說)이 아니라고 해서 경전으로 인정하지도 않는다.

대승불교에서는 역사적인 붓다를 확대해서 다양하게 해석하였다. 즉, 붓다를 진리 그 자체인 법신(法身)과 중생들의 바람에 응하는 보신(報身), 그리고 중생을 제도하기 위해서 직접 중생의 몸으로 이 땅에 온 화신(化身)으로 해석한 것이다. 이를 삼신불(三身佛)이라 한다. 대표적인 법신불로는 비로자나불이 있으며, 보신불로는 아미타불과 약사여래, 화신불로는 석가모니불이 있다.

또한 그들은 시간적으로 석가모니 붓다 이전에도 수많은 붓다들이 존재했다고 생각했다. 이를 과거7불, 혹은 25불 등으로 설명하였고, 미래불 역시 예외가 아니었다. 역사적인 붓다가 시간과 공간을 초월해서 시방삼세(十方三世)에 두루 계신 새로운 붓다로 거듭난 것이다. 이는 초기불교의 일불설(一佛說)이 대승불교에 와서 다불설(多

佛說)로 바뀌었다는 것을 의미한다. 여기에 붓다를 보좌하는 수많은 보살들을 헤아리면 신앙의 대상은 무한대로 확대된다.

이처럼 다불설이 등장한 것은 불교가 지니고 있는 성격으로 볼 때 필연적이라고 할 수 있다. 왜냐하면 불교에서는 모든 존재가 부처가 될 수 있다고 주장하기 때문이다. 특히 대승불교의 불성(佛性)과 여래장(如來藏)사상에서는 모든 존재가 깨달음의 주체라고 강조한다. 따라서 존재의 실상을 깨치기만 하면 부처가 되므로 깨친 수만큼의 부처가 등장할 수 있는 것이다. 이에 따라 신앙의 대상이 많아지는 것은 어찌 보면 당연한 일이다.

지금까지 신앙의 대상이 많아진 현상을 역사적으로 간략하게 설명했지만, 이것은 인간의 실존과 관련해서 이해할 필요가 있다. 초기불교가 유한할 수밖에 없는 인간실존의 문제를 치유하는 일반병원이라면, 대승불교는 온갖 다양한 병을 치료하는 종합병원에 비유할 수 있다. 환자들이 많다는 것은 그만큼 많은 의사를 필요로 한다는 것을 의미한다. 대승불교는 어떤 환자라도 수용하는 종합병원이었고, 그 병원에는 질병에 따라 맞춤형 의사들이 항상 대기하고 있었다.

중생들은 몸과 마음이 아플 때는 증상에 따라 약사여래(藥師如來)를 찾았다. 자비심이 부족해서 자신의 삶에 문제가 생길 때는 관음보살(觀音菩薩)을, 지혜가 필요하다고 느낄 때는 문수보살(文殊菩薩)을 찾았다. 또한 입으로만 말할 뿐 실천이 부족할 때는 보현보살(普賢菩薩)을 찾아 자신의 내면을 성찰하였다. 사랑하는 사람이 세상을 떠날 때는 아미타불께 극락왕생을 기원하였다. 종합병원에 장례식장까지 갖추게 된 것이다. 이러한 중생들의 요구로 인해 불교는 다양한 신앙을 수용하게 되었다. 병원이 더욱 커져 수많은 환자들을 치유할 수 있게 되었으니, 아픈 사람 입장에서 보면 다행이라고 해야 할 것 같다.

010

불탑을
신앙하는 이유는?

사랑하는 사람이 세상을 떠나면, 우리는 다양한 방식으로 그가 남긴 삶의 흔적들을 더듬어본다. 그를 추억하고 싶기 때문이다. 때론 함께 자주 갔던 공원 벤치에 우두커니 앉아있거나 미치도록 보고 싶을 때는 사진이나 유품을 꺼내놓고 펑펑 울기도 한다. 극락왕생을 발원하며 49재(齋)를 지내기도 하고 떠난 날이 돌아오면 제사를 모시기도 한다. 이렇게 고인을 추억하면서 산 자는 스스로를 위로한다.

그런데 떠나간 이의 사진이나 그림이 한 장도 남아있지 않다면 어떨까? 무척이나 아쉬울 것이다. 이때는 무덤을 찾거나 그의 체취가 배어있는 유품을 보면서 아픈 마음을 달래는 수밖에 없다. 보통 사람이 세상을 떠나도 그러한데, 위대한 성인이야 말할 것이 있겠는가. 석가모니 붓다가 바로 그랬다. 붓다가 열반에 든 후 사람들은 그를 추억하고자 했으나, 그의 모습을 담은 그림이나 불상은 만들 수 없었다. 왜냐하면 진리를 완전히 깨달은 위대한 성인은 형상으로 표현할 수 없다는 전통 때문이었다. 그래서 그들은 다른 방식으로 붓다를 추억하기 시작하였다.

붓다는 80세의 나이에 열반에 들었다. 그때 붓다의 유훈에 따라 재가자들이 다비식을 거행했는데, 여덟 섬 네 말 분량의 사리(舍利)가 나왔다고 한다. 다비식에 참석한 여덟 나라의 임금들은 서로 붓다와의 인연을 강조하면서 사리를 자기네 나라로 모시겠다고 다투었다. 그러다가 결국 공평하게 여덟 등분으로 나누어 각자 자신의 나라로 돌아가 탑을 세우고 그 안에 사리를 봉안하였다.

물론 붓다의 직접적인 숨결이 남아있는 가사나 발우 등도 그를 추억하고 숭배하는 주요 물건이었다. 붓다가 깨달음을 얻은 보리수, 설법을 상징하는 진리의 수레바퀴인 법륜(法輪) 등도 그를 추억하는 상징물이었다. 붓다의 사리를 모신 탑이 세워지자 사람들은 그곳을 찾아 꽃과 향 등으로 예경하고 진리의 스승을 추억하였다. 불탑이 이제 신앙 공간으로써 상징적인 의미를 갖게 된 것이다.

당시 탑은 오늘날과 달리 사원 안에 있지 않았다. 탑이 사원으로 유입된 것은 한참 후의 일이다. 절은 비구, 비구니들이 관리하였고 탑은 별도의 장소에서 재가자들이 운영하였다. 공부와 수행의 공간인 사원과 붓다의 사리를 모신 탑이 각자 독립된 구조를 형성하고 있었던 것이다. 그래서 사람들은 붓다의 가르침을 듣고 싶으면 절을 찾았고, 그가 그리울 때면 탑을 찾아가 추모하고 기도하는 신앙생활을 이어나갔다.

이처럼 자유로운 불탑신앙이 가능했던 것은 인도를 최초로 통일한 아소카 왕의 후원이 있었기 때문이다. 그는 인도 전역에 8만 4천의 탑을 조성했을 뿐만 아니라 사람들이 편안하게 순례할 수 있도록 도로를 정비하고 휴게소를 만드는 등의 사업을 추진하였다. 오늘날로 보자면 국책사업으로 선정해서 수많은 불탑을 조성한 것인데, 무리한 재정 투입으로 국가의 위기를 초래했을 정도였다고 한다. 불교에서 그를 전륜성왕(轉輪聖王), 즉 진리의 수레바퀴를 굴리는 성스러운 임금이라고 부르는 이유가 있었던 셈이다.

인도 전역에 불탑이 조성되면서, 사람들은 자연스럽게 성지를 순례하는 마음으로 그곳을 찾았다. 그들은 탑에 꽃과 향, 일산 등의 공양물을 올리고 오른쪽으로 돌면서 저마다의 소원을 빌었다. 이곳을 찾는 사람들이 많아지자 참배객들에게 붓다의 생애와 가르침을 설명하는 사람들이 등장하게 되었다. 오늘날로 보자면 종교문화 해설사 역할을 한 셈인데, 그들이 곧 법사(法師)의 원형이다.

붓다는 자신의 장례를 출가 사문이 아닌 재가자에게 맡겼다. 그들은 불탑을 조성하여 붓다의 사리를 모시고 추모하였다. 그리고 훗날 불탑에 모인 수많은 사람들이 주체가 되어 붓다의 근본정신으로 돌아가자고 외쳤는데, 그것이 곧 대승불교 운동이었다. 이런 점에서 보면 불탑은 대승불교의 상징이라고 할 수 있다. 그래서인지 장례를 재가자에게 맡긴 붓다의 마지막 유훈이 그저 우연만으로는 보이지 않는다.

011

왜 아미타신앙인가?

얼마 전 지인의 부고 소식을 듣고 스님 한 분과 조문을 간 적이 있다. 그런데 스님은 장례식장으로 바로 가지 않고 고인이 입원한 병실로 들어갔다. 병실에는 휴대폰에서 흘러나오는 '나무아미타불' 독송을 들으면서 고인이 누워있었다. 흔히 영혼이 육체에서 빠져나가는 데도 얼마 동안의 시간이 걸린다고 한다. 그 시간 동안 고인에게 염불을 들려주고 싶은 유족의 마음을 병원 측에서 헤아리고 영안실로 모시는 시간을 늦춘 것이다. 그래서인지 모르겠지만, 고인의 얼굴이 무척 편안해보였다.

다소 낯선 경험이었지만, 불자들이라면 이런 방식을 매우 선호

할 것 같다는 생각이 들었다. 무엇보다 사랑하는 가족을 떠나보내는 유족들의 마음에 커다란 위안이 될 것이기 때문이다. 그들은 분명 고인이 아미타불이 계시는 서방정토에 왕생할 것이라고 믿을 것이다. 아미타정토가 실재하는지 여부를 떠나 그 믿음으로 남은 이들의 아픈 상처는 치유된다. 종교는 그런 힘을 가지고 있다.

아미타신앙에 의하면 누구든 '아미타불' 명호를 열 번만 불러도 극락세계에 태어날 수 있다고 한다. 이것은 나의 노력이 아니라 아미타불의 본원력에 의해서 가능하기 때문에 전형적인 타력신앙이다. 그렇다면 아미타불은 누구이며, 그분이 사는 정토는 어떤 곳이기에 불자들은 극락왕생을 발원하는 것일까?

『무량수경』에는 아미타불이 본래 한 나라의 임금이었는데, 세자재왕여래(世自在王如來)의 설법을 듣고 출가하여 법장 비구(法藏比丘)가 된 사연을 전하고 있다. 법장 비구는 '모든 중생을 제도하겠다.'는 서원을 세우고 이 원(願)이 이루어지지 않으면 결코 성불하지 않겠다고 다짐했다. 이 서원을 48가지로 구체화한 것이 유명한 48대원이다. 법장 비구는 5겁이라는 어마어마한 시간 동안 수행과 보살행을 통해서 이 원을 성취하고, 석가모니 붓다보다 무려 10겁 전에 성불했다고 한다. 그 48가지 서원이 모두 이루어진 정토가 바로 극락세계다.

아미타(阿彌陀)는 아미타유스(amitāyus) 또는 아미타바(amitābha)를 소리 나는 대로 옮긴 것이다. 아미타유스는 '무량수불(無量壽佛)', 즉 시간적으로 영원한 부처라는 뜻이며 아미타바는 '무량광불(無量光

佛)', 즉 공간적으로 영원한 광명을 비추는 부처라는 뜻이다. 그래서 아미타불을 모신 전각을 무량수전, 혹은 무량광전이라 부른다. 이 아미타불이 사는 극락세계는 서쪽으로 10만억 국토를 지나야 있다고 해서 서방정토, 혹은 서방극락세계라고 한다.

아미타불이 계시는 극락정토는 땅이 금과 은 그리고 옥으로 이루어져 있고 여러 가지 훌륭한 것들이 한량없이 많으며, 광명이 찬란해서 아름답고 깨끗하기가 비길 데 없다고 한다. 그야말로 나고 죽는 고통이 소멸된 영원한 생명과 광명, 즐거움이 넘치는 극락의 세계다. 사람들이 종교를 믿는 이유와 잘 어울리는 구조로 되어있다. 이런 멋진 곳에 갈 수 있는 조건은 오직 하나다. 바로 아미타불에 대한 믿음, 즉 간절한 마음이다. 간절한 마음으로 아미타불을 염(念)하면, 아미타불이 극락세계로 데리고 간다고 한다. 장례식장에서 석가모니불보다 아미타불 소리가 많이 들리는 이유가 있었던 것이다.

서방정토 신앙의 핵심은 모든 것을 내가 아니라 아미타불께 맡기는 데 있다. 기쁜 일, 슬픈 일 모두 아미타불께 맡기고 오직 간절한 마음으로 정진하는 것이 중요하다. 그런데 이와 달리 아미타불과 서방정토가 저 멀리 서쪽에 있는 것이 아니라 바로 우리 마음에 있다는 해석도 있다. 유심정토(唯心淨土), 자성미타(自性彌陀)가 바로 이것이다. 이런 입장에서 보면 우리의 마음이 깨끗하면 그대로 정토요, 아미타불은 저 멀리 있는 존재가 아니라 바로 우리의 자성이라고 할 수 있다. 우리들 모두가 영원한 생명, 영원한 광명이라는 뜻이다.

우리의 자성이 아미타불이라면 '나무아미타불'은 다른 것이 아니라 영원한 생명과 광명의 자리에 돌아가겠다는 자기고백이라고 할 수 있다. 이는 곧 자력신앙과 다름이 없다. 하나의 신앙이 자력과 타력 둘을 모두 포용하고 있는 셈이다. 중요한 것은 자신에게 맞는 것을 선택해서 신행의 지침으로 삼는 일이다. 신앙은 곧 선택이며, 그것은 어떤 경우라도 존중되어야 한다.

012

미륵은 왜
희망의 아이콘인가?

현실을 살아내기 힘들 때 사람들은 미래를 꿈꾼다. 언젠가 행복한 날이 오겠지 하면서 말이다. 이러한 인간의 소망을 잘 읽는 사람들이 사회적으로 혼란한 시기에 주목받는다. 우리 역사에서는 궁예와 견훤이 그랬다. 그들이 대중에게 희망을 심어주면서 내세운 모델은 다름 아닌 미륵이었다. 왜냐하면 미륵은 미래의 행복을 보장하는 메시아이기 때문이다. 한마디로 미륵은 희망의 아이콘이었던 것이다.

모든 부처들이 성불하면 자신만의 정토를 건설한다는 것이 대승불교의 관념이었다. 예컨대 서방의 아미타불이 극락정토를 장엄했다면, 동방의 아촉불(阿閦佛)이 건설한 묘희국(妙喜國)도 있다. 묘한 즐거움으로 가득한 정토라는 뜻이다. 미래의 부처인 미륵불 역시 자신만의 청정한 국토를 건설하는데, 이를 용화세계(龍華世界)라고 한다. 저마다의 이름을 갖고 있지만 모두 괴로움이 소멸되고 즐거움이 가득한 파라다이스를 그리고 있다. 그곳에 태어나기를 바라는 소망이 정토신앙으로 자리 잡은 것이다.

미륵(彌勒)은 범어인 마이트레야(Maitreya)를 옮긴 말이다. 본래 자비와 우정을 뜻하기 때문에 자씨보살(慈氏菩薩), 혹은 자비보살로 불리기도 한다. 『미륵하생경』에는 미륵이 인도의 바라문 집안에서 태어났다가 붓다의 제자가 된 사연을 전하고 있다. 미륵은 붓다의 지도 아래 열심히 정진하다가 스승보다 먼저 세상을 떠났는데, 미래에 성불할 것이라는 수기(授記)를 받고 지금은 도솔천에 머물고 있다 한다. 미륵보살이 머물고 있는 도솔천에 태어나기를 바라는 것이 곧 상생신앙(上生信仰)이다.

이와 달리 56억 7천만 년이 지난 다음 미륵불이 이 땅에 내려와 용화수(龍華樹) 아래에서 성불하고 모든 중생들을 구원하기를 바라는 하생신앙(下生信仰)도 있다. 어찌 보면 미륵신앙은 기독교의 종말론과 유사한 측면이 있다. 그런데 정토신앙과 종말론은 구원의 대상에서 본질적인 차이를 보인다. 기독교의 종말론은 신을 믿는 자만 구원을 얻지만, 미륵신앙에서는 그와 관계없이 모든 중생이 구원된다고 믿는다. 중생구제라는 대승불교의 이념을 읽을 수 있는 부분이다.

미륵신앙 역시 아미타신앙에서 보인 것처럼 사실보다는 상징으로 해석하는 경향도 있다. 미륵정토는 먼 미래의 세계가 아니라 지금 여기이며, 따라서 내 마음이 곧 정토[唯心淨土]라는 것이다. 이 해석에 따르면 정토는 먼 나라 이야기가 아니라 생생하게 살아있는 우리의 현실이 된다. 미륵사 창건 설화에서 이러한 면을 엿볼 수 있는데, 『삼국유사』에는 백제 무왕(武王)의 왕비인 선화(善花)공주가 연못에서 미륵 삼존불을 친견하고 이를 기념하기 위해 미륵사를 창건했다고 전해진다. 물론 미륵사지 석탑을 해체하는 과정에서 사택왕후(沙宅王后)의 발원으로 미륵사가 세워졌다는 기록이 발견되었지만, 선화공주 설화에 담긴 선인들의 사유마저 사라진 것은 아니다.

비록 설화라 하더라도 당시에 미륵불이 출현했다는 것은 미륵정토는 먼 미래의 파라다이스가 아니라 내가 살고 있는 지금 이곳이라는 것을 상징적으로 보여주고 있다. 내가 살고 있는 이곳이 정토라면 이 땅을 청정하게 가꾸려는 노력이 중요할 것이다. 널리 알려진 팔관회(八關會)나 백고좌회(百高座會) 등은 본래 이 땅을 정토로 장엄하려는 취지에서 시작된 불교의례였다.

우리나라에서는 시무외인(施無畏印)과 여원인(與願印)의 수인(手印)을 하고 있는 미륵불을 많이 볼 수 있다. 시무외인은 중생의 모든 두려움을 없애고 위안을 준다는 뜻으로 주로 오른손을 어깨 높이까지 올리고 있는 모양이다. 그리고 여원인은 중생이 원하는 것을 모두 들어준다는 의미를 지니고 있는데, 왼손을 내려서 손바닥을 밖으로 향하게 하고 있다. 우리에게 친숙한 미륵반가사유상은 어떻게 해야 중생들의 고통을 없앨 수 있을까 고민하는 모습이다. 이제 미륵의 고민을 우리 중생들이 조금 덜어주면 어떨까? 각자가 주체가 되어 이 땅을 정토로 가꾸면서 말이다.

013

관음보살은
어떻게
자비의 화신이 되었나?

한 조직의 수장이 참모의 구체적인 일까지 세밀히 챙긴다면 어떻게 될까? 겉으로야 잘 돌아가는 것 같지만, 직원들은 시키는 일만 하기 때문에 조직의 발전을 기대하기 힘들다. 리더는 조직의 이념과 방향을 제시하고 구체적인 일들은 담당자에게 맡기는 것이 좋다. 또한 참모들이 마음껏 일을 펼칠 수 있도록 지원하고, 혹여 그들이 실수할 경우 책임까지 지는 것이 수장의 역할이다. 이런 리더십을 갖춘 수장이 있다면, 정말 신명나게 일할 수 있지 않을까.

서방정토의 수장인 아미타불은 바로 이런 리더십을 갖추고 있다. 그리고 관음보살은 아미타불의 이념과 방향에 따라 구체적으로 일을 진행하는 핵심 참모다. 사람들이 기도할 때 아미타불과 관음보살께 귀의한다는 뜻을 담아 '나무아미타불 관세음보살'이라고 하는 이유도 여기에 있다. 관음보살은 중생들의 신음소리[世音]를 보고[觀] 고통을 해결해주는 자비의 화신이다. 관음은 늘 중생들의 고통과 함께 하기 때문에 힘들 것 같지만, 뒤에서 든든하게 뒷받침해주는 아미타불이 있어서 일이 고단하지 않다.

관음(觀音)은 산스크리트어 '아와로키테슈와라(avalokiteśvara)'를 한자로 옮긴 말이다. 현장(玄奘, 602~664) 이전의 구역에서는 주로 관세음보살(觀世音菩薩)로, 신역에서는 관자재보살(觀自在菩薩)로 번역되었다. 오늘날 이 두 번역이 함께 쓰이고 있지만, 불자들에겐 관음이란 이름이 더 친숙하다. 우리나라 사찰에서는 관음보살이 대세지보살(大勢至菩薩)과 함께 아미타불을 보좌하고 있는 모습을 많이 볼 수 있다.

그런데 관음보살은 여러 모습으로 자신을 바꿀 수 있는 능력을 갖추고 있다. 보통은 6관음이 일반적이지만, 33신(身)의 자유자재한 모습으로 설명하기도 한다. 6관음은 아귀를 구제하는 성관음(聖觀音)이 본신이고, 지옥중생을 구제하는 천수관음(千手觀音), 축생을 구제하는 마두관음(馬頭觀音), 아수라의 중생을 구제하는 십일면관음(十一面觀音), 인간의 고통을 구제하는 준제관음(准提觀音), 천상의 고통을 구제하는 여의륜관음(如意輪觀音) 등이 있다. 관음이 다양한 모습의 아바타로 변신해서 중생을 구제하고 있는 것이다.

관음보살은 『화엄경』이나 『법화경』, 『관무량수경』 등에서 조금씩 다른 모습으로 묘사되지만, 자비심이라는 공통적인 특성을 갖추고 있다. 자비심 없이 중생을 구제하는 일은 있을 수 없기 때문이다. 천수천안관음(千手千眼觀音)이 천개의 손과 눈을 가지고 있는 것도, 십일면관음의 얼굴이 11개나 되는 것도 모두 중생들의 고통을 자세히 살피기 위한 것이다. 여기에는 중생들이 어려운 상황에 처했을 때 관음보살을 지성으로 부르면 언제 어디서든 즉시 나타나 구해준다는 믿음이 담겨있다. 관음신앙에서도 모든 중생을 구제한다는 대승불교의 이념이 잘 드러나고 있는 것이다.

『화엄경』에는 관음보살이 향기로운 백화(白花)가 만발한 보타낙가(Potalaka 補陀洛迦) 산에 머물고 있다는 소식을 전하고 있다. 강원도 양양에 위치한 낙산사(洛山寺)의 낙산은 보타낙가를 가리키는 말이다. 『삼국유사』에는 신라의 의상이 당나라에서 돌아와 이곳 바닷가 동굴에서 간절히 기도한 끝에 관음보살을 친견하고 낙산사를 창건했다고 한다. 그렇다면 의상 역시 이 땅이 바로 관음보살이 머무는 곳이라고 생각했던 것은 아닐까.

우리나라에는 낙산사를 비롯하여 강화도 보문사(普門寺), 남해 보리암(菩提庵) 등 유명한 관음도량이 많다. 관음도량이 많다는 것은 우리가 사는 이 땅이 바로 관음보살의 주처(住處)라는 것을 상징적으로 보여준다 할 것이다. 그렇기 때문에 자비심만 잃지 않는다면 얼마든지 이 땅을 정토로 장엄할 수 있을 것이다.

수행이 잘 익으면 나의 고통이 아니라 다른 이의 고통이 먼저 보인다고 한다. 불교의 위대성은 다른 이의 고통을 볼 수 있는 바로 그 지점에 있다. 그 생생한 삶의 현장에서 관음보살은 때로는 물병을, 어느 곳에서는 호미를 들고 우리 앞에 서있다. 자비의 화신다운 모습이다. 그래서인지 관음상을 볼 때마다 나는 자비심을 잃지 않기를 두 손 모아 간절히 기도한다.

014

지장보살의
욕구 거스르기

배고플 때 먹고 싶고, 졸릴 때 자고 싶은 욕구는 참기 어려운 일이다. 그런데 이러한 기본적 욕구를 거스르게 만드는 힘이 있다. 바로 사랑이다. 아무리 배가 고픈 아버지라도 자식이 옆에 있으면 먹고 싶은 욕구를 참게 된다. 이처럼 사랑에는 욕구를 거스르는 힘이 작동하고 있다. 가수 GOD의 〈어머님께〉란 노래 속의 어머니는 결코 짜장면을 싫어하지 않는다. 다만 자식이 어머니 생각해서 먹는데 주저할까봐 스스로 짜장면이 싫다고 말한 것뿐이다. 자식들이 그 마음을 헤아리지 못할 뿐이다.

어머니들은 생선 부위 중에서도 유독 머리와 꼬리 부분을 좋아한다. 정말이지 신비한 일이다. 그래서 사랑을 하면 가난해진다고 하는가 보다. 자신이 갖고 있는 모든 것을 사랑하는 사람을 위해 나눠주기 때문이다. 언젠가 어느 노(老) 보살님의 이런 푸념을 들은 적이 있다. 밥상에 생선이 나오면 눈알을 정말 좋아하는 줄 알고 자식들이 그 부분만 자기 앞에 갖다 놓는다는 것이었다. 부모와 자식의 마음이 다르긴 다른가 보다.

불교에도 이러한 욕구 거스르기를 상징적으로 보여주는 존재가 있다. 바로 지장보살(地藏菩薩)이다. 지장은 이름에서도 드러나듯이 추위에 떨고 있는 사람들에게 옷가지를 모두 벗어주고 자신은 땅[地]을 파고 들어가[藏] 추위를 피했다는 보살이다. 여기에도 추우면 입고 싶은 기본적 욕구를 거스르는 사랑의 힘이 작동하고 있다. 그런데 지장보살의 위대함은 여기에서 그치지 않는다. 그의 위대함은 자신이 세운 서원에서 더욱 잘 드러난다. 지장보살을 가리켜 원이 가장 큰 분이란 뜻의 대원본존(大願本尊)이라 부르는 이유도 여기에 있다.

"지옥중생이 모두 성불할 때까지 나는 성불하지 않겠다."

이 얼마나 위대한 서원이던가! 출가한 사문이나 불자라면 누구나 원하는 그 성불을 모든 중생이 성취할 때까지 하지 않는다고 했기 때문이다. 지장보살의 서원은 기본적 욕구는 물론 종교적 욕구마저 거스르는 위대한 행위다. 인간이라면 누구나 늙고 병들어 죽기 마련이다.

이러한 유한한 실존 앞에서 인간은 무한하고 영원한 무엇인가를 추구한다. 모든 종교적 수행은 이 욕구를 충족하기 위한 성스러운 과정이다. 그런데 지장보살은 다른 이들을 위해서 그 욕구를 거스른 것이다. 모든 중생을 구제하겠다는 대승 정신의 극치라 할 것이다.

지장은 흔히 붓다 입멸 후 미륵불이 이 세상에 출현할 때까지 육도의 세계에서 모든 중생을 교화하는 대자대비(大慈大悲)의 보살로 알려져 있다. 관음보살이 현실의 고통을 소멸해준다면, 지장보살은 죽은 뒤 지옥이나 아귀, 축생으로 떨어지는 고통을 소멸해준다고 사람들은 믿고 있다. 그렇기 때문에 지장보살은 명부(冥府)의 세계에서 절대적인 영향력을 발휘한다. 49재(齋) 때 지장보살의 명호가 많이 불리는 이유도 여기에 있다. 사찰에서는 지장보살이 명부전(冥府殿) 혹은 지장전의 주존으로서 불자들에게 신앙의 대상이 되고 있다.

지장보살은 다른 보살과 달리 머리에 두건을 쓰거나 삭발한 승려의 모습을 하고 있기 때문에 비교적 쉽게 구별할 수 있다. 한 손에는 기다란 석장(錫杖)을, 다른 한 손에는 어둠을 밝히는 명주(明珠)를 들고 있는 모습이 자주 보인다. 한마디로 중생들이 지옥에 들어가지 못하도록 지옥문 앞에서 단단히 지키고 있는 것이다. 이보다 더한 중생 사랑이 있을 수 있을까.

우리나라에서는 신라 진평왕 때부터 지장신앙이 대중화되기 시작했다고 한다. 지장신앙에는 돌아가신 분이 혹여 지옥에 떨어지지 않을까 하는 남은 자들의 걱정과 염려가 담겨있기 때문에 오늘까지도 널리 성행하고 있다. 음력으로 매월 18일은 지장재일이다. 이날 전국의 사찰에서는 돌아가신 조상의 극락왕생을 위해 많은 이들이 기도를 올리고 있다.

이런 종교적 행위에 딴죽 걸 생각은 없다. 다만 지장보살의 특성을 사랑이라는 본질적인 측면에서 바라보았으면 하는 바람이다. 종교적 욕구를 거스르면서까지 사랑을 실천했던 지장보살의 숭고한 이념을 중생들이 한번쯤은 기억했으면 좋겠다. 짜장면을 싫어하고 생선 눈알만 좋아했던 우리네 어머니를 떠올리면서 말이다.

015

솔직 당당한 지혜의 화신, 문수보살

사찰에 가면 사자 등에 타고 있는 동자의 형상이나 그림을 볼 수 있는데, 바로 문수보살이다. 오래 전 문수보살을 왜 어린아이의 모습으로 그렸으며, 거기에 어떤 의미를 부여할 수 있을까 생각해본 적이 있다. 그러다 철학자 니체의 『차라투스트라는 이렇게 말했다』 서문을 읽고서 나름의 해답을 얻을 수 있었다.

니체는 인간의 정신을 낙타와 사자, 어린아이 세 단계로 구분하였다. 먼저 낙타는 기존의 관념을 아무런 문제의식 없이 수용하는 정신을 상징한다. 인간이 낙타 등에 짐을 실으면 순순히 길을 가는 상황에 빗댄 것이다. 반면 사자는 낙타처럼 '너는 해야 한다(You should).'

는 정신이 아니라 '나는 하고자 한다(I will).'는 자유의지를 상징한다. 이는 자신의 삶을 누군가의 요구나 강요에 의해서가 아니라 주체적으로 창조해가는 정신이라고 할 수 있다. 그리고 사자보다 위대한 정신은 놀랍게도 어린아이다. 니체는 어린아이가 약해 보이지만 솔직하고 당당한 모습(I am)에서 '신'으로 상징되는 낡은 질서를 대체할 새로운 힘을 보았던 것 같다.

그런데 니체가 가장 높이 평가한 어린아이가 사자 등에 타고서 해맑게 웃고 있다. 어른이라면 사자가 무서워서 도망갈 텐데, 문수동자는 그렇지 않은가 보다. 그 힘은 어디에서 나오는 것일까? 바로 솔직함과 당당함이다. 어린아이는 그 어떤 상황에서도 어른처럼 눈치를 보지 않고 솔직하기 때문에 당당할 수 있는 것이다. 문수보살을 동자로 표현한 이유와 의미를 나는 여기에서 찾고 싶다.

문수는 지혜를 상징하는 보살로서 문수사리(文殊師利) 또는 문수시리(文殊尸利)를 줄인 말이다. 범어로는 만주슈리(Manjushri)인데, 만주는 '달다[甘], 묘하다, 훌륭하다.'는 뜻이고 '슈리'는 '복덕(福德)이 많다, 길상(吉祥)하다.'는 뜻이다. 그러니까 문수는 지혜가 훌륭하고 복덕을 지닌 보살이라는 의미다. 사찰 대웅전에서는 석가모니불 좌측에, 대적광전에서는 비로자나불 좌측에 모셔져 있다. 문수신앙을 중시하는 도량에는 문수전이 따로 있기도 하다.

지혜의 상징답게 문수보살에 대한 신앙을 대표적으로 보여주는 경전은 『화엄경』이다. 『화엄경』「보살주처품(菩薩住處品)」에는 문수보살이 동북방의 청량산(淸凉山)에서 1만의 권속을 거느리고 항상 설법한다는 내용이 나온다. 청량산은 문수보살이 상주하는 곳으로 알려진 중국 산시성(山西省)의 오대산(五臺山)을 가리킨다. 신라 때 화엄종 승려들이 중국으로 공부하러 가면 제일 먼저 참배했던 곳이기도 하다. 오대산은 보현보살의 상주처인 아미산(峨眉山), 관음보살이 상주한다는 보타낙가산과 함께 중국의 3대 영산으로 꼽히고 있다.

문수신앙을 우리나라에 처음 소개한 인물은 신라의 자장 율사(慈藏律師)다. 그는 중국 오대산에서 기도를 하고 문수보살을 친견했다고 한다. 그는 유학을 마치고 돌아와서 강원도 오대산 중대(中臺)에 적멸보궁(寂滅寶宮)을 건립하여 문수신앙의 중심 도량으로 만든 인물이기도 하다. 오대산에는 5만의 문수보살이 머문다는 신앙이 지금까지 전해오고 있는데, 이 땅이 바로 지혜의 터전이라는 의미를 담고 있다.

그런데 안타깝게도 우리나라에서 문수신앙은 관음이나 미타신앙에 비해 그리 유행하지 않았다. 지혜를 중시하는 불교와 잘 어울리는 신앙인데 왜 그런 것일까? 이유는 단순하다. 관음이나 미타신앙에 비해 기복적이지 않기 때문이다. 이 말은 우리나라 불교가 그만큼 기복적이라는 의미이기도 하다. 이를 극복하기 위해서도 문수신앙이 성행했으면 하는 바람이다.

붓다나 훌륭한 승려들의 법문을 사자후(獅子吼), 그분들이 앉는 좌석을 사자좌(獅子座)라고 한다. 사자루, 사자암과 같은 전각이나 암

자도 많다. 모두 지혜를 상징하고 있다. 지혜를 상징하는 색은 푸른색이다. 문수보살이 청색 옷을 입고 푸른빛을 띠는 사자 위에 타고서 한 편의 멋진 시를 전해준다.

"성 안 내는 그 얼굴이 참다운 공양구요 부드러운 말 한마디 미묘한 향이로다. 깨끗해 티가 없는 진실한 그 마음이 언제나 한결같은 부처님 마음일세."

널리 알려진 문수보살의 게송이다. 마음속 더위를 시원하게 날려주는 청량한 기운이 감돈다. 지혜란 이런 것이 아닐까.

016

행원(行願)의 화신,
보현보살

"이보게, 그것은 삼척동자도 다 알지만 팔십 노인도 행하
기는 어려운 것이라네."

당나라의 조과 도림(鳥窠道林, 741~824) 선사가 당시 유명한 시인이자
정치가인 백낙천(白樂天, 772~846)의 온몸을 떨게 만든 한마디다. 학문
과 식견이 뛰어나 젊은 나이에 항주(杭州)의 자사가 된 백낙천은 당
대의 고승으로 알려진 조과 선사를 찾아가 가슴에 새길 만한 법문을
들려달라고 청했다. 선사가 나쁜 짓 하지 말고 착하게 살라고 말하자
백낙천은 선사를 향해 "그거야 삼척동자라도 다 아는 거 아닙니까?"

라고 물었다. 위에 인용한 말은 백낙천의 질문에 대한 선사의 답이다. 실천의 중요성을 이야기할 때 자주 등장하는 일화다.

　불교에서 실천을 상징하는 대표적 인물은 보현보살(普賢菩薩)이다. 대웅전에서 흔히 볼 수 있는 분이다. 석가모니 붓다의 왼쪽에 문수보살이 있다면 오른쪽에는 보현보살이 있다. 문수와 보현은 여러 면에서 짝을 이루고 있다. 문수가 깨달음의 지성적 측면, 즉 지혜를 상징한다면 보현은 이를 실천하는 행(行)을 상징한다. 지혜를 나타내는 청색의 사자와 실천의 상징 흰색 코끼리도 묘하게 대조를 이룬다. 사찰에서 코끼리를 타고 있는 동자의 모습을 볼 수 있는데, 그분이 바로 보현보살이다.

　법회의식에서 자주 불리는 찬불가 중에 〈보현행원〉이 있다. 보현보살의 행원(行願)이 담긴 노래다. 허공계와 중생계가 다할지라도 오늘 세운 이 서원을 끝없이 실천하겠다는 다짐으로 끝을 맺는다. 얼마나 소중하고 간절한 원이기에 이 세상 끝나는 날까지 끊임없이 실천하겠다고 다짐하는 것일까?

　「보현행원품」은 보현보살의 열 가지 행원을 담고 있는 경전이다. 『화엄경』의 결론이라고 일컬을 만큼 중요하다. 『화엄경』에서 선재동자(善財童子)는 53명의 선지식 가운데 문수보살을 맨 처음 만나 법을 구하고 마지막에 보현보살을 만나 지혜를 완성한다. 문수에게서 얻은 지혜를 보현의 실천을 통해 완성하고 있는 것이다. 「보현행원품」이 『화엄경』의 마지막을 장식하는 이유도 여기에서 찾을 수 있다.

보현보살의 열 가지 행원은 ①모든 부처님께 예경하고[禮敬諸佛], ②여래를 우러러 찬탄하며[稱讚如來], ③널리 공양하고[廣修供養], ④업장을 참회하며[懺悔業障], ⑤남의 공덕을 따라 기뻐하고[隨喜功德], ⑥설법해 주기를 청하며[請轉法輪], ⑦부처님이 이 세상에 오래 머무르기를 청하고[請佛住世], ⑧항상 부처님을 따라 배우며[常隨佛學], ⑨항상 중생들을 수순하고[恒順衆生], ⑩널리 모두 회향하는 것[普皆廻向]이다. 한마디로 요약하면 모든 사람은 본래 지혜가 충만한 부처님이라는 것을 깊이 믿고 내가 만나는 모든 이를 부처님처럼 대하라는 가르침이다. 그럴 때 비로소 진정한 평화와 행복이 찾아온다는 것이다. 머리로는 알겠는데, 행하기는 결코 쉽지 않은 일이다.

지혜와 실천은 불교를 지탱하는 양대 축이다. 지혜를 통해 깨달음을 이루고 자비를 실천할 수 있기 때문에 이 둘은 아무리 강조해도 지나치지 않다. 그런데 보현보살에 대한 신앙 역시 문수신앙과 마찬가지로 우리나라에서는 그리 유행하지 않았다. 기복적이지 않기 때문이다. 이를 극복하고 불교 본연의 모습을 회복하기 위해서도 보현신앙이 널리 퍼졌으면 하는 바람이다.

『보현행원품』에서는 일체중생을 뿌리에, 불보살(佛菩薩)을 꽃과 열매에 비유하고 있다. 꽃이 피고 열매가 맺히기 위해서는 충분한 물로 뿌리를 적셔야 한다. 그 물이 바로 자비라는 이름의 감로수다. 자비의 물이 중생이라는 뿌리에 닿지 않으면 정각(正覺)의 꽃과 열매는 불가능하다. 이 경전이 매력적인 이유도 최상의 깨달음은 자비의 실천으로 완성된다는 메시지를 담고 있기 때문이다.

'마음愛 자비를! 세상愛 평화를!'

2019년 부처님오신날 봉축표어다. 보현행원이 바로 자비와 평화를
실천하는 길이다.

017

책임과 권위의 상징,
약사여래

"책임과 권위는 동전의 양면과 같다. 권위가 없는 책임이란
있을 수 없으며 책임이 따르지 않는 권위도 있을 수 없다."

독일의 사회학자 막스 베버(Max Weber, 1864~1920)의 말이다. 권위는
그냥 주어지는 것이 아니라 책임의 크기에 따라 결정된다는 준엄한
뜻이 담겨있다. 예를 들어 의사는 병자에 대해 치료라는 책임을 다함
으로써 권위를 갖게 된다. 특히 의사는 생명이라는 절대 가치를 다룬
다는 점에서 더욱 그렇다. 의사들에게 존경과 권위의 상징인 선생님
이라는 호칭을 쓰는 이유도 그 책임의 무게 때문이다.

책임은 본래 어떤 요구나 부름에 대한 반응(response)을 의미한다. 예컨대 어린아이가 배가 고파서 울면 어머니는 아이에게 젖을 물리는 반응을 보인다. 이것이 아이를 양육하는 부모의 절대적 책임이자 의무다. 화재가 났을 때 소방관은 불을 끄는 반응을 보임으로써 책임을 다하는 것이다. 책임을 영어로 '반응'을 의미하는 'responsibility'라고 표현하는 이유도 여기에 있다.

약사여래는 이러한 책임과 권위를 상징하는 존재다. 약사신앙은 약사여래의 본원력(本願力)에 의지해 중생들의 질병을 치유하려는 바람에서 비롯되었다. 이분은 본래 약사유리광여래(藥師瑠璃光如來), 또는 대의왕불(大醫王佛)이라고 불린다. 유리와 같은 칠보(七寶)로 장엄된 정토인 동방 정유리세계(淨瑠璃世界)에 머물면서 모든 중생의 질병을 치료하고 재앙을 물리치는 의사이자 약사 부처인 것이다.

약사여래는 전생에 약왕(藥王)이라는 보살로 수행하면서 열두 가지 큰 서원[大願]을 세웠다고 전한다. 모두 중생들의 고통을 소멸하기 위한 내용으로 되어있다. 여기에는 중생들의 병을 치유할 뿐만 아니라 배고프고 추위에 떠는 이들에게 음식과 의복을 제공하며, 외도에 빠지거나 죄를 지은 자들을 모두 구제하겠다는 간절함이 담겨있다. 약사신앙 역시 모든 중생을 구제한다는 대승불교의 이상을 담고 있다.

우리나라에서는 신라의 선덕여왕이 병에 걸렸을 때 밀본(密本)이라는 승려가 『약사경』을 염송하고 병이 나았다는 기록이 『삼국유사』에 전한다. 또한 경덕왕(景德王) 때는 경주 분황사(芬皇寺)에 30만 7천 600근의 구리로 만든 거대한 약사여래를 안치했다고 한다. 이를 통해 약사신앙이 일찍부터 유행했음을 짐작할 수 있다. 특히 삼국 전쟁으로 수많은 병자가 발생하는 상황에서 약사여래는 대중들에게 구원이자 희망이었다. 이분은 중생이 아프면 언제든지 즉각적으로 반응하는 부처로 인식되었기 때문이다. 약사여래가 오늘에도 여전히 대중들의 신앙 대상이 되고 있는 이유다.

석가모니불을 중심으로 좌우에 문수, 보현보살을 모신 전각을 대웅전이라 한다. 그런데 석가모니불과 아미타불, 약사여래 세 분의 붓다를 모신 전각은 특별히 대웅보전(大雄寶殿)이라 높여 부른다. 물론 이곳에 삼세불(三世佛)이나 삼신불(三身佛)을 모시기도 한다. 약사여래는 바로 이 대웅보전에 모셔진 분이다. 이는 곧 약사여래가 불교에서 존경과 권위를 인정받는다는 뜻이기도 하다. 중생구제라는 책임을 충실히 수행하기 때문이다. 이분을 따로 모신 약사전에는 일광보살(日光菩薩)과 월광보살(月光菩薩)이 협시하고 있다. 그리고 손에는 항상 약함이 들려있다. 중생이 아프면 언제든지 즉각적으로 반응하기 위해서다.

이러한 약사신앙이 오늘날 생명을 다루는 의사와 약사들의 모델이 되었으면 하는 바람이다. 아픈 환자가 있으면 아무런 조건 없이 즉각적으로 치료하는 것이 의사로서의 반응, 즉 책임이라는 것을 약사신앙이 보여주기 때문이다. 오늘의 의료계가 그러한 책임을 다하고 있다고 자신 있게 말할 수 있을까? 환자를 사람이 아니라 돈으로 본다는 대중들의 따가운 시선을 엄중하게 인식해야 한다.

사찰에 가면 슬픈 표정을 짓고 있는 약사여래를 종종 만나게 된다. 중생들이 아프기 때문에 환한 표정을 짓지 못하는 것이다. 수술대에 누워있는 중환자 앞에서 낄낄대며 웃는 그들의 모습과 묘하게 오버랩 된다. 죽어가는 환자를 외면한 채 파업을 강행한 행위는 그 어떤 이유로도 정당화될 수 없다. 책임 없는 권위는 모래 위에 쌓은 누각[沙上樓閣]일 뿐이다. 오늘날 의료계가 약사신앙에서 책임과 권위의 의미를 성찰하기를 바라는 것은 지나친 욕심일까?

018

호국신앙이란?

학창시절을 돌이켜보면, 선배가 후배의 기강을 잡을 목적으로 종종 하는 말이 있었다. 선배는 하느님이나 부처님과 동기동창이라는 것이었다. 그리고 이 말을 반복해서 따라 하도록 시키기도 하였다. 여기에는 선배의 말이라면 묻지도 따지지도 말고 무조건 복종해야 한다는 의미가 담겨있다. 우리들 일상에서도 복종의 논리적 근거를 교주에서 찾고 있으니, 종교의 영향력이 크긴 크다는 생각이다.

중국불교에도 이와 유사한 형태가 나타나는데, 바로 북조(北朝) 시대에 유행한 왕즉불(王卽佛), 왕이 곧 붓다라는 신앙이다. 이는 왕이 곧 붓다이기 때문에 백성들은 임금의 명령에 무조건 복종해야 한다는 논리다. 이런 논리를 뒷받침하기 위해 왕의 얼굴을 모델로 삼아 불상이나 불화를 제작하기도 하였다. 왕권을 강화하고 백성들을 효과적으로 통제하기 위한 정치적 목적으로 종교를 이용한 것이다.

불교에 의지해서 나라를 지키려는 호국신앙(護國信仰)은 이런 배경에서 탄생하였다. 호국의 대상인 임금과 붓다는 동일하기 때문에 나라를 지키는 일은 곧 임금을 지키는 일로 인식되었던 것이다. 호국신앙은 나라에 천재지변이 일어나거나 외적의 침입이 있을 때 매우 효과적으로 작동한다. 전란을 수습하기 위해서는 백성들의 힘을 하나로 모으는 일이 매우 중요한데, 종교만큼 효과적인 것도 없기 때문이다.

우리나라에서 호국신앙은 불교가 전래된 이후부터 널리 유행하기 시작하였다. 특히 외적의 침입이 많았던 신라 지역에 호국신앙이 널리 유행하였다. 북조에서 유학하다 귀국한 원광(圓光)은 화랑의 지도 이념으로 세속오계(世俗五戒)를 제시하여 국가를 보호하도록 하였으며, 자장(慈藏)은 외적의 침략을 막기 위해서 황룡사 9층목탑을 지어야 한다고 건의하기도 하였다.

호국신앙의 모습은 백고좌회(百高座會)와 팔관회(八關會) 등에서도 확인할 수 있다. 백고좌회는 백 명의 고승을 초청해 국가의 액운을 물리치고 왕실의 안녕을 기원하는 법회였으며, 팔관회는 전쟁에서 사망한 군인들의 명복을 비는 법회였다. 고려시대에는 몽골의 침략을 물리치기 위한 목적으로 17년에 걸쳐서 고려대장경을 만들었다. 이러한 호국신앙의 전통은 조선시대에도 이어졌다. 임진왜란 때 서산대사 휴정과 사명대사 유정을 비롯한 수많은 승려들은 왜군을 물리치고 위기에 처한 나라를 구하기도 하였다. 일제강점기에 한용운, 백용성 등의 승려들이 독립운동에 앞장섰던 일도 빼놓을 수 없는 호국의 모습이다.

우리나라의 호국신앙을 이야기할 때 간과해서는 안 되는 것이 있다. 그것은 '나라를 지킨다[護國].'고 할 때, '나라'에는 내가 살고 있는 조국 이상의 의미가 담겨있다는 사실이다. 그 나라는 다름 아닌 부처님의 땅[佛國土]이자 정토(淨土)이기 때문에 누군가 이곳을 더럽힌다면 목숨을 걸고라도 지켜야 한다는 것이다. 앞서 언급한 백고좌회와 팔관회, 고려대장경 제작, 임진왜란 때 승병들의 활동 등은 모두 정토를 지키기 위한 실천이었다.

호국신앙은 내가 사는 현실이 곧 정토라는 현실정토(現實淨土) 사상이 바탕을 이루고 있다. 정토는 죽은 다음에 태어나거나, 아주 먼 미래에 오는 세계가 아니라 내가 사는 '지금, 여기'라는 것이다. 그렇기 때문에 현재의 공간을 청정하게 가꾸고 지키는 일이 무엇보다도 중요하다. 한국의 호국신앙이 왕권의 강화를 목적으로 한 북조시대의 정치적 호국신앙과 근본적으로 다른 점도 바로 여기에 있다.

답사를 다니다 보면 호국사찰이라는 이름의 수많은 도량을 만나게 된다. 대부분 임진왜란 때의 상처를 안고 있는 곳이다. 호국신앙은 오늘날까지 면면히 이어져왔다. 남북 간의 군사적 위기가 고조

되거나 경제적 위기가 닥치면 전국의 사찰에서는 평화와 번영을 위한 기도가 봉행된다. 잊지 말기로 하자. 우리가 지켜야 할 나라가 바로 정토라는 것을, 그리고 정토는 모두가 그토록 염원하는 평화의 땅이라는 것을 말이다.

019

왜
붓다의 자식[佛子]인가?

붓다의 가르침을 신앙하는 이들을 가리켜 흔히 불자(佛子)라고 한다. 처음 불교를 접했을 때 불자는 불교인을 가리키기 때문에 당연히 부처 불(佛)에 놈 자(者) 자를 쓸 것이라고 생각했다. 그런데 붓다의 자식이라는 의미로 아들 자(子) 자를 쓴다는 걸 알고서 조금 의아해했다. 왜 불교인이 아니라 붓다의 아들이라고 했을까?

초기경전인 디가 니까야 제3품 27번의 이름은 『세계의 기원에 대한 경』이다. 여기에는 바라문(브라만) 출신으로 붓다의 제자가 된 사문들의 아픔이 소개되어 있다. 어떻게 최고의 계급인 바라문이 끄샤뜨리아 출신의 붓다를 스승으로 모실 수 있느냐는 비난이 그들에게 쏟아졌던 것이다. 그들은 진리를 향한 열정과 붓다의 인격에 매료되어 출가했지만, 자신들을 향한 바라문들의 비난에 못내 힘겨워했다.

붓다가 활동했던 당시 인도는 엄격한 계급사회였다. 바라문들은 신의 입에서 나온 적자이기 때문에 신의 팔이나 다리, 발에서 나온 계급과는 질적으로 다르다고 생각했다. 그들에게 있어서 이러한 차이는 신이 인간에게 부여한 절대원칙이었다. 따라서 인간의 정신문화를 담당할 수 있는 존재는 오직 바라문뿐이다. 그런데 끄샤뜨리아 출신의 붓다가 진리를 깨닫고 바라문들이 제자가 되어 정신문화를 전수받았으니, 그들 스스로 자존심이 상했던 것이다. 또한 자신들이 오랫동안 독점했던 영역을 빼앗겼다는 생각에 그들은 더욱 참지 못했던 것이다.

이러한 상황을 환히 알고 있던 붓다는 바라문 제자를 불러 따뜻하게 위로하고 사람의 귀천은 출신에 있는 것이 아니라 행위에 있음을 강조한다. 붓다에 의하면 사람의 귀천을 결정하는 유일한 기준은 진리대로 사는가, 그렇지 않은가에 달려있다. 그렇기 때문에 선한 행위를 하면서 진리대로 살면 수드라도 귀한 존재이며, 악한 행위를 하면 아무리 바라문이라 하더라도 천한 사람이 되는 것이다. 불교의 인간존중과 평등사상을 엿볼 수 있는 대목이라 할 것이다.

당시 출가한 사문들은 계급과 가문, 성씨 등 모든 배경이 달랐다. 그러나 출가한 순간 그러한 배경들은 모두 사라지고 오직 사람 그 자체만 남는다. 그렇기 때문에 붓다는 '당신은 누구인가?'라는 질문을 받으면 이렇게 대답하라고 하였다.

"나는 사문 석가의 아들이다."

이 부분을 읽으면서 나는 전율을 느꼈다. 불자로서 당당함이 느껴졌
기 때문이다. 붓다의 가르침에 귀의한 이들은 정신적으로 모두 그의
아들과 딸이 된다. 성(姓)도 이 씨(氏)나 박 씨가 아니라 모두 석(釋) 씨
가 된다. 예를 들어 부모님께서 주신 내 이름은 이창구지만, 불교에
귀의하여 계를 받은 불자로서 나는 석일야(釋一也)인 것이다.

　　그런데 아들과 딸은 아버지나 어머니를 닮기 마련이다. 너무도
당연한 말이지만 DNA가 같기 때문이다. 그렇다면 사문 석가의 자녀
로서 정신적 DNA는 무엇일까? 우리가 흔히 말하는 불성(佛性)이 바
로 그것이다. 붓다의 자식이기 때문에 부모님[佛]의 성품[性]을 갖고
태어나는 것이다. 따라서 불성을 잘 가꾸어 바르게 성장하면 붓다와
같은 부모가 될 수 있다. 즉, 중생이 열심히 수행해서 깨달음을 얻게
되면 붓다라는 열매를 맺을 수 있다는 것이다. 불교를 신앙하는 이들
을 불교인이 아니라 붓다의 아들, 딸이라고 부르는 이유도 바로 여기
에 있다.

　　그렇다면 붓다의 자녀로서 살아가는 불자들에게 가장 중요한
기준은 돈이나 출신이 아니라 법(法), 즉 진리가 되어야 한다. 그래서
붓다도 세속적 권위에 무릎을 꿇을 것이 아니라 사람들이 지향하는

진리에 무릎을 꿇어야 한다고 강조하였다. 그것이 곧 자식으로서 부모님을 닮아가는 신앙인의 삶이다. 불자라고 하면서 진리의 상속자가 아니라 돈이나 권력의 상속자가 되고 있는 것은 아닌지 스스로 돌아볼 일이다.

태어나면서 흙수저, 금수저 등으로 신분이 결정되는 오늘날 '나는 사문 석가의 아들이다.'라는 외침은 우리에게 큰 울림을 준다. 그 안에 차별이 아닌 평등과 인간존중이 담겨있기 때문이다. 불자로서 부끄러운 아들, 딸이 되지 않았으면 하는 바람이다.

020

신앙은 선택이다

"어머니의 하나님께 감사드리며, 나문희의 부처님께 감사
드립니다."

2018년 청룡영화상을 받은 배우 나문희 씨의 수상소감이다. 이 짧은
한 마디는 사람들에게 웃음뿐만 아니라 깊은 울림을 가져다주었다.
여기에는 어머니의 신앙을 존중하는 만큼 자신의 신앙도 존중받고
싶다는 바람이 담겨있기 때문이다. 이는 너무도 당연한 일인데, 현실
에서는 그리 간단하지가 않다. '예수천당 불신지옥'으로 대표되는 종
교적 독선이 여전히 위력을 발휘하고 있는 것이다.

붓다는 자신의 가르침을 뗏목에 비유하곤 했다. 뗏목은 강을 건너는 유용한 수단이지만, 강을 건너고 나면 버릴 줄도 알아야 한다는 것이다. 자신의 법은 깨달음에 이르기 위한 방편이지 결코 목적이 아니기 때문이다. 그리고 강을 건너는 수단은 여럿이기 때문에 자신의 신앙을 통해서만 구원에 이를 수 있다는 것은 독선이자 집착일 뿐이다. 이는 마치 서울에서 부산으로 가는 교통편이 오직 버스뿐이라고 주장하는 것과 다를 바 없다. 비행기와 기차, 자동차 등으로 하여금 할 말을 잃게 만드는 일이다.

신앙은 구원, 깨달음으로 안내하는 수단이다. 구원에 이르는 방편은 여럿이기 때문에 어느 신앙을 택할 것인가는 오직 개인의 취향에 달려있다. 그리고 그 선택은 마땅히 존중되어야 한다. 이는 종교적 신앙의 기본이다. 자신의 신앙만 옳다고 말하는 것은 다른 이의 선택을 존중하지 않는다는 뜻이다. 이는 마치 뱃멀미가 심한 사람에게 배를 타야만 부산에서 제주도로 갈 수 있다고 말하는 것과 같다. 이것은 사람에 대한 예의가 아니다. 그저 종교적 독선이자 폭력일 뿐이다.

이처럼 수단이 여럿인데도 자신의 신앙에만 집착하는 이유는 어디에 있을까? 그것은 바로 하나만 알고 다른 것을 알려고 하지 않기 때문이다. 하나만 알게 되면 마음속에 다른 것을 담을 여지(餘地)가 없게 된다. 종교적 독선과 편견은 바로 이런 상황에서 일어난다. 그렇기 때문에 하나의 신앙만 아는 것은 위험할 뿐만 아니라 종교를 올바로 아는 일도 아니다. 일식(一識)이 무식(無識)보다 무섭다고 하는 이유도 바로 여기에 있다.

지금까지 살펴본 것처럼 불교 내에도 피안(彼岸)에 이르는 다양한 길이 존재한다. 깨달음을 얻을 수 있는 지혜가 내 안에 있음을 믿고 정진하는 자력의 길이 있다. 이와는 달리 절대 타자의 위신력에 의지하는 타력의 길도 있다. 근본불교가 스스로에게 의지하는 지혜의 길을 택했다면, 대승불교는 아미타신앙과 관음신앙을 비롯하여 지장신앙, 약사신앙 등 다양한 믿음의 길을 보여주었다. 구원을 향한 대중들의 요구가 다양해졌기 때문에 대승불교는 이를 방편적으로 수용했던 것이다.

이러한 불교 내의 다양한 신앙을 옳고 그름의 시각으로 보는 것은 위험하다. 이 역시 내가 걷는 길만 옳다는 독선이기 때문이다. 내가 왜 이 신앙을 선택해서 가고 있는지, 그리고 그것이 내 삶에 어떤 의미인지 성찰하는 것이라면 마땅히 존중받아야 한다. 다른 이의 욕구가 아니라 내 생각(生覺)에 바탕을 두고 걷는 길이기 때문이다. 그런 신앙은 잠자고 있던 나의 삶[生]을 깨우는[覺] 거룩한 행위다.

『중용』에는 공부하는 태도로 학문사변행(學問思辨行) 다섯 가지를 제시하고 있다. 널리 배우고[博學] 세밀하게 질문하며[審問], 신중하게 생각하고[愼思] 분명하게 판단한[明辨] 후에 돈독하게 실천하라[篤行]는 뜻이다. 박학은 단순히 지적 욕구를 충족시키는 일이 아니라 나와 다른 가르침을 배움으로써 독선과 맹신에서 벗어나는 지혜의 길이다. 신앙도 널리 배우는 것을 바탕으로 스스로 생각하고 성찰한 다음 현실에서 실천되어야 한다. 그래야 종교적 신앙이 자신의 삶에 의미가 될 수 있기 때문이다.

붓다는 열린 태도의 신앙을 지향한 인물이다. 신앙은 곧 선택이며, 내 선택이 소중한 만큼 상대의 선택도 존중되어야 한다. 앞서 언급한 것처럼 이는 종교의 기본이다. 기본을 상실한 신앙은 결코 대중들의 지지를 받을 수 없다. 다양한 종교가 공존하는 현대사회에서 존중과 예의가 필요한 이유도 바로 여기에 있다.

이
해
의
길

021

불교는 종교인가,
철학인가?

일반대학에서 불교철학을 전공한 학자들이 불편함을 느낄 때가 있다. 철학계에서는 종교인으로, 불교계에서는 철학자로 보는 시선이 있기 때문이다. 동일한 행위를 하고 있는데, 자신의 의지와 관계없이 상대의 시선에 따라 종교인이 되기도 하고 철학자가 되기도 한다. 어느 곳에도 속할 수 있지만, 반대로 어느 곳에도 속하지 못하는 일종의 경계인(marginal man) 같은 느낌을 받고 있는 것이다.

이러한 현상은 종교적이면서 철학적인 불교의 성격에서 기인한 측면도 있지만, 철학과 종교를 엄격하게 구분하는 서구적 사유에서 그 원인을 찾을 수 있다. 왜냐하면 동양의 전통에서는 본래 철학이니, 종교니 하는 구분이 없었기 때문이다. 그런데 서구의 학문이 우리나라에 들어오면서 학자들은 서양의 체계에 따라 철학과 종교를 엄격히 구분했던 것이다.

일반적으로 철학은 다른 학문과 마찬가지로 엄밀성이 요구된다. 그렇기 때문에 어떤 가설을 세우거나 주장을 하게 되면, 가설이나 주장의 옳고 그름을 논리적으로 증명해야 한다. 학창시절 많이 배웠던 삼단논법과 같은 방식을 통해서 말이다. 예컨대 '소크라테스는 죽는다.'는 명제가 타당하다는 것을 증명하기 위해 모든 사람은 죽고 소크라테스는 사람이라는 전제를 세우는 방식이 그것이다.

이러한 기준에 따르면 종교는 학문적 체계에 적용되지 않는다. 왜냐하면 신이 존재한다거나 내세가 존재한다는 가설을 검증할 수 있는 방법이 없기 때문이다. 그래서 종교적 표현들은 명제(命題)라고 부르지 않는다. 명제란 옳거나 그른 것이어야 하는데, 신이나 내세가 존재한다는 주장이 옳은지 그른지 확인할 수 없기 때문이다. 즉, 종교는 검증 가능한 범위를 넘어서있는 것이다. 물론 신을 경험했다거나 전생을 보았다는 사람들도 있지만, 이를 객관적으로 검증할 수 없는 한 명제라고 할 수 없다. 종교를 검증이 아니라 믿음의 대상이라고 말하는 이유도 여기에 있다.

불교 역시 이러한 체계를 엄격하게 적용한다면 철학이라고 말하기 어렵다. 그러나 학문의 대상이 꼭 검증 가능한 것일 필요는 없다. 거기에는 문학과 예술, 문화 등 검증을 벗어난 삶의 모든 양식이 포함되어 있기 때문이다. 음악이나 미술 등이 학문의 대상으로서 대학에 존재하는 이유이기도 하다. 우리의 삶은 검증과는 무관한 수많은 의미들로 이루어진 총체다. 학문은 이러한 의미의 세계를 논외로 하지 않는다.

예술과 종교, 철학을 이렇게 구분하면 어렵지 않게 그 차이를 이해할 수 있다. 예컨대 그림을 그리는 것은 분명 예술행위에 속하지만, 그림 속에 나타난 세계관이나 의미를 해석하는 일은 예술철학, 즉 미학의 영역이다. 마찬가지로 신앙생활은 종교의 영역이지만, 그 신앙이 우리 삶속에서 사회, 문화, 철학적으로 어떤 의미를 갖는지 해석하는 일은 학문에 속한다. 대학에서 종교철학이나 불교철학 등의 과목이 설강되는 이유도 여기에 있다.

앞서 잠깐 언급했지만 본래 동양의 전통에서는 철학과 종교의 구분이 없었다. 철학은 한 민족이나 국가의 총체적인 삶의 표현이다. 모든 국가나 민족은 그들만의 삶의 양식이 있고 이는 마땅히 존중되어야 한다. 불교가 탄생한 인도의 전통에서 철학은 곧 앎이었고 종교는 삶이었다. 그렇기 때문에 신앙을 지적으로 성찰하면 철학이 되고, 이를 삶에서 실천하면 종교가 되었다. 그들은 지식이 실제 삶에서 실천되지 않으면 아무런 의미가 없다고 생각했기 때문에 굳이 이 둘을 구분하려고 하지 않았다. 동양에서 지행합일(知行合一)의 전통이 중시됐던 이유도 바로 여기에 있다.

그런데 서양의 철학적 시선에서 보면 불교는 철학이 아니며, '신과 인간의 만남'이라는 서구의 낡은 종교적 시선에서 보면 불교는 종교가 아니다. 불교는 가만히 있는데 자신의 입맛에 따라 이리저리 재단하고 있는 것이다. 결론적으로 불교는 앎의 철학이자 삶의 종교다. 오늘도 나는 불자로서 붓다께 삼배를 올리고, 철학자로서 이 글을 쓰고 있다.

022

'신'이 종교의 본질인가?

중고등학교 시절 교회를 열심히 다닌 적이 있다. 그때는 불교를 종교가 아니라 막연히 윤리나 철학 정도로 생각했다. 이유는 단순했다. 불교에서는 신(神)을 거론하지 않기 때문이다. '신 없는 종교를 종교라고 할 수 있는가?'라는 생각이 나를 지배하던 시절이었다. 종교의 본질이 신에 있다는 생각은 오늘에도 여전히 상식처럼 여겨지고 있다.

물론 '신'은 서구 종교를 이해하는 핵심적 요소지만, 종교 전체를 아우르는 관념은 아니다. 본래 종교의 영어 표현인 릴리전(Religion)은 '다시(again)'를 의미하는 're'와 '결합(take up)'의 뜻을 지닌 'ligion'의 합성어다. 이 둘을 연결하면 릴리전은 '신과 인간의 재결합'

이라는 뜻이 된다. 여기에는 아담과 이브가 선악과를 따먹은 원죄로 신과 이별했지만, 그리스도를 통해 신과 인간이 다시 결합했다는 의미가 담겨있다. 즉 그리스도가 신과 인간이 만날 수 있는 중계 역할을 했으며, 그것이 곧 서구 중세 사회에서 이해한 릴리전의 전형이었다.

이런 점에서 그들에게 종교는 기독(基督, 그리스도)의 가르침이 거의 전부였다. 교회에서 기도할 때 '우리 주 예수 그리스도의 이름으로 기도하옵니다.'로 마치는 이유도 모든 기도는 그를 통해서만 신에게 전달될 수 있기 때문이다. 그리스도를 통하지 않고 직접 신과 만나는 일은 불가능하다. 신과의 직접적인 교통을 주장한 이들이 이단으로 몰려 종교재판을 받아야 했던 이유도 바로 여기에 있다.

이처럼 기독교는 신의 종교다. 인간은 신의 피조물이자 원죄를 안고 살아가는 존재이기 때문에 구원은 인간 스스로의 힘으로는 불가능하다. 구원은 오직 신의 은총에 의지하고 죄를 회개해야만 가능하다는 것이 그들의 생각이다. 절대 타자인 신에 의존해서 구원을 이루려는 신앙이 앞선 글에서 많이 언급했던 타력종교(他力宗敎)다.

릴리전의 기준에 따르면 불교뿐만 아니라 유교를 비롯한 동양의 종교 역시 신을 전제하지 않기 때문에 종교가 아니다. 그런데 '신과 인간의 만남'이 종교의 전부라고 할 수 있을까? 서구의 종교학자들이 동양의 종교와 만나면서 느낀 근본적인 문제의식이었다. 신과의 관계 속에서 종교를 정의하면 동양의 종교를 포용할 수 없기 때문이다. 마침내 그들은 과감한 결단을 내린다. '신과 인간의 만남'이라는 기존의 종교 정의를 폐기한 것이다. 벌써 2백여 년 전의 일이다. 그런데 많은 사람들이 지금까지도 폐기처분된 관념에 얽매여 불교를 종교가 아니라고 떼쓰고 있는 것이다.

종교학자들은 동서양을 아우르는 새로운 판을 짜야만 했다. 깊은 고민 끝에 그들은 '성(聖)'과 '속(俗)'이란 개념을 중심으로 종교를 새롭게 정의하였다. 인간이란 존재는 아무리 오래 산다고 해도 언젠가는 죽을 수밖에 없다. 그들은 이러한 인간의 유한성을 '속'이라는 개념으로 정리하였다. 그런데 인간은 영원한 삶을 추구하는 종교적 욕구를 가진 존재다. 그들은 영원한 삶을 '성'이라는 용어로 정리하여, 종교는 유한한[俗] 삶에서 벗어나 영원한[聖] 삶을 추구하는 신앙 체계라고 정의하였다. 각각의 종교는 서로 다른 문화 속에서 이를 충족시키는 교리를 체계적으로 갖추고 있다.

종교는 이제 '거룩함'이라는 새로운 상황과 만나게 되었다. 그렇다고 해도 서구 사회에서 뿌리 깊게 내려온 창조주로서 신의 관념이 사라진 것은 아니다. 서양에서 성스러움은 신의 또 다른 표현이기 때문이다. 그들은 결코 '신'이라는 절대 타자를 배제한 채 종교를 거론할 수 없었던 것이다. 물론 기독교 안에 신의 인격성을 부정하는 전통도 존재하지만, 이는 소수 의견이기 때문에 여기서 거론하는 것은 적절치 못하다.

그럼에도 불구하고 서구의 종교학자들이 자신의 전통을 포기하면서까지 동양의 종교를 인정한 점은 높이 평가되어야 한다. 자신과 다르다는 이유로 불교를 종교로 인정하지 않은 오늘의 행태와 비교하면 더욱 그렇다. 그들은 다른 이의 선택을 존중하고 예의를 아는 기독교인이었다.

023

불교는
인간의 종교다

"번역은 반역이다."

흔히 번역의 어려움을 나타낼 때 쓰는 말이다. 번역은 단순히 하나의 언어를 다른 언어로 바꾸는 일이 아니다. 언어에는 그 나라의 역사와 문화, 철학이 총체적으로 담겨있기 때문이다. 역사와 문화적 배경을 간과한 채 이루어진 번역에 오역이 많은 이유도 여기에서 찾을 수 있다. 이런 점에서 볼 때 번역은 문화와 역사 전체를 옮기는 작업이라 해도 과언이 아니다.

릴리전(Religion)을 '종교'로 번역한 것은 단순한 오역을 넘어 문화적 배경을 담지 못한 반역의 대표적 사례다. 앞선 글에서 언급한 것처럼 릴리전은 신과 인간의 재결합을 의미하지만, '종교'에는 그런 의미가 전혀 없기 때문이다. 한자로 종교(宗敎)란 글자 그대로 '으뜸 가는[宗] 가르침[敎]'이다. 그런데 왜 종교를 으뜸가는 가르침이라고 했을까? 그것은 종교가 인간의 근원적인 물음, 즉 삶과 죽음의 문제를 해결할 수 있는 구조로 되어있기 때문이다. 아무리 위대한 학문이라 하더라도 각자의 분야에서만 의미를 가질 뿐, 궁극적인 생사의 문제를 해결할 수는 없다. 오직 종교만이 그에 대한 답을 주기 때문에 으뜸간다고 한 것이다.

아직도 종교가 불교용어였다는 사실을 아는 사람이 많지 않은 것 같다. 중국인들은 인도어로 된 불교경전을 한자로 번역하는 과정에서 『능가경』에 있는 '싯단타(Siddhanta)'를 '으뜸'이라는 뜻을 지닌 '종(宗)'자로 번역하였다. '싯다(Siddha)'는 '성취된 것', 그리고 '안타(anta)'는 '극치'라는 뜻이다. 두 단어를 합치면 싯단타는 '성취된 것의 극치'를 뜻하는데, 이를 불교식으로 표현하면 언어의 길이 끊어진[言語道斷] 깨달음, 열반이 된다. 그리고 '데샤나(Desana)'는 '가르침[敎]'을 뜻한다. 결론적으로 종교란 말로 표현할 수 없는 깨달음, 궁극적 진리[宗]를 언어를 통해 가르친다[敎]는 의미가 된다. '으뜸가는 가르침'이라는 한자의 뜻과 꽤나 잘 어울리는 번역이다.

그런데 릴리전이 종교로 번역되면서 본래의 의미는 상실된 채 신과 인간의 만남이라는 뜻으로 쓰이게 되었다. 그로 인해 종교의

'원조'인 불교가 종교가 아니게 되는 이상한 상황이 전개되었다. 불교 입장에선 통탄할 일이다. 이러한 왜곡은 잘못된 번역, 동양의 문화와 역사를 이해하지 못한 상태에서 이루어진 반역의 결과다. 그래서 서구의 종교학자들은 릴리전과 종교의 차이를 극복하고 동서양 모두를 아우를 수 있는 '거룩함[聖]'을 통해 종교를 새롭게 이해하였다. 거룩함의 서구적 표현이 곧 신이며, 불교적 표현이 깨달음인 것이다.

종교학자들은 거룩함의 특징으로 초월성과 절대성, 궁극성 세 가지를 들고 있다. 불교의 깨달음은 상대적인 모든 것이 초월된 절대적이고 궁극적인 체험이기 때문에 거룩함의 특성과 잘 어울린다. 우리는 돈이나 권력, 이념이 아무리 소중하다고 해도 이를 궁극적이라고 부르지 않는다. 언젠가는 사라지기 때문이다. 종교는 유한한 것이 아니라 영원한 것을, 상대적인 것이 아니라 절대적이고 궁극적인 것을 추구하는 가르침이다. 저명한 종교학자인 폴 틸리히(Paul Tillich, 1886~1965)는 이를 간명하게 종교는 '궁극적 관심(Ultimate Concern)'이라고 정의하였다.

불교의 깨달음은 어떤 절대적 존재에 의해 주어지는 것이 아니라 오직 스스로의 노력을 통해서 맛볼 수 있는 종교적 체험이다. 불교를 자력종교(自力宗教)라 부르는 이유다. 붓다가 죽는 순간까지 자신을 등불 삼고[自燈明] 진리를 등불 삼아[法燈明] 정진하라고 당부한 것도 이 때문이다.

인간은 원죄를 안고 살아가는 신의 피조물이 아니라 우주의 주인공이라는 것이 불교적 시선이다. 각자가 우주의 중심인 이유는 깨달음을 얻을 수 있는 성품, 즉 불성(佛性)을 본래부터 갖추고 있기 때문이다. 스스로의 노력으로 깨달음을 얻은 존재[覺者]를 붓다(Buddha)라고 부른다. 석가모니 붓다는 이를 직접 보여준 대표적인 인물이다. 불교는 신의 종교가 아니라 인간의 종교다.

024

붓다 빌딩
바로 보기

"불교란 무엇입니까?"

어찌 보면 쉬운 것 같으면서도 간단히 대답할 수 없는 질문이다. 불교에 대한 자기 나름의 철학이나 체험이 바탕이 되지 않으면 쉽게 답할 수 없기 때문이다. 그래서인지 이 질문에 대한 반응도 제각각이다. 아마 100명의 불자에게 이 질문을 던진다면 똑같은 답변은 별로 나오지 않을 것이다.

이 질문에 대해 많이 나오는 몇 가지 답변을 살펴보기로 하자. 먼저 '그저 나쁜 짓 하지 않고 착하게 살자는 가르침이 불교'라는 답변이 있다. 매우 훌륭한 대답이다. 이는 흔히 칠불통계게(七佛通戒偈)로 알려졌는데, 석가모니 이전 일곱 붓다의 공통된 가르침이라는 뜻이다. 모든 나쁜 짓을 하지 말고[諸惡莫作] 착한 일을 받들어 행하며[衆善奉行], 스스로 그 마음을 깨끗이 하는 것[自淨其意], 이것이 모든 붓다의 가르침[是諸佛敎]이라는 내용이다. 쉬우면서도 명쾌한 가르침이기 때문에 많은 불자들이 선호하는 대답이다.

'그저 마음 하나 깨치는 것이 불교'라는 선불교적인 답변도 있다. 주로 선사(禪師)들이 선호하는 방식이다. 불교는 수행을 통해 깨달음을 얻는 것이 목적인데, 내 마음이 곧 부처[心卽佛]이므로 이를 깨치는 것이 불교라는 직설적인 대답이다. 불교의 모든 것을 마음 심(心) 한 글자로 압축한 것이다. 여기서 좀 더 나가면 '차 한 잔 하고 가라[喫茶去].'거나 혹은 '뜰 앞의 잣나무[庭前栢樹子]'라는 알 듯 모를 듯한 답변도 있다. 아예 '악(喝)!' 하고 큰 소리를 지르는 경우도 있다. 조사선의 아우라가 물씬 풍기는 답변들이다.

불교는 '깨달음과 자비의 종교' 혹은 '지혜와 자비의 종교'라는 대답은 불교를 체계적으로 가르치는 일반대학이나 불교교양대학에서 선호하는 방식이다. 불교는 존재의 실상을 깨달은 자[覺者]의 가르침이기 때문에 연기(緣起)나 무상(無常), 무아(無我) 등 붓다가 깨친 내용을 체득하고 자비를 실천하는 일이 핵심이라는 것이다. 주로 불교철학이나 불교입문 등의 강좌에서 많이 들을 수 있는 내용이다.

지금까지 살펴본 답변들은 불교를 설명하기에 부족하진 않지만, 서로 다른 내용들로 이루어졌기 때문에 일관성이 없는 것처럼 보이기도 한다. 이처럼 다양한 답변들이 나오는 이유는 말하는 지점이 서로 다르기 때문이다. 비유하자면, 불교는 2, 3층짜리 건물이 아니라 100층 정도 되는 매우 높은 빌딩이라고 할 수 있다. 불교는 깨달음과 자비의 가르침이라는 대답이 붓다 빌딩(Buddha building) 1층에서 말하는 방식이라면, '악!' 하고 크게 소리 지르는 것은 100층에서 통용되는 방식이다. 그렇기 때문에 붓다 빌딩 각각의 층이 어떤 모습인지 아는 것이 중요하다. 그러기 위해서는 건물 밖으로 나와야 한다. 건물 안에서는 불교라는 건물 전체를 살필 수 없기 때문이다. 밖으로 나오면 1층에는 근본불교 간판이 걸려있으며, 100층에는 선불교가 자리하고 있음을 있는 그대로 볼 수 있다.

'불교'라는 이름 앞에는 수많은 수식어가 붙는다. 지역별로 인도불교, 중국불교, 티베트불교, 한국불교 등이 있고 시대적으로는 초기불교, 부파불교, 대승불교 등이 있다. 주제별로는 화엄불교, 천태불교, 선불교, 정토불교 등이 있다. 불교와는 다르다고 주장하는 원불교도 자리하고 있다. 수식어가 많다는 것은 불교의 모습이 그만큼 다양하다는 것을 의미한다. 그렇기 때문에 어느 한 층만 알면 다른 층은 불교가 아니라는 편견에 빠질 수 있다. 불교에도 하나만 아는 일식(一識)의 위험성이 존재한다는 뜻이다.

각 층에는 저마다 중요하게 생각하는 가치들이 존재한다. 종파마다 중시하는 경전과 수행 방식이 있다는 뜻이다. 그런데 그 안에만 있으면 『금강경』이나 『법화경』, 『화엄경』 등 특정 경전이나 간화선, 묵조선, 위빠사나 등 자신들의 수행만 제일이라는 오류에 빠질 수 있다. 불교라는 건물 밖으로 나와서 빌딩 전체를 조망해야 하는 이유도 여기에 있다. '나는 지금 몇 층에 위치하고 있는가?' 불자로서 꼭 필요한 질문이다.

025

근본불교란 무엇인가?

'근본'이라는 단어가 좋지 않은 의미로 쓰이는 곳은 종교뿐인 것 같다. 종교적 분쟁이나 폭력이 일어나는 곳이면 해당 종교의 이름 뒤에 '근본주의'라는 용어가 자주 따라붙기 때문이다. 근본주의(根本主義, fundamentalism)는 종교적 교리의 근본에 충실하자는 운동인데, 왜 그렇게 사람들에게 불편한 이미지로 각인되었을까? 이유는 간단하다. 각 종교의 성전에 쓰인 문자에 집착한 나머지 자신들의 해석과 다르면 이단으로 취급하고 온갖 폭력을 행하기 때문이다. 그래서인지 그들은 나와 다르면 적이고, 적은 모두 물리쳐야 한다는 입장을 고수하는 집단으로 인식되고 있다.

불교에도 이런 부정적 영향이 조금은 미친 것 같다. '근본불교'라는 용어를 불편하게 생각하는 사람들이 있으니까 말이다. 그러나 근본불교는 결코 배타적이거나 폭력적이지 않다. 오히려 자신과 다른 가르침도 널리 포용하는 열린 태도를 지향한다. 석가모니 붓다의 근본 가르침 자체가 본래 열려있기 때문이다. 이러한 근본불교가 대승불교, 선불교를 표방하고 있는 한국의 상황에서 어떤 의미와 중요성을 지니고 있을까?

근본불교란 석가모니 붓다가 입멸한 후 100년까지의 불교를 가리킨다. 붓다 입멸 후 100년이 지난 시점에 붓다의 가르침과 계율에 대한 해석의 차이로 교단은 전통을 지키려는 상좌부(上座部)와 개혁적인 대중부(大衆部)로 분열한다. 다시 상좌부는 10개, 대중부는 8개로 분열하여 총 20개의 부파가 활동하는 부파불교 시대를 맞이하게 된다. 그리고 각각의 부파는 붓다의 가르침에 대한 독립적인 아비달마(abhidharma), 즉 논서를 갖춘다. 근본불교는 이러한 분열이 시작되기 전의 불교이기 때문에 원래의 모습이 비교적 잘 보존되어 있다.

근본불교는 원시불교나 초기불교 등으로도 불린다. 혹은 불멸 후 30년까지, 즉 붓다와 제자들이 활동했던 시기를 근본불교라 하고 100년까지를 원시불교라 구분하기도 한다. 근본불교는 석가모니 붓다의 깨침을 원천으로 하고 있기 때문에 그 내용인 연기(緣起)와 삼법인(三法印), 사성제(四聖諦), 팔정도(八正道) 등의 가르침이 핵심을 이루고 있다.

그동안 한국불교는 대승불교와 선불교라는 옷을 입고서 불교의 근간을 이루고 있는 근본불교를 소홀히 취급했다. 대승불교는 붓다의 근본정신으로 돌아가자는 운동이다. 그렇기 때문에 붓다의 근본정신을 담고 있는 근본불교는 대승불교의 기초가 된다. 그럼에도 불구하고 근본불교에 대한 연구가 부족했으니, 어찌 보면 한국불교는 기초공사가 부실한 상태에서 높은 건물을 올린 것은 아닌지 성찰해 볼 일이다.

또한 우리는 대승과 소승이라는 이분법적 사고 속에서 붓다의 근본 가르침인 근본불교를 소승불교와 동일시해왔다. 소승(hina)은 '열등하다'는 뜻인데 붓다의 근본 가르침을 열등한 가르침이라 했으니, 참으로 부끄러운 일이 아닐 수 없다. 이는 대승불교라는 자만과 소승불교에 대한 편견, 그리고 근본불교에 대한 이해의 부족이 낳은 결과다. 다행히 요즘은 소승에 대한 편견도 많이 사라졌고, 빠알리어로 된 니까야가 널리 소개되어 가공되기 이전의 붓다의 원음을 만나볼 수 있다.

앞선 글에서는 불교를 100층 건물에 비유하였다. 그런데 붓다 빌딩은 처음부터 100층으로 설계된 것이 아니다. 1층을 세우고 차례대로 2층, 3층, 10층, 100층까지 증축한 것이다. 100층까지 모두 짓는 데 2,600여 년이 걸린 셈이다. 근본불교는 바로 붓다 빌딩 1층에 위치하고 있다. 제일 먼저 세워진 건물이기 때문에 불교의 원형이 생생하게 살아있다는 점에서 그 중요성은 말할 필요도 없다.

처음 붓다 빌딩을 세우고 증축할 때는 승강기가 없었다. 그렇기 때문에 4층이나 5층을 가기 위해서는 각 층의 계단을 밟으면서 걸어야 했다. 건물이 높아지면서 붓다 빌딩에 승강기가 설치되자 20층이나 80층까지 순간적으로 이동할 수 있게 되었다. 아래층에 어떤 사무실이 있는지 모른 채 올라간 것이다. 그런데 잊지 말기로 하자. 100층을 올라갈 때도 승강기는 근본불교가 들어서있는 1층에서 타야 된다는 사실을 말이다.

026

연기의 진리,
그리고 사랑

건물이 높을수록 기초공사를 튼튼히 해야 한다. 그렇지 않으면 무너
질 수 있기 때문이다. 100층이나 되는 거대한 불교 건물도 마찬가지
다. 이 붓다 빌딩을 든든히 받치고 있는 두 기둥이 있는데, 깨침과 자
비가 바로 그것이다. 깨침은 중생 싯다르타를 붓다로 이끈 종교적 체
험이며, 이를 통해 진정한 자비가 가능하다는 것이 불교 전체를 관통
하고 있는 논리다.

그렇다면 싯다르타는 무엇을 깨쳐서 중생에서 붓다로 질적 전
환을 이루었을까? 바로 연기(緣起)의 진리다. 연기란 빠알리어로 '말
미암아[緣]'라는 의미의 '빠띳짜(paticca)'와 '일어난다[起]'는 의미를

가진 '사뭅빠다(samuppada)'가 결합된 합성어다. 그러니까 존재하는 모든 것은 서로 말미암아 일어난다는 의미가 된다. 붓다는 이를 '이 것이 있음으로 말미암아 저것이 있고[此有故彼有], 이것이 생기므로 말미암아 저것이 생긴다[此起故彼起].'라고 간결하게 정리하였다.

짧은 이 두 문장은 흔히 '연기의 공식'이라 일컬어지는데, 여기 에서 붓다가 통찰한 세계의 모습을 엿볼 수 있다. 앞에 나온 '이것이 있음으로 말미암아 저것이 있다.'는 구절은 세계를 공간적으로 관찰 한 부분이다. 오래 전 벗의 딸기 농장을 처음 방문했을 때, 벌이 날아 다니는 모습을 보고 놀란 적이 있다. 알고 보니 수정을 위해 벌을 풀 어놓았던 것이다. 그때 비로소 벌이 없으면 맛있는 딸기를 먹을 수 없다는 사실을 알게 되었다. 벌과 딸기는 서로 떼려야 뗄 수 없는 연 기적 관계라는 것, 이것이 곧 붓다가 통찰한 존재의 참모습이었다.

붓다는 이러한 존재의 실상을 볏단에 비유한 적이 있다. 볏단은 하나가 쓰러지면 다른 볏단도 쓰러지기 마련이다. 볏단은 서로 마주 세워놓아야 쓰러지지 않는 것처럼, 모든 것은 서로 의존하는 관계 속 에서 더불어 존재한다. 조금 과장한다면 이것과 저것[彼此]은 서로의 존재 이유이자 근거가 된다는 뜻이다. 이는 곧 존재하는 모든 것은 한 몸[同體]이라는 의미와 다르지 않다. 자비(慈悲)가 나오는 근거도 바로 여기에 있다. 한 몸이기 때문에 사랑할 수밖에 없다는 것이다.

두 번째 문장인 '이것이 생기므로 말미암아 저것이 생긴다.'는 구절은 연기의 시간적 관찰이다. 모든 것은 공간뿐만 아니라 시간적으로도 서로 더불어 존재한다는 뜻이다. 예를 들어 지금 보고 있는 책은 종이로 만들어졌는데, 한 장의 종이는 태양과 먹구름 등 수많은 인연들이 시간적으로 관계를 맺고 있다. 적절한 양의 햇빛과 비 등이 있어야 나무가 잘 자라고, 그 원목으로 종이를 만들기 때문이다. 따라서 한 권의 책 속에는 글뿐만 아니라 태양과 비, 먹구름 등 수많은 인연이 함께 담겨있다. 이뿐만 아니라 나무를 베는 어느 이름 모를 노동자의 어깨에 맺힌 땀방울까지 읽을 수 있어야 한다는 것, 이것이 붓다가 성찰한 연기의 의미였다.

이처럼 연기의 진리에는 나와 세계가 둘이 아니라 깊은 관계 속에서 '하나'라는 인식이 자리하고 있다. 이것과 저것, 나와 너, 인간과 자연, 남과 북, 동과 서는 한 몸이라는 의식의 전환이 있어야 비로소 상대가 기쁠 때 함께 기뻐하며[慈] 슬플 때 함께 슬퍼할[悲] 수 있는 것이다. 이것이 곧 동체자비다. 이와는 달리 모든 것을 하나가 아니라 둘이라고 느끼면 대립과 갈등이 생길 수밖에 없다. 인간과 자연을 둘이라고 인식했기 때문에 환경을 함부로 대하고 그럼으로써 오늘날 생태계의 파괴, 기후 변화 등의 위기를 겪고 있는 것이다. 그 피해를 '또 다른 자연', 즉 인간이 입고 있을 뿐이다. 핵전쟁의 공포나 인간성 상실 등의 문제도 나와 다른 사람을 둘로 보는 이원적 세계관에서 나온 필연적 산물이다. 붓다가 깨친 연기적 사유는 오늘의 세계가 안고 있는 문제를 근본적으로 해결할 수 있는 유일한 대안이라고 할 수 있다.

"누군가를 사랑한다는 것은 주고 싶은 넉넉함이 아니라 줄
수밖에 없는 절실함인 거야."

인기리에 방영됐던 드라마 〈응답하라 1988〉에 나온 대사다. 사랑은
왜 넉넉함이 아니라 절실함일까? 바로 그 대상이 나와 한 몸이기 때
문이다. 연기, 동체자비는 이를 두고 한 말이다.

027

연기적 사유(思惟)와
인간의 책임

초등학교 시절 각 교실에는 급훈이 쓰여 있는 액자가 걸려있었다. 지금은 어떤지 잘 모르겠지만, 그 당시 급훈으로 많이 등장한 단어는 근면이나 성실, 정직 등이다. 거기에는 공부도 열심히 하면서 근면하고 성실하게 살면 성공할 수 있다는 믿음이 담겨있었다. 어찌 보면 경제 성장을 중요하게 여겼던 1970년대 산업사회에 꽤나 잘 어울리는 덕목들이다.

그런데 보편적이라고 생각하는 이러한 가치들도 사유(思惟)가 바탕이 되지 않으면 누군가를 해치는 엄청난 결과를 가져올 수 있다. 이를 여실히 보여주는 인물이 바로 제2차 세계대전에서 600만 명의 유대인 학살을 주도한 아이히만(Adolf Eichmann, 1906~1962)이다. 1961년 12월 예루살렘에서 전범 재판이 열렸는데, 그는 히틀러의 지시에 따라 임무를 성실히 수행했을 뿐 자신은 아무런 죄가 없다고 항변하였다.

세계인의 이목이 집중된 세기의 재판에 미국 잡지인 〈뉴요커〉의 요청으로 재판을 취재한 여성이 있었다. 바로 '악의 평범성(Banality of evil)'이란 유명한 말을 탄생시킨 한나 아렌트(Hannah Arendt, 1906~1975)다. 그녀는 나치의 유대인 박해로 독일에서 프랑스를 거쳐 미국으로 망명한 정치철학자다. 그녀는 천인공노할 아이히만의 악행이 어디로부터 왔는지 알아내기 위해 그를 집중 취재하였다. 그리고 내놓은 결론은 이러했다.

"그로 하여금 그 시대의 엄청난 범죄자들 가운데 한 사람이 되게 한 것은 '순전한 무사유(sheer thoughtlessness)'였다."

아렌트의 『예루살렘의 아이히만』이라는 책에 나오는 내용이다. 그녀는 이러한 무사유가 인류의 모든 악을 합친 것보다 훨씬 많은 대파멸을 가져올 수 있다는 것이 예루살렘에서 배운 교훈이라고 하였다. 그녀에게 비친 아이히만은 성실하고 정직한 관료였다. 그는 사람들의 생각과는 달리 유대인을 좋아하는 친절하고 정직한 이웃집 아저씨와 같았다. 그런 사람이 어떻게 이처럼 엄청난 악행을 저지를 수 있었을까? 그것은 다름 아닌 자신의 행동이 상대에게 어떤 아픔과 영향을 주는지, 그리고 그것이 우리의 삶에 어떤 의미인지를 생각하지 않았기 때문이다.

그래서 아렌트는 사유를 인간의 능력이 아니라 책임이라고 강조한다. 즉, 자신의 행동이 세계에 끼칠 영향과 의미를 '반드시' 생각해야 한다는 것이다. 앞에서 사유가 결여된 근면이나 성실, 정직과 같은 가치들이 엄청난 악행을 가져올 수 있다고 말한 것도 바로 이 때문이다. 아무런 생각 없이 행동을 하게 되면 악은 언제든지 평범하게 우리 앞에 다가올 수 있다는 것, 이것이 아렌트가 우리에게 전해준 메시지였다.

그렇다면 우리는 왜 나의 행동이 다른 이에게 어떤 영향을 주는지를 생각해야 할까? 그것은 바로 모든 것은 서로 깊은 관계 속에서 연기적으로 존재하기 때문이다. 그렇기 때문에 나의 행동은 어떤 식으로든 세계에 영향을 줄 수밖에 없다. 생각 없이 던진 한마디 말이 누군가에게 상처가 되어 엄청난 사건으로 번지기도 하고, 반대로 작은 선행이 상대에게 위로나 용기뿐만 아니라 사회적으로 큰 의미가 되기도 한다. 따라서 사유는 책임이라는 아렌트의 통찰을 결코 가볍게 여겨서는 안 된다.

큰 틀에서 보면 아렌트의 철학과 불교의 연기적 사유는 서로 통하고 있다. 인간과 세계를 독립적이 아니라 관계 속에서 이해하고 있기 때문이다. 불교 전체를 일관하고 있는 메시지는 나와 세계가 연기적으로 존재한다는 실상을 깨쳐야 한다는 것이다. 불교에서 동체자비(同體慈悲)를 강조하는 것도 이것을 깨쳤을 때 비로소 진정한 사랑이 나오기 때문이다. 우리는 연기의 진리에서 사유의 의미와 책임을 읽을 줄 알아야 한다. 그것이 곧 문제의식을 갖고 오늘에 맞게 불교를 해석하는 일이다.

1980년 5월 광주에서 상부의 명령에 따라 성실하게 임무를 수행했다고 말한다면 아이히만과 무엇이 다르겠는가. 우리 안에도 꽤 많은 아이히만이 잠자고 있는 것은 아닌지 스스로 성찰해볼 일이다. 붓다가 깨친 연기의 진리는 잠자고 있는 우리의 삶[生]을 일깨우는 [覺] 혁명적 사유다.

028

12연기,
인간의 실존

연기는 불교 전체를 관통하고 있는 철학적 사유다. 모든 것은 홀로가 아니라 관계 속에서 존재한다는 것이 붓다의 통찰이었다. 이러한 연기의 진리가 모든 존재의 일반적인 모습이라면, 이를 인간의 실제적인 삶에 적용한 것이 바로 12연기다.

'무엇이 있으므로 말미암아 늙고 죽는 것이 있을까?'

싯다르타를 출가로 이끈 근본적인 문제의식이었다. 인간은 누구나 태어나면 늙고 병들어 죽기 마련이다. 이러한 생로병사의 과정을 불교에서는 '고(苦)'라는 한 글자로 압축해서 설명하였다. 12연기는 '생로병사는 과연 무엇으로 말미암아[緣] 일어나는[起] 것일까?'에 대한 실존적 해답이다.

12연기는 여러 가지 관점에서 설명이 가능하지만, 여기서는 우리들이 살아가는 실제적인 삶에 비추어 설명하고자 한다. 12연기는 12지(支)라고도 불리는데, 무명(無明)·행(行)·식(識)·명색(名色)·육입(六入)·촉(觸)·수(受)·애(愛)·취(取)·유(有)·생(生)·노사(老死)가 그것이다. 이 12가지 고리가 서로 연쇄적인 반응을 일으키면서 인간의 고통을 만들어낸다는 것이다. 고통을 일으키는 연결고리를 정확히 파악해서 끊어내는 것이 12연기의 목적이다.

여기서는 편의상 1)앞의 둘인 무명과 행, 2)중간의 식(識)에서 유(有)까지 여덟 개, 3)마지막 둘인 생과 노사로 나누어 살펴볼까 한다. 먼저 모든 괴로움이 일어나는 근본 원인을 무명이라 규명하였다. 이는 글자 그대로 밝음[明]이 없는[無], 즉 어두운 상태를 의미한다. 모든 것이 연기적으로 존재한다는 것을 모르는 어리석음을 의미한다. 이러한 무명으로 말미암아[緣] 일으키는 모든 행위가 두 번째인 행(行)이다. 우리가 몸[身]과 입[口], 마음[意]으로 어떤 행위를 하게 되면 그로 인한 에너지가 무의식에 잠재되어 있다가 다음의 행위에 영향을 주게 되는데, 그 모든 과정을 업(業)이라 한다. 예컨대 접촉사고를 낸 후 속상한 마음에 친구와 술 한 잔 마시다가 옆 사람과 시비가 붙어 폭행죄로 연행되는 경우를 생각해보자. 자동차 사고의 영향력

[業]이 잠재해 있다가 더 큰 사고로 이어진 것이다. 행은 어떤 행위로 인한 영향력까지 포함한 업을 가리킨다.

세 번째 식(識)부터 열 번째 유(有)까지는 대상과 만나면서 업을 짓는 과정을 구체적으로 살펴본 것이다. 먼저 식은 눈, 귀, 코, 입, 몸과 같은 감각기관을 통해 대상을 인식하는 행위다. 그런데 무언가를 인식하기 위해서는 대상이 있어야 하는데, 그것이 네 번째 명색(名色)이다. 여기에서 명은 정신적인 것이며, 색은 물질적인 대상을 가리킨다. 다섯 번째 육입(六入)은 앞서 언급한 눈, 귀, 코 등의 감각기관이다. 이 인식주체가 객관대상과 만나는 것이 여섯 번째 촉(觸)이다. 그리고 대상과 만나면서 받게 되는 느낌이 일곱 번째 수(受)이며, 대상과의 접촉을 통해서 좋다거나 싫다는 느낌이 강해지는 단계가 여덟 번째 애(愛)이다. 대상과 만나면서 좋은 것은 갖고 싶고, 싫은 것은 사라지길 바라는 마음이 심해지는 경우다. 이러한 애착이 행동으로 나타나는 것이 아홉 번째 취(取)이다. 마음속에만 있는 것이 아니라 실제 도둑질이나 폭행 등으로 나타나는 단계다. 열 번째 유(有)는 이러한 행위는 사라지지만, 그로 인한 에너지가 무의식 속에 영향력으로 남아있는 단계다. 잠재된 에너지는 반드시 다음 행위에 영향을 주는데, 우리가 흔히 말하는 업보가 바로 이것이다.

열한 번째 생(生)은 잠재된 에너지가 우리가 말하거나 행동할 때 다시 나타나는 것이다. 마지막 열두 번째는 노사(老死)인데, 단순히 늙고 죽음뿐만 아니라 슬픔이나 걱정 등 인간이 느끼는 모든 괴로움이 포함된다.

　지금까지 인간의 고통을 일으키는 12가지 고리들이 어떤 과정으로 작동하는지를 간략하게 살펴보았는데, 이것이 곧 중생들의 윤회하는 삶의 모습이다. 삶이 괴롭다는 문제의식이 있을 때 비로소 벗어나는 길도 보이는 법이다. 불교의 목적은 고통에서 벗어나 행복을 얻는[離苦得樂] 데 있다. 12연기는 고통에서 벗어나는 길을 찾기 위해 그 원인부터 규명하고 있는 것이다. 그 실타래가 다음 글에서 풀릴 것이다.

029

고통의 길[流轉緣起],
행복의 길[還滅緣起]

내가 좋아하는 붓다의 가르침 가운데 '두 번째 화살은 맞지 말라.'는 것이 있다. 우리는 대개 첫 번째 화살을 맞으면 그 영향력으로 인해 두 번째뿐만 아니라 세 번째, 네 번째 화살을 맞게 된다. 앞선 글에서 언급한 것처럼, 접촉 사고라는 첫 번째 화살을 맞고 기분이 상해서 친구와 술 한 잔 나누다가 옆 사람과 싸우는 두 번째 화살을 맞고, 급기야 폭행죄로 경찰에 연행되는 세 번째 화살을 맞을 수 있다. 스스로 중심을 잡지 못하고 접촉 사고의 영향력[業]에 이리저리 흔들린 경우라 할 것이다. 이것이 중생들 삶의 모습이다.

12연기는 대상과 만나면서 겪게 되는 우리들의 실제 모습과 그 원인을 있는 그대로 보여주고 있다. 그리고 '무명(無明)', 즉 연기의 진리를 모르는 어리석음이 중생살이의 근본 원인임을 밝히고 있다. 우리는 무명으로 인해 온갖 부산을 떨면서도 왜 그러는지 모른 채 같은 행위를 반복하며 살아간다. 이처럼 무명 속에서 윤회하는 삶, 즉 무명으로부터 노사(老死)에 이르는 과정을 유전연기(流轉緣起)라고 한다. '무명으로 말미암아 행(行)이 있고, 행으로 말미암아 식(識)이 있게 되는' 방식이다. 한마디로 유전연기는 고통의 길이며, 정신없이 (mindless) 살아가는 우리들의 자화상이라 할 수 있다.

이러한 삶에 만족한다면, 더는 할 말이 없다. 그러나 '이렇게 살아도 되는 것일까? 내가 지금 뭐 하고 있는 거지?'라는 문제의식이 있다면, 자신의 삶을 돌이켜보아야 한다. 어디를 향하는지도, 왜 가는지도 모른 채 그저 달리기만 했던 발걸음을 '한 템포 쉬고' 반조해 보자. 그러면 업의 굴레에서 벗어나지 못하고 고통 속에 있는 자신을 발견할 수 있다. 업의 실타래는 이때부터 비로소 풀리기 시작한다.

업의 굴레를 벗어나기 위해서는 무명을 지혜로 전환하여 괴로움을 일으키는 고리를 끊어야 한다. 먼저 무명을 끊고 계속해서 행, 식, 노사까지 끊어가는 것이다. '무명이 멸하므로 행이 멸하고, 행이 멸하므로 식이 멸하게 되는' 방식이다. 이렇게 돌이켜 끊는 것을 환멸연기(還滅緣起)라고 한다. 유전연기가 고통의 길이라면, 환멸연기는 행복의 길이며 늘 깨어있는(mindful) 삶이다.

앞서 언급한 것처럼 접촉사고가 났을 때 스스로 깨어있지 않으면 지금까지 살아왔던 삶의 방식, 즉 업의 흐름에 따를 수밖에 없다. 그러나 사고가 나는 순간 속상함으로 흔들리는 마음을 볼 수 있다면, 우리는 얼마든지 흐름을 끊고 조절할 수 있다. 상대가 화를 내더라도 우리 자신은 깨어있기 때문에 '다친 데는 없으세요?'라고 말을 건네면서 사태를 합리적으로 수습할 수 있다. 무명이 아니라 지혜가 작동하는 것이다.

아인슈타인은 '똑같은 일을 반복하면서 다른 결과를 기대하는 것'을 미친 짓(Insanity)이라고 하였다. 그런데 우리가 같은 행동을 반복하는 것은 업의 관성 때문이다. 마치 운전할 때 평소 갔던 길로만 가거나, 강의실에 들어가 같은 자리에만 앉는 것과 같다. 그 길로 운전하고 그 자리에 앉았던 행위가 무의식에 저장되어 있다가 다음의 행위에 지속적으로 영향을 준 것이다. 위에서 예로 든 접촉사고의 경우 화를 내는 똑같은 행위를 반복한다면 두 번째, 세 번째 화살을 피할 수 없다. 다른 결과를 원한다면 반복해왔던 업의 고리를 끊어야 한다.

12연기의 목적은 업의 연결 고리를 끊고 고통으로부터 벗어나는 것이다. 이를 위한 자기 성찰은 반드시 필요하다. 자기 성찰이 이루어졌다고 해서 우리 삶이 갑자기 바뀌는 것은 아니다. 이 역시 업의 관성이 남아있기 때문에 화가 나는 자신을 보면서도 참지 못하는 경우가 많은 것이다. 그래서 이를 극복하기 위한 실천이 중요하다. 명상이나 기도, 참회발원 등의 수행은 업의 관성에서 벗어나기 위한 실천이다. 이런 수행이 깊어지면 내 입에서 '아하, 그렇지!'라는 말이 절로 나온다. 그럴 때 자유롭고 행복한 삶은 가능하다.

어느 불자의 고백이다. 운전할 때 차가 앞으로 끼어들면 습관적으로 입에서 욕이 나오곤 했는데, 불교를 공부한 후로는 웃으면서 이렇게 말한다고 한다.

'그래, 배운 내가 참는다.'

030

무상(無常),
긍정과 사랑의 에너지

'인생, 참으로 무상하군.'

장례식장에서 종종 들을 수 있는 얘기다. 어제까지만 해도 멀쩡했던 사람의 부고 소식을 듣는다면 누구라도 인생이 덧없다 느낄 것이다. 싯다르타를 출가로 이끈 것도 다름 아닌 허무라는 감정이었다. 태어나면 늙고 병들어 죽는다는 인간의 실존 앞에서 그 어떤 것도 위로가 되지 못했다. 그의 출가는 곧 무상함의 실체를 찾는 여정이었다.

영원한 것이 없다는 제행무상(諸行無常)은 제법무아(諸法無我), 일체개고(一切皆苦)와 더불어 삼법인(三法印)이라고 한다. 서류를 작성할 때 그 내용이 확실하다는 의미로 도장(印)을 찍는 것처럼 세 가지 법(三法) 즉 무상, 무아, 고는 틀림없는 인생의 진리라는 뜻이다. 대승불교에서는 일체개고 대신 열반적정(涅槃寂靜)을 넣기도 한다. 혹은 네 가지를 모두 포함하여 사법인(四法印)이라 부르기도 한다.

흔히 무상과 허무를 동일시하는 경향이 있다. 이 세상에 영원한 것이 없다는 관점은 같다고 할 수 있으나, 이 둘의 지향하는 방향과 에너지는 본질적으로 다르다. 허무는 영원한 것이 없기 때문에 삶이 무의미하다고 느끼는 감정이다. 부정의 에너지가 넘치고 있는 것이다. 전통적인 사상이나 규범 등 모든 가치체계를 부정하는 이유도 여기에서 찾을 수 있다. 붓다 당시에도 허무주의나 염세적인 분위기가 성행했다. 국가 간의 끊임없는 전쟁으로 대중들의 삶이 황폐화되었기 때문이다. 이러한 상황에서 붓다는 부정의 에너지를 긍정의 에너지로 전환하는 지혜가 필요했다. 무상은 그가 찾은 해답이었다.

무상 역시 영원한 것은 없다는 사실을 인정한다. 그런데 허무가 삶이 무의미하다는 방향으로 나아갔다면, 무상은 그 반대로 향했다. 다시 말하면 영원한 것은 없기 때문에, 지금 이 순간은 한 번뿐이기 때문에 오히려 더욱 의미 있게 가꾸어야 한다는 것이다. 이를 상징적으로 보여주는 붓다의 가르침이 인연생인연멸(因緣生因緣滅)이다. 말 그대로 모든 것은 인연에 의해 생겨나고 인연이 다하면 소멸한다는 뜻이다.

예를 들어 한겨울에 내리는 눈도 수많은 인연과의 만남과 헤어

짐이 만들어낸 작품이다. 가을과의 인연이 다했기 때문에 겨울과 만날 수 있는 것이며, 하늘에서 내리는 눈으로 눈사람을 만들 수 있는 것이다. 겨울과의 인연이 다하면 또 다시 헤어져야 한다. 그래야 따뜻한 봄 햇살과 만나서 벚꽃 흩날리는 거리를 사랑하는 사람과 걸을 수 있지 않겠는가. 이처럼 눈부시게 아름다운 봄날과도 헤어져야 한여름의 뜨거운 태양과 만날 수 있으며, 가을의 단풍과 인연을 맺을 수 있는 것이다. 이처럼 삶이 고정되어 있는 것이 아니라 다이내믹한 흐름 속에 있다는 것을 통찰할 수 있어야 한다. 그래야 무상한 삶속에서 순간순간을 있는 그대로 아름답게 가꿀 수 있다. 이처럼 무상에는 긍정적인 에너지가 가득하다. 다만 우리가 놓치고 있을 뿐이다.

그리고 무상은 사랑이 나오는 중요한 바탕이라는 점을 놓쳐서는 안 된다. 오래 전 아버지가 돌아가시고 얼마 지나지 않아 산소에 갔는데, 그 옆에서 밭일을 하던 할머니 한 분이 '죽은 다음에 찾아오면 뭘 하누. 살아계실 때 잘 해드려야지.'라고 혼잣말을 하는 것이었다. 순간 얼굴이 빨개지면서 무상의 의미를 실감할 수 있었다. 우리는 부모님의 삶 역시 무상하다는 냉엄한 현실과 그 위력을 간과하기 때문에 '다음에 잘 해드려야지.' 하면서 자꾸만 내일로 미룬다. 그러나 내일이라는 시간은 관념 속에만 존재할 뿐이다. 무상이라는 시간의 흐름 속에서 내일이 아닌 바로 지금 여기에서 사랑을 실천해야 한다는 것, 그것이 무상이 우리에게 주는 메시지다.

"이 세상에 변하지 않는 것은 없다. 변하지 않는 것이 있다
면 '이 세상에 변하지 않는 것은 없다.'라는 명제뿐이다."

미국의 사회학자 다니엘 벨(Daniel Bell, 1919~2011)의 말이다. 『장자』에
서 '수연낙명(隨緣樂命)'이라 하지 않았던가! 인연으로 다가온 자신의
운명을 즐길 수 있을 때 즐기고 사랑할 수 있을 때 사랑해야 한다. 지
금 이 순간은 절대 다시 돌아오지 않으니까.

031

무아(無我),
자유와 사랑의 길

실존주의 철학자인 사르트르는 사물은 본질을 갖추고 있는 '존재(存在)'지만, 인간은 본질을 스스로 창조하기 때문에 '무(無)'라고 하였다. 쉽게 말하면 의자는 앉을 수 있고 칼은 무언가를 자르며 휴대폰은 전화하는 데 쓰는 본질이 정해져있다. 그런데 인간은 어제는 나쁜 사람이었지만 오늘은 착한 사람으로 자신의 본질을 만들 수 있다는 뜻이다. 이것이 가능한 이유는 인간은 정해진 본질[我]이 없기[無] 때문이다. 물론 그의 주장은 스스로의 본질을 만들어가는 인간의 자유의지를 그리고 있지만, 본질을 부정한다는 점에서 불교의 무아적 사유를 조금 엿볼 수 있다.

무아란 글자 그대로 자아(自我)가 없다는 뜻이다. 자아란 자기동일성이나 정체성, 본질 등 여러 표현으로 쓰인다. 나란 존재는 시간과 공간에 관계없이 동일한 자기의 모습을 유지한다는 뜻이다. 예컨대 이일야가 어제 부산 해운대에 있든, 오늘 서울 종로에 있든 같은 인물이라는 것이다. 가까운 이웃을 낯선 곳에서 우연히 마주치더라도 서로 알아보고 인사를 나눌 수 있는 이유도 여기에 있다.

이는 너무도 당연한 일인 것 같은데, 붓다는 자아의 실체를 부정하였다. 왜냐하면 인간을 포함한 모든 존재는 여러 연기적인 조건들이 모여서 이루어졌기 때문이다. 하나의 의자가 만들어지기까지 나무라는 재료도 있고 나무를 자른 사람의 땀방울, 그리고 나무를 잘 자라게 해준 햇빛과 구름, 비 등 많은 요소들이 연기적으로 얽혀있다. 이처럼 모든 사물은 여러 인연들과의 관계 속에서 존재하기 때문에 '무엇'이라고 고집할 만한 실체가 없다는 것이다. 무아는 곧 연기의 공간적 관찰이었던 것이다.

그런데 이를 현실과 연결시키면 새로운 의미로 다가온다. 스마트폰을 인류에 처음 소개한 스티브 잡스는 "우리가 아이패드를 만든 것은 애플이 항상 기술과 인문학의 갈림길에서 고민했기 때문에 가능했다."고 하였다. 가히 혁명적이라 할 수 있는 스마트폰의 탄생은 기술의 비약적 발전뿐만 아니라 '무아'라는 인문학적 사유가 결합된 성과물이다. 스마트폰은 그 기능이 아무리 다양하더라도 본질은 '전화를 하는 데 쓰는' 것이다. 텔레비전이나 카메라, 신용카드 등과는 완전히 다른 본질을 갖추고 있는 것이다. 그런데 스마트폰은 '전화를 하는 데 쓰는' 자아[我]를 해체[無]하고 본질이 전혀 다른 존재들을 담았다. 전화기라는 자아에 집착했더라면 결코 이룰 수 없는 성과다. 이런 점에서 볼 때, 무아는 자유롭고 창조적인 사유가 나오는 원천이라고 할 수 있다.

무아적 사유를 인간에게 적용하면 그 의미는 더욱 커진다. 지금도 나의 자형은 해마다 오래 전 돌아가신 아버지의 산소에 벌초를 하러 온다. 나는 그 이유를 무아에서 찾았다. 자형은 아버지를 장인[我]이 아니라[無] 친부로 생각했기 때문이다. 장인은 '아내의 아버지'라는 본질을 갖고 사위는 '딸의 남편'이라는 자아를 갖는다. 연기적 관점에서 아내, 혹은 아내의 아버지가 없다면 장인이라는 자아는 존재하지 않는다. 그런데 자형과 아버지는 '아내의 아버지', '딸의 남편'이라는 본질을 해체해버렸다. 그 결과 두 분은 장인과 사위의 관계에서 벗어나 아버지와 아들이라는 새로운 관계로 질적 변화를 이루었다. 자아에 집착하지 않았기 때문에 서로 사랑이 깊어지는 관계가 형성되었던 것이다. 자아는 무상과 마찬가지로 사랑이 나오는 원천이다.

그런데 불교에서 부정하는 것은 자아가 아니라 자아에 대한 집착이라는 사실을 유념할 필요가 있다. 앞서 언급한 것처럼 자아에 대해 집착을 하면, 자유로운 사유와 사랑이 나오지 않기 때문이다. 지금은 학교 식당에서 급식을 하기 때문에 보기 힘들지만, 수업시간에 책상은 책을 펼쳐놓고 공부하는 본질을 갖는 반면 점심시간에는 밥과 반찬을 차리는 밥상으로 변신을 한다. 일종의 '자아와 무아의 동거'인 셈이다. 아버지들의 로망인 자식과 친구처럼 술 한 잔 나누는 일이 가능하기 위해서는 잠시 자아를 내려놓아야 한다. 어머니들이 아들과 애인처럼 서로 팔짱을 끼고 걷기 위해서도 마찬가지다. 이것이 사랑과 자유가 나오는 무아의 참모습이다.

032

괴로움이 왜
성스러운
진리[苦聖諦]인가?

"새로운 생명의 탄생은 축복받을 일인데, 불교에서는 왜 괴롭다고 하나요?"

오래 전 어느 분이 던진 질문이었다. 늙고 병들어 죽는 것은 이해하겠는데, 생명의 탄생마저 괴로움이라고 말하는 것은 지나치지 않느냐는 것이었다. 불교에서는 생로병사(生老病死)하는 인간의 삶을 모두 고통이라고 진단한다. 오죽하면 우리가 사는 세상을 사바세계라고 했겠는가. 사바(娑婆)란 참지 않으면 살 수 없는 땅[忍土]이라는 의미다. 이렇게 보면 우리는 참지 않으면 살 수 없는 고통스러운 세상에서 살고 있는 셈이다. 염세적 아우라가 물씬 풍긴다.

고(苦)의 문제는 근본불교의 중요한 가르침인 12연기와 삼법인, 사성제 모두에 등장한다. 12연기에서는 유전연기가 고통의 길이며 삼법인에서는 일체개고(一切皆苦), 사성제에서는 고성제(苦聖諦)가 그 것이다. 그만큼 괴로움의 문제가 불교에서 중요하다는 의미다. 불교에서 깨침을 중시하는 것도 이를 통해 비로소 생로병사의 고통이 해결되기 때문이다. 붓다의 가르침을 한마디로 쉽게 말하면 이고득락 (離苦得樂), 즉 고통에서 벗어나 즐거움을 얻는 것 이외에 다른 것이 아니다.

그렇다면 붓다는 왜 그렇게 우리의 삶이 괴롭다고 했을까? 그리고 괴로움을 성스러운 진리[聖諦]라고 했던 이유는 어디에 있을까? 이를 위해 먼저 불교에서 말하는 괴로움이 무엇인지 살펴볼 필요가 있다. 먼저 괴로움은 세 가지 의미를 지닌다. 첫째로 고고(苦苦)는 배고픔이나 추위, 질병과 같은 육체적 고통을 의미한다. 둘째로 내가 가지고 있던 것이 없어졌을 때 느끼는 고통을 괴고(壞苦)라 한다. 예를 들어 주식이나 사업실패, 빚보증 등으로 재산을 잃는 경우가 이에 해당한다. 셋째로 행고(行苦)는 인생의 무상함에서 오는 괴로움이다. 싯다르타가 성문 밖을 나가서 마주한 삶의 진실, 즉 늙고 병들어 죽을 수밖에 없는 운명 앞에서 느끼는 실존적 고뇌라 할 수 있다.

그리고 괴로움을 사고팔고(四苦八苦)라 해서 네 가지, 혹은 여덟 가지로 설명하기도 한다. 네 가지 고통이란 앞서 언급한 생로병사를 가리킨다. 여기에서 생명의 탄생마저 괴로움이라고 진단한 이유를 이해해야 한다. 늙고 병들어 죽는 실존적 괴로움은 태어남으로부터 시작하기 때문이다. 그렇다고 낙담할 필요는 없다. 생로병사가 없다면 괴롭다는 문제의식도 일어나지 않았을 것이기 때문이다. 괴롭다는 문제의식이 있었기 때문에 여기에서 벗어나는 길도 모색할 수 있는 것이다. 붓다는 바로 그 길을 우리에게 보여준 인물이다.

팔고(八苦)는 생로병사 이외에 대상과 만나면서 느끼는 네 가지 고통을 더한 것이다. 첫째로 애별리고(愛別離苦)는 사랑하는 사람과의 이별에서 오는 고통이다. 둘째로 원증회고(怨憎會苦)는 애별리고와 반대로 서로 원망하거나 싫어하는 사람과 만나는 고통이다. 이 둘은 우리가 살면서 피할 수 없는 고통이다. 『법구경』에서는 이를 "사랑하는 사람은 만나지 못해 괴롭고[愛之不見憂], 미워하는 사람은 만나게 되니 괴롭다[不愛亦見憂]."고 하였다. 셋째로 구부득고(求不得苦)는 무엇인가를 구하고 싶은데 얻지 못하는 괴로움이다. 배가 몹시 고픈데도 돈이 없어 먹을 것을 사지 못 하는 경우를 생각하면 쉽게 이해할 수 있다. 마지막으로 오음성고(五陰盛苦)는 자아에 대한 집착이 너무 심해서 오는 고통이다. 불교에서는 인간을 구성하는 다섯 가지 요소, 즉 색수상행식(色受想行識)을 오음(五陰), 혹은 오온(五蘊)이라 부르는데, 이것이 활활 불타오르는 괴로움이다. 한마디로 '나, 이런 사람이야.' 하는 우쭐함이 강한데, 다른 사람이 대접해주지 않을 때 느끼는 괴로움을 뜻한다.

지금까지 인간이 느끼는 괴로움을 살펴봤는데, 인간의 고통이 어디 이뿐이겠는가. 앞서 잠깐 언급했지만, 우리의 삶이 괴롭다는 문제의식을 느끼지 못하면 여기에서 벗어나는 길을 찾을 수 없다. 내가 지금 괴롭기 때문에 그 원인은 무엇이며, 어떻게 해야 괴로움에서 벗어날 수 있을까 모색할 수 있는 것이다. 괴로움을 성스러운 진리라 부르는 이유도 바로 여기에 있다. 붓다의 가르침은 고통에서 벗어나 행복에 이르는 길이다.

033

참을 수 없는
집착의 무거움
[集聖諦]

"손님, 삶이 고통입니다."

적지 않은 치아를 뽑고 임플란트를 심을 때 힘들어하는 내 모습을 보고 치과의사가 한 말이다. 이러한 육체적 고통도 힘들지만, 마음의 고통은 훨씬 더 심하다. 특히 사랑하는 사람과의 이별은 이루 말로 다 할 수 없다. 경전에는 아들을 잃고 괴로워하는 키사 고타미라는 여인의 이야기가 나온다. 그녀는 붓다에게 찾아와 자신의 아들을 살려주면 무슨 일이라도 하겠다며 애원했다. 그때 붓다는 죽은 사람이 한 명도 없는 집에서 겨자씨 한 톨을 얻어오면 아들을 살려주겠다고 말한다. 그녀는 아들을 살릴 수 있다는 희망을 안고 여러 집을 돌아다녔지만, 죽은 사람이 없는 집을 찾을 수가 없었다. 붓다는 왜 그녀에게 무모하게 보이는 처방을 내렸을까?

사성제의 두 번째는 집성제(集聖諦)다. 이는 괴로움의 원인을 규명하는 것인데, 어떤 요인들이 모여서[集] 고통을 낳는지 분석하고 있다. 여기서는 괴로움의 원인을 갈애(渴愛)나 탐진치(貪嗔痴) 삼독(三毒)으로 설명한다. 갈애는 목이 마를 때 물을 찾는 것과 같은 타오르는 욕망을 의미한다. 그리고 삼독이란 무엇인가를 욕심[貪]내는데, 그것이 내 맘대로 되지 않을 때 화[嗔]를 내며 어리석은[痴] 인간의 모습을 가리킨다. 그런데 갈애와 삼독도 집착의 다른 이름에 지나지 않는다. 결국 집착으로 인해서 괴로움이 발생한다고 진단하고 있는 것이다.

그런데 집착이 일어나는 구조를 이해하면, 이를 현실적으로 극복하는 데도 많은 도움이 된다. 집착은 마음속 생각과 현실 사이의 간극 때문에 발생한다. 특히 그 대상이 자신의 삶에서 차지하는 의미가 클수록 집착은 더욱 강해진다. 예컨대 주식투자로 큰돈을 잃었다고 해보자. 돈을 날려버린 현실을 쿨하게 인정하려고 해도, 그러면 그럴수록 마음은 '투자하지 말았어야 했는데.' 하면서 더욱더 돈에 집착하게 된다. 현실엔 돈이 없는데, 마음속에는 잃어버린 돈이 남아 있기 때문이다. 이처럼 현실과 생각 사이의 괴리가 집착을 낳고 고통으로 이어지는 것이다.

돈을 날려도 이렇게 괴로운데, 그 대상이 사랑하는 사람이라면 어떻겠는가! 키사 고타미에게 있어서 아들은 삶의 전부였다. 그런 아들이 세상을 떠난 것이다. 그 어떤 것도 그녀에게 위로가 되지 못했다. 붓다는 냉정하지만, 현실을 직시해야 한다는 강력한 메시지를 전하고 싶었다. 그래서 택한 방법이 죽은 사람이 없는 집에서 겨자씨를 얻어오라는 것이었다.

붓다는 죽은 사람이 없는 집이 한 곳도 없다는 것을 잘 알고 있었다. 그런데 왜 그랬을까? 붓다는 여인의 고통을 정확히 직시하고 있었다. 물론 여인의 고통은 아들을 잃었다는 사실에서 기인한다. 그러나 붓다가 본 것은 여인의 마음이었다. 현실에서는 아들이 죽었지만 그녀의 마음속에는 아직 살아있는 엄청난 괴리를 붓다는 보았던 것이다. 그렇기 때문에 아들이 죽었다는 현실을 마음으로 받아들이지 않는 한, 즉 죽은 아이에 대한 집착에서 벗어나지 않는 한 고통은 사라지지 않는다. 마음으로 아들을 보내주어야만 고통도 끝나는 법이다.

이처럼 생각과 현실 사이의 간극은 집착을 낳고 이는 우리들 삶에 참을 수 없는 무거움으로 다가온다. 그래서 현재를 있는 그대로 살지 못하고 과거의 기억 속에 자신을 가두면서 괴로운 삶을 사는 것이다. 국회의원을 해봤던 사람이 수없이 떨어지면서도 계속 선거에 나오는 이유도 다른 데 있지 않다. 현실은 국회의원이 아니지만, 마음속엔 국회의원의 기억이 강하게 자리하고 있기 때문이다. 그 간극을 줄이지 않는 한 집착에서 벗어나는 일은 거의 불가능하다.

그렇다면 어떻게 그 간극을 줄일 수 있을까? 여기에는 두 가지 방향이 있다. 하나는 마음이 현실을 따라가는 것이고, 다른 하나는 현실이 마음을 따라가는 일이다. 전자가 행복의 길이라면, 후자는 고통의 길이다. 앞의 길이 병의 근본적인 원인을 찾아서 처방을 내리는 경우라면, 뒤의 길은 지금 당장의 고통만을 면하게 해주는 진통제일 뿐이다. 그 이유가 다음 글에서 드러날 것이다.

034

마음이
현실을 받아들일 때
[滅聖諦]

앞선 글에서 마음과 현실의 간극이 집착을 낳고 이로 인해 괴로움이 생기는 구조를 살펴보았다. 한마디로 삶이 괴로운 것은 집착 때문이라는 것이 붓다의 진단이다. 따라서 집착을 버리면 고통도 사라지고 마음의 평화가 찾아온다. 집착의 불이 꺼진 상태를 열반(涅槃, Nirvana)이라 하는데, 사성제의 세 번째인 멸성제(滅聖諦)가 바로 그것이다. 이는 불교가 궁극적으로 지향하는 목표다.

그런데 집착을 버리는 것이 그리 쉬운 일이던가. 우리가 단순히 집착을 없애야 한다는 당위(當爲) 차원에 머물지 않고 생각과 현실의 괴리를 성찰하는 이유도 다른 데 있는 것이 아니다. 그만큼 집착을 놓기가 어렵기 때문이다. 집착이 일어나는 구조를 이해하고 '아하, 그렇지.' 하고 나의 실존적인 문제로 인식할 때 비로소 생각과 현실의 간극은 조금씩 줄어들며 집착의 불은 꺼질 수 있는 것이다.

문제는 생각과 현실의 간극을 줄이는 방향에 있다. 먼저 현실이 마음을 좇아가면 당장엔 괜찮을 것 같지만, 고통의 근본 원인이 치유되지 않기 때문에 재발할 위험성이 크다. 흔히 몸은 늙었어도 마음은 젊다고 말하곤 한다. 요즘처럼 고령화된 사회에서 젊게 살려는 노력에 딴죽 걸 생각은 없지만, 이것이 지나쳐 집착으로 이어지면 고통이 뒤따른다. 여기에도 마음은 젊은데, 현실의 몸은 늙었다는 간극이 자리하기 때문이다. 주름을 제거해주는 보톡스나 성형수술은 늙은 몸이 젊은 마음을 따라가는 경우라 할 수 있다. 물론 이를 삶의 활력소로 적절하게 활용하면 문제가 없겠지만, 젊음에 대한 집착 때문이라면 상황이 간단치 않다. 영원히 젊어지는 샘물은 없기 때문이다. 이는 진통제일 뿐, 근본적인 치유라고 할 수 없다.

반대로 마음이 현실을 따라가면 어떨까? 젊은 마음이 늙은 몸을 받아들이는 것이다. 인정하기 싫을지 몰라도 마음도 늙기 마련이다. 마음 역시 무상하기 때문이다. 이를 쿨하게 받아들이고 늙은 몸을 있는 그대로 인정하는 것이다. 그렇다고 해서 슬퍼할 필요는 없다. 그것은 지나간 젊음에 집착하는 것이 아니라 지금 여기에서 행복을 느끼는 일이기 때문이다. 늙음에는 젊음이 범접하기 힘든 삶의 의미들이 담겨있다. 노인의 이마에 새겨진 주름은 어려운 환경에서도 자식들을 잘 키워냈다는 자부심의 또 다른 이름이다. 이를 어찌 젊음과 비교할 수 있겠는가. 젊음은 근육이 만들어낸 인연이지만, 늙음은 주름이 만들어낸 인연이다. 복서의 주름에는 링과의 인연이, 정치인의 주름에는 유권자와의 인연이, 농부의 주름에는 흙과의 인연이 고스란히 담겨있다. 모두 지나온 삶의 소중한 역사다. 그 역사를 이끌고 온 주름은 또 다른 인연을 만들 것이며, 그것이 삶의 중심이 될 때 행복은 다가올 것이다.

이처럼 마음이 현실을 따라갈 때 고통의 근본 원인을 제거할 수 있다. 존재하는 모든 것은 무상하기 때문에 다이내믹한 흐름을 읽지 못하면 자꾸만 과거에 집착하여 스스로를 괴롭히게 된다. 마음이 과거 권력이라면, 현실은 현재 권력이다. 과거 권력이 현재 권력을 이길 수는 없다. 이를 쿨하게 받아들이면 고통에서 벗어날 수 있지만, 그것이 쉽지 않기 때문에 훈련이 필요하다. 사성제의 네 번째인 팔정도(八正道)는 집착을 제거하기 위한 실천으로써 의미를 가진다.

젊어지는 샘물은 동화 속에서나 존재할 뿐이다. 죽은 사람을 살려내는 신비의 약이나, 영원한 삶을 보장하는 생명수 또한 없다. 그런 것이 있다고 믿고 싶을 뿐이다. 이것이 다름 아닌 어리석은 믿음, 즉 미신(迷信)이다. 아들을 잃은 키사 고타미도 이런 믿음에 기초해서 죽은 사람이 없는 집을 수없이 찾아다녔다. 붓다는 그것이 얼마나 허망한 일인지 직접 느끼도록 죽은 사람이 없는 집에서 겨자씨 한 톨을 얻어오면 자식을 살려주겠다고 했던 것이다. 냉정해보이지만 고통에서 벗어나는 길은 마음이 현실을 인정하는 것뿐이다.

　불교는 순간적인 고통에서 벗어나게 해주는 진통제가 아니다. 힘들더라도 근본적인 원인을 찾아내서 제거해야 한다. 붓다는 미신에서 정신(正信), 즉 바른 믿음으로 안내하는 길잡이[導師]다.

035

행복에 이르는
여덟 가지 방법
[八正道]

불교의 목적은 괴로움에서 벗어나 행복한 삶을 사는 데 있다. 붓다는 고통의 근본 원인을 집착에서 찾았고 이에서 벗어나면 열반, 즉 행복이 온다는 결론에 이르게 되었다. 그렇다면 남은 문제는 집착에서 벗어나 행복에 이르는 방법을 제시하는 것이다. 그 구체적인 안내서가 바로 여덟 가지 바른 길[八正道]이다. 팔정도는 정견, 정사, 정어, 정업, 정명, 정정진, 정념, 정정을 가리킨다.

먼저 ①정견(正見)은 바르게 보는 것이다. 이는 편견과 선입견에서 벗어나 세계를 '있는 그대로' 보는 것이다. 그런데 이를 위해서는 내가 쓰고 있는 빨갛고 파란 편견의 안경을 벗어야 한다. 빨갛게 보인다고 해서 세상이 빨간 것은 아니다. 그저 착각일 뿐이다. 편견의 안경을 벗을 때 비로소 눈앞의 모든 것은 연기적으로 존재한다는 실상을 알 수 있다. 정견은 곧 연기적 세계관의 확립이라고 할 수 있다.

②정사(正思)는 바르게 생각하는 것이며, ③정어(正語)는 바르게 말하는 것이다. 생각은 눈에 보이지는 않지만 바른 말과 행동이 나오는 바탕이다. 언젠가는 밖으로 튀어나오기 때문이다. 그래서 불교에서는 생각[意]을 신구의(身口意) 삼업(三業) 가운데 하나로 중시한다. 정어는 거짓말[妄語]이나 아부하는 말[綺語], 이간하는 말[兩舌], 험악한 말[惡口]이 아니라 진실하고 곧은 말, 화합하고 부드러운 말을 가리킨다. 요즘처럼 텔레비전이나 신문, 인터넷 등 미디어가 중시되는 상황에서 정론(正論)을 펼치는 것은 정어의 중요한 덕목이라 할 수 있다. 특히 언론이 가짜 뉴스를 양산하여 국민의 눈과 귀를 흐리는 것은 심각한 망어죄를 범하는 일이다.

④정업(正業)은 바른 행위다. 이는 곧 생명을 죽이거나 도둑질하는 것이 아니라 생명을 살리고 서로 베푸는 일이다. 한마디로 악업(惡業)을 버리고 선업(善業)을 짓는 실천이다. ⑤정명(正命)은 보통 바른 생활로 번역되는데, 특히 바른 직업윤리가 강조된다. 예컨대 동남아에서 온 외국인 노동자에게 임금을 착취하는 것은 정명에 어긋나는 행위다. ⑥정정진(正精進)은 글자 그대로 바른 정진을 의미한다. 붓다의 마지막 유훈도 모든 것은 덧없으니 게으르지 말고 부지런히 정진하라는 것이었다. 노력 없이 이루어지는 것은 없기 때문이다.

그리고 실제 마음을 훈련하는 수행으로 정념과 정정이 있다. ⑦ 정념(正念)은 바른 관찰을 의미한다. 여기에서 한자 '염(念)'은 정사(正思)의 '사(思)'와 그 의미가 다르다. 정사가 행동하기 전에 생각하는 것이라면, 정념은 분명하게 '보는[觀]' 것을 가리킨다. 즉, 내 몸과 마음에서 일어나는 현상을 있는 그대로 본다는 뜻이다. 요즘 유행하고 있는 위빠사나(Vipassana) 수행법이 바로 정념이다.

마지막으로 ⑧정정(正定)은 바른 선정을 의미한다. 이는 산란한 마음을 고요하게 안정시키는 수행이다. 마음이 산란하면 내 주변에서 일어나는 상황을 바르게 볼 수 없다. 이는 마치 흔들리는 물결 속에서는 사물이 제대로 보이지 않는 것과 같다. 요동치던 물결이 고요해져야 그 안의 사물이 분명하게 보이는 것처럼, 우리의 마음도 고요해야 사태를 정확하게 파악할 수 있다. 이를 위해 마음을 한곳에 집중하는 훈련, 즉 삼매(三昧, Samadhi)가 강조된다. 정념과 정정은 3장 '닦음의 길' 부분에서 좀 더 자세히 살펴볼 것이다.

지금까지 행복에 이르는 여덟 가지 방법을 살펴보았는데, 이는 특별한 사람들을 위한 가르침이 아니라 어느 누구라도 일상에서 할 수 있는 실천이다. 예컨대 양치를 하면서도 그냥 하는 것이 아니라 누군가에게 했던 거짓말이나 상처주는 말을 함께 씻어낸다면 아주 훌륭한 정어 수행이 된다. 평소 욕을 많이 하는 이들에게 양치 수행은 매우 좋은 실천이다. 산책하면서 산란했던 마음을 고요하게 한다면 이는 곧 걷기 선(walking meditation)이 된다. 이뿐만 아니라 밥 먹고 일을 하며 잠자는 모든 것이 수행의 주제가 될 수 있다. 그렇기 때문에 자신에게 맞는 방법을 선택해서 활용하면 좋을 것이다. 팔정도는 고통에서 벗어나 행복에 이르는 길이다.

036

붓다의
마지막 유훈은?

붓다는 삶과 죽음에 대한 실존적 고뇌를 느끼고 29세에 출가하여 6
년간의 처절한 고행 끝에 깨침을 이루었다. 중생 싯다르타가 깨친 사
람, 즉 붓다가 되는 역사적 순간이다. 이는 불교의 처음이자 끝이라
할 만큼 중요한 의미를 지닌다. 붓다란 깨친 사람[覺者]을 의미하는
데, 불교는 깨친 붓다[佛]의 가르침[敎]이기 때문이다. 이후 그의 삶은
진리를 즐기는 것이 아니라 다른 이를 위해 나누는 실천으로 이어진
다. 열반에 들기까지 45년 동안 그는 수많은 사람들을 만나면서 자신
이 깨친 진리를 전했다. 지금까지 살펴본 연기, 3법인, 4성제, 8정도
는 전체 가르침의 핵심을 이루고 있다.

한 사람이 '어떻게 살았는가?'에 대한 평가를 마지막 모습에서 찾는 경우가 많다. 그래서 불교에서는 '갈 때 보자.'는 말을 하곤 한다. '잘 가신 분'이란 의미의 선서(善逝)가 붓다의 명호 가운데 하나인 것도 이를 보여준다 할 것이다. 어쩌면 죽는 순간은 한 사람의 전체 삶이 압축된 시간일지도 모르겠다. 예수나 공자, 소크라테스 등이 모두 그랬다. 그렇다면 붓다의 마지막 모습은 어땠을까?

붓다는 80세에 이르러 죽음을 예감한다. 그는 몸을 겨우 가눈채 병든 몸을 이끌고 쿠시나가라 교외에 있는 말라(Mala)족 땅에 이르렀다. 그리고 사라쌍수 아래에서 머리를 북쪽으로 향한 채 자리를 펴고 누웠다. 그는 제자들을 향해 마치 벗에게 말하듯 부드러운 목소리로 궁금한 것이 있으면 물어보라고 말한다. 질문이 없자 스승은 널리 알려진 마지막 유훈을 이렇게 전한다.

> "너희들은 저마다 자신을 등불 삼고 자기를 의지하라. 또한 진리를 등불 삼고 진리를 의지하라. 이밖에 다른 것에 의지해서는 안 된다. 모든 것은 덧없으니, 게으르지 말고 부지런히 정진하라."

이 가르침을 마지막으로 붓다는 열반에 들었다. 아주 평온한 모습이었다. 그때 사라쌍수에서는 때 아닌 꽃비가 내렸고 하늘에서는 미묘한 음악이 흘러나왔다. 담담한 표정으로 스승의 마지막을 지켜보는 제자들도 있었고 슬픔을 참지 못해 목놓아 흐느끼는 이들도 있었다. 이들뿐만 아니라 사슴이나 토끼, 지렁이 등도 함께 슬퍼했다고 전한다. 깨친 이는 평화롭게 진리의 세계로 떠났지만, 그렇지 못한 중생들에게 이별의 고통은 쉬이 감당키 어려운 일이다.

붓다는 떠나는 마지막까지 자신과 진리를 등불 삼아 정진하라고 당부하였다. 흔히 '자등명법등명(自燈明法燈明)'으로 알려진 마지막 가르침을 통해 불교의 지향점이 어디인지 알 수가 있다. 물론 불교는 붓다의 가르침이지만, 이를 통해 각자 스스로 깨침에 이르는 것이 궁극적 목표다. 이런 점에서 불교의 모든 경전은 깨침을 향한 안내서라고 할 수 있다.

이제 붓다가 마지막까지 자신과 진리를 등불 삼으라고 한 이유가 분명해진다. 불교의 본질인 깨침은 자신과 진리에 의지해서 정진할 때 비로소 맛볼 수 있는 종교적 체험이기 때문이다. 우리 자신은 모두 진리를 깨칠 수 있는 바탕, 붓다의 성품[佛性]을 본래 갖추고 있다는 것이 불교적 시각이다. 많은 선사들이 부처를 '절대 밖에서 구하지 말라[切莫外求].'고 강조한 이유도 바로 여기에 있다.

붓다의 명호 중에 '여래(如來)'란 말이 있다. 진리[如]의 세계에서 오셨다[來]는 뜻이다. 그런데 이 말은 본래 여래여거(如來如去)의 줄임말이다. 글자 그대로 진리의 세계에서 오셨다가 진리의 세계로 가신 분이라는 뜻이다. 붓다는 35세에 큰 깨침을 이루고 진리의 세계로 갔지만, 거기에 머물지 않고 다시 중생들의 세계로 오신[如來] 분이다.

그 소식을 전하기 위해서다. 진리라는 정신문화를 바라문들이 독점하고 있는 상황에서 이를 대중들과 함께 나누는 것이 그의 역사적 소명이었기 때문이다. 그 본분을 모두 마치고 다시 진리의 세계로 가신 것이다.

이제 붓다의 DNA를 물려받은 자식[佛子]으로서 우리의 할 일만 남았다. 그것이 무엇일까? 스스로를 돌이켜보면 어렵지 않게 알 수 있는 일이다.

037

불교는
왜 분열되었나?

인간은 주위 환경이나 문화에 영향을 받는 존재다. 그렇기 때문에 같은 종교 내에서도 시대나 지역에 따라 서로 다른 생각들이 표출되기 마련이다. 그리고 다른 생각들이 충돌하게 되면 사람들은 논쟁을 벌이고 문제가 해결되지 않으면 서로 각자의 길을 가게 된다. 이것을 삐딱하게 볼 필요는 없다. 그것이 인간의 자연스러운 모습이기 때문이다. 이를 통해 인류는 다양한 사상과 문화를 발전시켜왔다. 불교역시 예외는 아니다.

붓다의 입멸 후 100년 동안 교단은 별다른 문제없이 유지되고 있었다. 붓다의 가르침도 그 원형을 유지하면서 비교적 잘 전승되고 있었다. 불멸 후 100년까지의 불교를 근본불교라 부르는데, 여기에는 붓다의 근본 가르침이 변형 없이 이어져왔다는 의미도 담겨있다. 그러나 영원한 것이 어디 있겠는가. 교단에도 변화의 바람이 불고 있었다.

예나 지금이나 기존의 가치를 지키려는 보수와 시대에 맞는 개혁을 주장하는 진보는 대립해왔다. 불교 내에서도 그랬다. 불멸 후 100년이 지나자 상업과 화폐 경제가 발달하면서 인도 사회에도 많은 변화가 일어났다. 당시 인도 서쪽 시골 지역에 살던 야사라는 이름의 장로(長老)가 동쪽의 바이살리에 오게 되었다. 그런데 그는 바이살리의 젊은 승려들이 붓다가 제정한 계율을 어기는 모습을 보고 충격을 받았다. 이곳은 예전부터 물물교환도 활발하고 상업이 발달한 도시였다. 그래서 계율도 시대의 변화에 맞춰서 융통성 있게 적용하고 있었던 것이다.

시골의 보수적인 문화에 익숙한 야사는 도시의 젊고 진보적인 비구들의 모습을 보고 그냥 지나칠 수 없었다. 그는 정식으로 문제를 제기하였고 급기야 7백 명의 장로들이 모여서 회의를 하게 되었다. 야사는 바이살리의 비구들이 범하고 있는 계율을 열 가지로 정리하여 제출하였고, 회의에서는 이것이 모두 법에 어긋난다는 결론을 내렸다. 이를 십사비법(十事非法)이라고 부른다.

이 열 가지는 승려들의 일상생활과 관련된 사항들이 주를 이루고 있었다. 몇 가지만 예를 들면, 먼저 염사정(鹽事淨)이라고 해서 당시 도시의 비구들은 소금을 저장했다가 필요할 때 먹곤 했었다. 그러나 붓다 당시에는 탁발에 의존했기 때문에 음식을 보관했다가 먹는 것은 계율에 어긋나는 행위였다. 오후불식(午後不食)에 어긋나는 이지정(二指淨)이란 것도 있다. 정오가 지나면 음식을 먹지 않는 것이 붓다 당시부터 지켜왔던 원칙이었다. 그런데 특별한 사정으로 12시를 넘기는 경우에는 해 그림자로 손가락 두 마디[二指]에 해당되는 시간, 그러니까 오후 1시 정도까지는 먹기로 하자는 것이었다. 화폐경제가 발달한 도시답게 금이나 은을 보관하는 것도 허용하자는 금은정(金銀淨)도 있다. 모두가 계율을 시대에 맞게 적용하자는 취지였지만 전통을 지키려는 입장에서는 쉬이 받아들일 수 없었기 때문에 십사비법이라는 결론을 내린 것이다.

그런데 젊고 진보적인 승려들은 이에 따르지 않고 더 많은 대중들을 모아 별도로 회의를 열었다. 이들의 의견에 동조하는 비구들도 만만치 않았던 것이다. 이처럼 계율을 적용하는 문제로 서로 대립하다가 결국 교단은 두 개로 분열하고 말았다. 기존의 전통을 고수하는 장로 중심의 상좌부(上座部)와 진보적인 비구들 중심의 대중부(大衆部)로 나뉘지게 된 것이다. 이렇게 두 개의 부파로 분열된 것을 근본분열(根本分裂)이라고 한다.

분열은 분열을 부르기 마련이다. 계율에 대한 해석의 차이로 분열된 교단은 붓다의 가르침에 대해서도 서로 다른 입장을 보이기 시작하였다. 이러한 교리의 차이로 인하여 상좌부에서 열 개, 대중부에서 여덟 개가 분리되어 독립적인 부파를 형성하게 되었다. 이처럼 20여 개의 부파로 분열된 것을 지말분열(枝末分裂)이라 하는데, 근본분열 이후 400여 년 동안 지속되었다. 부파불교 시대가 시작된 것이다.

지금까지 살펴본 것처럼 불교의 분열은 계율과 교리에 대한 해석 차이에서 비롯되었다. 결국 서로 다른 시대와 문화적 배경이 생각의 차이를 가져왔고 이로 인해 각자의 길을 가게 된 것이다. 인간의 삶이 그렇다.

038

경전
탄생의 비밀

해인사에 있는 팔만대장경이 모두 석가모니 붓다의 말씀이라고 생각하는 사람들이 의외로 많다. 그러나 거기에는 붓다뿐만 아니라 인도와 중국, 한국 승려의 작품도 다수 포함되어 있다. 붓다가 45년 동안 설한 가르침도 많은데, 여러 인물들의 저술도 포함되어 있어서 경전의 양이 방대한 것이다. 불교의 경전을 가리키는 명칭도 불경(佛經), 니까야(Nikaya), 아함경(阿含經), 삼장(三藏), 대장경(大藏經) 등 다양하다. 그렇다면 경전은 어떤 과정을 통해서 만들어졌으며, 이름이 서로 다른 이유는 어디에 있을까?

붓다의 입멸 당시 교단의 2인자인 가섭 존자는 스승의 임종을 지키지 못했다. 그는 제자들과 함께 쿠시나가라로 향하던 도중 붓다의 열반 소식을 듣고 깊은 슬픔에 잠겼다. 그런데 한 비구는 태도가 많이 달랐다. 이제 더는 잔소리할 사람이 없어졌다며 오히려 좋아하는 것이었다. 가섭은 위기감을 느꼈다. 스승이 방금 돌아가셨는데도 이러는데, 시간이 흐르면 교단이 어떻게 될지 걱정되었던 것이다. 그는 교단을 지켜야겠다고 결심했다. 그것은 다름 아닌 붓다가 남긴 가르침과 계율을 온전히 전승하는 일이었다.

붓다의 장례식이 끝나고 3개월 후 마가다국의 왕사성 칠엽굴(七葉窟)에서 첫 번째 편집회의가 열렸다. 처음 모임이 열렸다 해서 이를 제1결집(結集)이라 부른다. 그 이후에도 여러 차례 모임이 이루어지는데, 순서대로 제2결집, 제3결집이라고 한다. 제1결집에는 교단을 대표하는 5백 명의 비구들이 모였다. 의장은 당연히 가섭 존자가 맡았다. 평생 붓다의 곁을 지켰던 다문제일(多聞第一) 아난 존자가 앞으로 나와 붓다께서 언제, 어디에서, 누구에게 어떤 내용을 설했는지 '이와 같이 내가 들었다(如是我聞).'고 보고하였다. 그러면 5백 명이 내용을 확인한 다음 모두 함께 외웠다. 함께 외운다고 해서 이를 합송(合誦, Samghiti)이라 한다. 이 작업이 끝나고 나면, 지계제일(持戒第一)이라 불린 우바리 존자가 앞으로 나와서 같은 방식으로 붓다가 제정한 계율을 함께 외웠다.

이처럼 제1결집에서는 붓다의 말씀인 경(經)과 승가의 생활규범인 율(律)이 완성되었다. 불교의 모든 경전이 '여시아문(如是我聞)'

으로 시작하는 것도 붓다의 말씀을 편집하는 전통에서 비롯된 것이다. 불교의 경전은 여러 사람들이 모여 함께 외우면서 탄생하였다. 500명이 모여 붓다의 말씀을 합송하는 모습을 상상하면, 그저 '장엄하다.'는 표현 외에는 다른 말이 생각나지 않는다. 이러한 합송의 전통은 수백 년 동안 이어지다가 문자로 된 경전이 만들어진다.

경전은 보통 경율론(經律論) 3장(藏)으로 구성되어 있다. 그런데 제1결집에서는 경장과 율장만 갖추어졌고 경의 주석서인 논장(論藏)은 부파불교에 이르러 확립되었다. 논(論)은 범어로 '아비달마(Abhidharma)'라고 하는데, '법(法)에 대한 연구'라는 의미다. 논장은 20여 개의 부파가 각자 자신들의 입장에 맞게 붓다의 말씀인 경을 해석한 것이다. 부파불교가 중생구제의 이념은 외면한 채 개인의 깨달음만 추구하는 소승불교라는 비판을 받고 있지만, 논장을 확립하여 삼장을 완성한 것은 중요한 공헌으로 인정해야 한다.

본래 3장은 범어로 '트리-피타카(tri-pitaka)'라고 하는데, 세 개의 바구니 혹은 창고라는 뜻이다. 붓다의 가르침과 계율, 주석서를 담고 있는 바구니, 그것들을 보관하고 있는 창고라는 것이다. 대승불교에 이르러『금강경』이나『화엄경』등을 비롯한 수많은 대승경전과 이에 대한 주석서들이 만들어진다. 그런데 이 모든 것을 보관하기에 세 개의 창고가 너무 비좁아서 커다란 새 건물이 필요했다. 그것이 다름 아닌 대장경(大藏經)이다. 글자 그대로 근본경전, 대승경전뿐만 아니라 여러 인물들의 작품들도 보관할 수 있는 아주 큰[大] 창고[藏],

대형 도서관이 만들어진 셈이다.

　그리고 빠알리어로 된 근본경전을 니까야(Nikaya)라고 부르며, 한역(漢譯)된 것은 아함경이라 한다. 그것들이 만들어진 배경과 명칭은 달라도 모두 붓다의 생생한 가르침이 담긴 소중한 유산이자 우리들 삶의 나침반이다. 결코 잊어서는 안 되는 이유다.

039

부파불교,
학문적이고 관념적인

불교에 관심을 갖고 있는 사람들이 공통적으로 하는 이야기가 있다. 바로 공부하기가 어렵다는 것이다. 사찰의 고요한 분위기도 좋고 모두 마음에 드는데, 책을 읽거나 법문을 들어도 도대체 무슨 말인지 이해할 수 없다는 것이다. 실제로 불교 공부가 어렵긴 하다. 그런데 붓다 당시에도 그랬을까? 붓다는 자신이 깨친 진리를 모든 사람들이 이해할 수 있도록 쉽게 전달하였다. 당시 불교가 인도 전역에 유행할 수 있었던 이유도 여기에서 찾을 수 있다.

그렇다면 언제부터 불교가 이처럼 어렵게 된 것일까? 널리 알려진 것처럼 불교 교단은 붓다의 가르침과 계율에 대한 견해의 차이로

20여 개의 부파로 분열된다. 400여 년 동안 지속된 분열은 불교의 성격에도 많은 변화를 가져다주었다. 가장 눈에 띄는 것은 부파불교가 지나치게 학문적으로 변했다는 사실이다. 붓다의 말씀인 경(經)에 대한 주석이 주를 이루었기 때문이다. 앞선 글에서 언급한 것처럼 경에 대한 해설서를 논(論)이라 하는데, 부파마다 독립적인 논서가 만들어졌다. 이 과정에서 경율론(經律論) 삼장(三藏)이 완성되고 불교의 교리가 체계화된 반면, 그만큼 복잡하고 어려워진 것 또한 사실이다. 이로 인해 문자를 모르는 일반 대중들에게 불교의 진입장벽은 더욱 높아지게 되었다.

다음으로 부파불교는 출가자 중심의 불교로 변하게 된다. 특히 출가자 중에서도 지식을 갖춘 엘리트 비구들이 중심을 이루게 된다. 붓다의 말씀인 경을 연구하고 논서를 만들기 위해서는 전문적 지식을 갖춘 인물이 필요했기 때문이다. 20여 개의 부파가 서로 경쟁하는 상황에서 지적 소양을 갖춘 비구가 승원에서 주목받는 것은 당연했다. 그들은 자기들 부파의 입장을 대변하는 논서 작업에 집중하였다. 이런 전문적 활동이 가능했던 것은 그만큼 승원이 경제적으로 안정되었기 때문이었다. 이러한 배경에 전륜성왕(轉輪聖王)이라 불리는 아소카 왕의 사찰에 대한 지원이 있었다는 사실을 간과해서는 안 된다.

그리고 부파불교는 붓다의 가르침에 어긋나는 실재론(實在論)을 주장한다. 붓다에 의하면 모든 것은 연기적인 관계 속에서 존재한다. 그렇기 때문에 자성(自性)을 갖춘 독립적 실재는 존재할 수 없다. 그런데 부파불교는 모든 것이 연기적으로 존재한다는 것을 인정하면서도, 그것들을 구성하는 최소 단위는 있다[有]고 보았다. 그들은 각각의 사물을 구성하고 있는 최소한의 요소를 법(法)이라고 하였다. 이러한 그들의 입장을 '아공법유(我空法有)'라고 한다. 예컨대 나무라는 존재[我]는 연기하기 때문에 공(空)하지만 나무를 나무이게끔 하는 최소한의 법(法)은 실재한다[有]는 뜻이다. 그들은 이러한 법을 연구하여 75개를 찾아냈는데, 이를 '5위(位) 75법(法)'이라고 한다. 우리들이 많이 알고 있는 5온(蘊), 즉 색수상행식(色受想行識)도 여기에 포함된다. 이는 5온도 독립적으로 실재한다는 것인데, 이러한 입장은 대승불교에 이르러 강력하게 부정된다. 『반야심경』에서 '5온이 모두 공하다[五蘊皆空].'고 한 것도 이를 나타내고 있는 것이다.

지금까지 지나치게 학문적이고 출가자를 중심으로 하며 실재론을 견지하는 부파불교의 성격을 살펴보았다. 부파불교는 이외에도 여러 가지 다른 특성을 갖고 있지만, 여기서는 불교가 어렵게 된 배경을 설명하기 위해 세 가지 문제에 집중하였다. 한 종교의 이론이 체계적으로 정립되는 것은 바람직한 일이다. 그 과정에서 학문적이고 지적인 성격을 띠는 것은 당연하다. 그러나 그것을 모든 사람에게 적용하는 것은 문제가 있다. 문맹률이 90퍼센트가 넘는 상황에서 문자를 모르는 사람에게 학문적으로 불교를 설명하는 것은 지적 폭력이나 다름없기 때문이다.

붓다는 대기설법(對機說法)이라 해서 사람들의 근기에 맞는 가르침을 설했다. 듣는 사람의 입장을 얼마나 배려했는지 알 수 있는 부분이다. 그런데 부파불교는 지극히 어렵고 관념적인 불교로 바뀌었다. 대중들은 그들만의 리그로 변해버린 부파불교에 등을 돌리고 붓다의 근본정신으로 돌아가자고 외쳤다. 그 외침이 다름 아닌 대승불교 운동으로 이어진 것이다.

040

부파불교를
소승이라
부르는 까닭은?

우리는 불교를 소승과 대승으로 구분해서 보는 것에 익숙해있다. 그
래서 태국이나 미얀마, 스리랑카 등의 남방불교를 소승이라 부르고
중국이나 한국, 일본, 티베트 등의 북방불교를 대승이라 한다. 이러
한 이원적 구조를 아무런 문제의식 없이 받아들이면서 붓다의 가르
침마저 소승이라 여기는 예기치 못한 오류에 직면하기도 하였다.

본래 소승이라는 말은 대승불교를 일으킨 사람들이 부파불교의
행태를 보고 붙인 용어다. 소승은 본래 '히나야나(Hinayana)'란 말로서
'작은 배', 혹은 '열등한 가르침'이라는 매우 부정적인 의미가 담겨있
다. 그렇기 때문에 소승이란 말을 남방에서는 아주 싫어한다. 문제는

지금까지 부파불교뿐만 아니라 근본불교까지 포함해서 소승으로 인식해왔다는 사실이다. 그렇게 되면 붓다의 근본 교설마저 열등한 가르침으로 취급하는 오류에 빠지고 만다. 의도하지는 않았지만 불자들 스스로 붓다의 교설을 폄하하는 요즘말로 '웃픈' 현실에 직면하게 된 것이다.

그렇다면 대승불교를 일으킨 사람들은 왜 부파불교를 소승이라고 비판했을까? 우리는 그 이유를 부파불교가 지니고 있는 성격에서 찾을 수 있다. 앞선 글에서 살펴본 것처럼 부파불교는 지나치게 학문적이고 지적 재능을 갖춘 출가자 중심의 불교였다. 그들이 이론을 지나치게 중시하면서 불교의 실천성은 점차로 약화되었다. 종교의 생명력은 누가 뭐라 해도 실천에 있다. 붓다가 평생 사람들에게 강조한 것도 자신이 세운 이론이 아니라 고통으로부터 벗어나기 위한 구체적 실천이었다. 그런데 부파불교는 생명력 넘치는 실천 중심의 불교를 이론을 중시하는 관념적인 불교로 변질시켰다. 불교가 모든 사람을 위한 가르침이 아니라 지식을 갖춘 그들만의 리그로 전락한 것이다.

부파불교는 지나치게 학문적인 성격으로 인해서 대중들로부터 멀어지게 되었다. 문자를 모르는 대중들이 붓다의 가르침에 접근하는 일이 그만큼 어려워진 것이다. 깨침과 자비는 불교를 받치고 있는 커다란 두 기둥이다. 불교에서 깨침을 중시하는 이유도 이를 통해 진정한 자비의 실천이 가능하기 때문이다. 그런데 부파불교는 자비라는 대사회적 실천에 무관심했다. 비록 불교의 이론적 체계를 확립한다는 명분을 내걸었지만, 지나치게 이론에 집착한 결과 중생들을 향한 자비의 기둥이 무너지고 말았다. 불교라는 거대한 건물 역시 무사할 수 없었다.

무너진 불교를 일으켜 세워야 한다는 공감대가 형성되기 시작했다. 붓다의 근본 가르침으로 돌아가자는 운동이 일어나기 시작한 것이다. 대중들에게 필요한 것은 붓다가 걸었던 길을 손에 손 잡고 어깨동무하면서 함께 가는 일이었다. 그런데 부파불교는 대중들의 손을 뿌리치고 홀로 그 길을 가려 하였다. 많은 사람들이 탈 수 있는 열반행 버스를 외면하고 자신들만을 위한 고급 승용차를 선택했던 것이다.

이처럼 그들만의 길을 선택했던 부파불교는 대중들로부터 외면을 당했다. 그들의 한계를 지적한 사람들은 부파불교를 향해 '소승(小乘)'이라고 외쳤다. 여기에는 자신만을 위해서 작은 배, 작은 승용차를 타고 가는 사람들이라는 비판의식이 담겨있다. 그리고 붓다의 근본정신으로 돌아가자는 운동을 벌인 사람들은 스스로를 대승이라 불렀다. 대승이란 범어로 '마하야나(Mahayana)'라고 하는데, 모든 사람이 열반의 땅을 향해 함께 타고 가는 '커다란 배', '훌륭한 가르침'이라는 뜻이다. 그렇기 때문에 소승, 대승이란 구분이 부파불교에게는 아픈 상처다.

요즘은 '소승'이란 용어를 잘 쓰지 않는다. 이 말 자체에 대승적 편견이 담겨있기 때문이다. 그 대신 장로불교(長老佛敎)나 상좌불교

(上座佛教), 혹은 그들의 언어를 살려서 '테라(Thera)' 불교라고 부른다. 매우 바람직한 현상이라 생각한다. 그 당시 부파불교의 한계를 지적한 대승불교의 입장은 정당했다고 본다. 그러나 오늘날 부파의 전통을 계승한 그들의 문화 전체를 소승이라 폄하하는 것은 예의가 아니다. 오히려 대승이라 자부하면서 사회적인 문제에 무관심하고, 보살행을 소홀히 하는 소승적 모습을 보이는 것은 아닌지 우리 스스로 돌아봐야 한다. 아프지만 냉정하게 말이다.

041

대승불교를
일으킨 주역은?

어떤 우연한 만남이 좋은 결과로 이어질 때 우리는 인연이라 부른다. 물론 나쁜 결과를 가져오면 악연이 된다. 그런데 하나의 우연이 훗날 엄청난 역사적 사건으로 이어지면, 거기에 중요한 의미를 부여하기도 한다. 이런 이야기를 하는 이유는 대승불교의 발생과 붓다의 장례식이라는 사건이 서로 연결되어 있기 때문이다. 붓다의 다비식과 대승불교는 과연 어떤 인연이 작용하고 있을까?

붓다는 자신의 장례를 출가자가 아닌 재가자에게 맡겼다. 다비가 끝난 후 마가다와 코살라를 비롯한 여덟 나라에서 온 사신들은 붓다와의 인연을 강조하면서 사리를 모셔가겠다고 다툼을 벌였다. 결국 그들은 공평하게 1/8로 나누어 붓다의 사리를 가지고 그들 나라로 돌아갔다. 그리고 불탑(佛塔)을 세워 사리를 모시고 붓다를 추억하였다. 그곳이 훗날 대승불교를 일으킨 역사적 공간이 될 줄 그 누가 알았겠는가.

앞선 글에서 살펴본 것처럼 부파불교는 지나치게 학문적인 성격으로 인해 대중들로부터 멀어지게 되었다. 불교를 알고 싶어서 절에 찾아가도 비구들은 그들을 만나주지 않았다. 자기완성을 위한 공부에도, 영원불변하는 75개의 법(法)을 연구하기에도, 자기 부파의 독립적인 논서를 완성하기에도 시간이 부족하다는 이유에서다. 갈 곳을 잃은 재가자들이 의지할 곳은 한 곳밖에 없었다. 바로 붓다의 사리를 모신 불탑이었다.

당시 절은 승려들이 관리했지만, 탑은 제가자들이 별도로 운영하였다. 대승불교 운동이 일어날 즈음 인도 전역에는 8만 4천 개의 탑이 있었다고 전한다. 수많은 탑을 세우는 데 경제적으로 지원한 인물이 바로 아소카 왕이다. 그 덕분에 불탑을 순례하는 이들이 많아지게 되었다. 절에서 발길을 돌린 불자들은 탑에 찾아와 꽃과 향을 바쳤으며, 노래를 부르고 춤을 추면서 붓다를 예경하였다. 그리고 오른쪽으로 탑을 돌면서 소원을 비는 등의 자유로운 신앙생활을 이어나갔다.

그런데 탑을 찾는 사람들이 많아지면서 이곳을 전문적으로 관리하고 불교를 설명해주는 사람이 필요했다. 그들은 붓다의 발자국이나 법륜(法輪), 보리수, 일산 등을 탑에 조각하여 순례객들에게 붓다의 생애를 전해주었다. 당시는 붓다와 같은 위대한 인물은 그림으로 표현할 수 없다는 풍습 때문에 그 모습을 직접 그릴 수 없었다. 그래서 이러한 상징을 통해 불교를 전하고자 했던 것이다. 이들이 바로 오늘날 법사(法師)의 원형이다. 이처럼 탑을 중심으로 모인 사람들이 붓다의 근본정신으로 돌아가자고 외친 대승불교의 주역이다.

이 과정에서 주목되는 점이 한 가지 있다. 그것은 바로 탑을 중심으로 모인 이들 중에 붓다의 생애를 기록한 찬불승(讚佛乘)이 등장했다는 사실이다. 이들은 불교를 널리 알리기 위해 붓다의 생애뿐만 아니라 전생담(前生譚), 즉 전생의 이야기를 만들기 시작했다. 이를 자타카(Jataka)라고 한다. 우리들에게 익숙한 달 속의 토끼가 방아를 찧는다는 이야기도 자타카에 나오는 내용이다. 달 속의 토끼가 바로 붓다의 전생 모습이다.

그렇다면 찬불승들은 왜 이런 자타카를 만들었을까? 여기에는 붓다의 위대한 인격에 대한 흠모가 자리하고 있다. 그들은 붓다의 삶을 공부하면서 '이렇게 위대한 인격이 6년 동안의 수행으로 가능할까?' 라는 문제의식을 가졌다. 그들은 불가능하다는 결론을 내렸다. 그리고 붓다가 수많은 겁(劫)의 시간 동안 토끼나 임금, 사문 등 여러 모습으로 윤회하면서 수행에 수행을 거듭한 결과 금생에 싯다르타로 태어나 6년간의 고행 끝에 깨달음을 얻고 위대한 삶을 산 것이라고 생각했다. 그래서 탄생한 것이 바로 자타카였다. 붓다의 전생담을

만들어 불교를 대중들에게 널리 전한 찬불승 역시 대승불교를 일으
킨 주역에서 빠트릴 수 없는 존재다.

지금까지 살펴본 것처럼 불탑은 대승불교의 상징이며, 이곳을
중심으로 모인 사람들이 새로운 불교운동의 주역들이다. 과연 탑이
없었다면 대승불교가 가능했을까? 그래서 더욱 궁금해진다. 붓다는
대승불교가 일어날 것을 예견하고 장례를 재가자에게 맡긴 것인지
말이다.

042

대승불교는 이단인가?

일본의 저명한 불교학자인 마스타니 후미오(增谷文雄)는 불교사를 가리켜 이단을 포용하는 역사라고 하였다. 대승불교에 이르면 근본불교와는 성격이 다른 정토신앙이나 밀교, 선불교 등이 등장하는데, 이를 내친 것이 아니라 포용했다고 지적한 것이다. 이는 순수성을 지킨다는 명분 아래 이단을 추방했던 서양의 종교사와는 분명 다른 모습이다.『근본불교와 대승불교』라는 책에서 그는 오히려 '이단에서 불교의 새로운 생명이 샘솟았음'을 강조하기도 하였다.

　　우리가 여기에서 확인할 것이 하나 있다. 그것은 바로 이단(異端)이란 다른[異] 것이지, 틀린[非] 것이 아니라는 사실이다. 다른 것과 틀린 것은 범주와 의미가 다르다. 사과와 배는 서로 다른 것이며, 지구가 네모라는 주장은 틀린 것이다. 그런데 같은 종교 안에서 자신의 생각과 다른 입장을 보이면, 이단이란 이름으로 틀렸다고 단정하면서 적대시하는 경향이 있다. 종교적 독선과 배타성이 자리하고 있는 것이다.

이단의 사전적 의미도 '정통(正統)의 가르침에 어긋나는 교의나 교파를 적대하여 이르는 말'이라고 되어있다. 이단은 분명 정통과는 다른 견해를 제시한다. 초창기와는 시대나 사회, 문화적 배경이 다르기 때문에 나타나는 현상이다. 그러나 기존의 입장과 다르다고 해서 상대를 해치거나, 심지어 종교 전쟁까지 일으키는 것을 정당화할 수 있을까? 이단을 포용하는 불교의 역사에 주목하는 이유도 여기에 있다.

근본불교 입장에서 보면 대승불교는 이단이 맞다. 대승불교는 스펙트럼이 매우 넓다. 붓다의 연기를 재해석한 공(空)사상으로부터 불성과 여래장, 유식불교, 밀교, 정토사상에 이르기까지 매우 다양하다. 많은 이들의 노력으로 힘들게 전승한 붓다의 말씀인 경전을 마음 '심(心)' 한 글자로 압축하고 '불립문자 교외별전(不立文字 敎外別傳)'을 강조한 선불교도 등장한다. 그야말로 다양성의 보고라고 할 수 있다.

다름에도 정도가 있기 마련이다. 예컨대 정삼각형과 직각삼각형은 서로 다르지만 각이 셋이며 세 각의 합이 180도라는 본질은 동일하다. 즉 그 차이가 본질을 벗어나지 않는다면 삼각형인 것이다.

근본불교가 정삼각형이라면, 대승불교는 직각삼각형에 비유할 수 있다. 이 둘은 '불교'라는 본질을 공유하고 있다는 뜻이다. 그렇기 때문에 이 둘의 차이는 본질적이 아니라 지엽적이라 할 수 있다.

그런데 그 차이가 본질을 넘어서면 문제가 될 수 있다. 정삼각형과 직각삼각형은 아무리 크기나 모양이 다양하더라도 본질이 같지만, 삼각형과 사각형은 본질 자체가 다르기 때문이다. 즉 불교라는 본질을 벗어나면 '불교'라고 할 수 없다는 뜻이다. 대승불교는 불교라고 이름붙일 수 없는 신앙까지 포용하기도 한다. 예컨대 우리나라 사찰에 있는 산신각이나 칠성각은 불교가 아닌데도 불자들은 대웅전에 들러 붓다께 예배하고 자연스럽게 산신각에 참배한다. 이런 비불교적인 요소까지 사찰에 두는 것은 포용성의 범위를 넘어선 것이라는 주장이 제기되는 이유이기도 하다.

그렇다면 본질적 차이마저 포용하는 대승불교의 논리는 어디에 있을까? 바로 방편설이다. 방편은 목적이 아니라 수단이다. 흔히 비유되는 것처럼 달을 보는 것이 목적이라면, 달을 가리키는 손가락[標月之指]은 방편이다. 달을 보는 것은 불교의 본질인 깨침을 의미한다. 달을 보기 위해 근본불교에서는 손가락이라는 방편을 제시했지만, 대승에서는 손가락뿐만 아니라 볼펜이나 분필, 지팡이 등 다양한 수단들을 동원하였다. 그만큼 사회, 문화적으로 사람들의 요구가 다양해졌기 때문이다. 대승은 다양한 능력과 소질을 가진 수많은 중생들을 큰[大] 배[乘]에 모두 태운 것이다.

근본불교 시선에서 보면 대승불교는 매우 이질적이면서도 파격적이다. 귤과 천혜향의 차이가 아니라 귤과 사과의 차이라 할 만큼의 넓은 간극도 존재한다. '대승은 붓다의 말씀이 아니다[大乘非佛說].'는 주장이 지금까지 지속되고 있는 이유도 여기에 있다. 그럼에도 불구하고 대승은 중생들의 다양한 처지를 외면할 수 없었다. 그 다양성을 포용하면서 대승은 불교라는 이름의 새로운 사상과 문화, 예술을 창출하였다. 이것이 역사가 우리에게 전해주는 진실이다.

043

대승경전은
붓다의 말씀이 아닌가?

『서유기(西遊記)』는 삼장법사가 손오공과 사오정, 저팔계를 데리고 서역으로 유람을 가면서 벌어지는 여러 이야기로 꾸며져 있다. 이 이야기는 삼장법사 일행이 손오공의 활약으로 요괴를 물리치는 내용이 주를 이루고 있지만, 그들이 인도로 여행을 떠난 이유는 경전을 구하기 위해서다. 삼장법사(三藏法師)가 삼장(三藏)을 구해 중국어로 번역하기 위해서 여행을 떠난 것이다. 중국인들이 인도어로 된 경전을 번역하는 1천 년 대장정의 역사가 이 이야기의 배경을 이루고 있다.

중국인들은 근본경전, 대승경전 가릴 것 없이 구하는 대로 모두 번역하였다. 당시만 해도 경전에 대한 역사적 인식이 희박했기 때문에 모든 경전은 붓다가 직접 설한 가르침이라고 생각했다. 그러나 『금강경』이나 『반야심경』, 『화엄경』과 같은 대승경전은 붓다가 입멸한 후 4~5백 년이 지나서 만들어졌기 때문에 붓다의 친설(親說)이라고 할 수 없다. 만약 대승경전이 붓다의 친설이라면, 이는 붓다가 부활해서 설한 것이 된다. 그렇게 믿는 것은 자유지만, 역사적 사실과는 거리가 멀다.

그렇다면 대승경전이 석가모니 붓다의 친설이라고 오해하게 된 이유는 어디에 있을까? 무엇보다도 '이와 같이 내가 들었다[如是我聞].'로 시작되는 경전의 형식 때문이다. 모든 경전은 '한때 붓다께서 어느 곳에서, 누구에게 이렇게 말씀하신 것을 내가 들었다.'로 시작하기 때문에 당연히 오해할 수밖에 없었던 것이다. 이로 인해서 대승경전이 불설인가 아닌가 하는 '대승비불설(大乘非佛說)' 문제가 제기되었다. 이는 불교의 정체성에 관한 문제이기 때문에 결코 가볍게 넘길 수 없다. 지금도 남방에서는 석가모니 붓다만 인정하고 대승은 붓다의 가르침이 아니라고 주장하고 있다.

과연 대승은 붓다의 말씀[佛說]이 아니라는 주장을 어떻게 받아들여야 할까? 여기에서 부처 불(佛) 자를 어떻게 해석하느냐에 따라 두 가지 입장이 가능하다. 먼저 고유명사로 해석하면 부처[佛]는 2,600여 년 전 인도에서 태어난 석가모니가 된다. 그렇다면 대승이 석가모니 붓다의 친설이 아니라는 주장은 옳다. 이는 역사적 사실이기 때문에 부인할 수 없는 문제다.

두 번째는 일반명사로 해석하는 방식이다. 이렇게 해석하면 부처[佛]는 석가모니를 가리키는 고유명사가 아니라, '깨친 사람[覺者]'이라는 의미의 일반명사가 된다. 그렇다면 대승은 붓다의 가르침이라는 주장 역시 옳은 것이 된다. 대승경전은 석가모니 붓다의 말씀은 아니지만, 당시에 치열한 수행 끝에 깨달음을 얻은 붓다가 설한 가르침이기 때문이다. 불교는 석가모니 붓다의 가르침이기도 하지만, 붓다가 되는 길로써 의미를 가진다. 이는 불교가 서구의 종교와 근본적으로 다른 지점이기도 하다. 불교에서는 중생이 붓다가 된다고 해도 신성모독이 아니다. 아니 오히려 그것을 목표로 하는 종교다.

그런데 대승불교 당시 출현했던 붓다들은 왜 '여시아문'으로 시작하여 마치 석가모니 붓다가 직접 쓴 것처럼 경전을 구성했을까? 자신의 이름으로 출간해도 되는데 말이다. 여기에는 스승인 석가모니 붓다에 대한 지극한 경외심이 자리하고 있다. 예를 들어 당시 일야(一也)라는 이름의 비구가 열심히 수행해서 붓다가 되었고, 자신이 깨친 내용을 엮어 『일야경』이란 책을 썼다고 가정해보자. 다만 그는 자신이 아니라 석가모니 붓다가 저자인 것처럼 '여시아문'으로 시작되는 경전의 형식으로 세상에 내놓았다. 어찌 보면 제자가 책을 썼지만, 너무도 존경했던 돌아가신 스승의 이름으로 책을 출판한 것과 같다 할 것이다.

혹자는 근본경전은 석가모니 붓다의 입으로 직접 설한 불구경

(佛口經)이고 대승경전은 붓다의 뜻을 나타낸 불의경(佛意經)이라 부르기도 한다. 이런 입장도 어느 정도 이해는 가지만, 대승경전은 찬불승들이 붓다의 정신을 드러내기 위해 만든 작품이 아니라 실제로 깨친 붓다가 설한 가르침이다. 그들이 설한 대승경전은 석가모니의 근본정신을 새로운 시대에 녹여낸 사상의 금자탑이었다. 이런 점에서 그들 역시 대승불교를 일으킨 주역에서 결코 빠지면 안 되는 존재들이다.

044

업(業),
숙명 아닌 자유의지

새해가 되면 점집이나 『토정비결』 등의 경로를 통해 자신의 운명을 점치는 사람들이 있다. 운세가 좋게 나오면 기쁘지만, 나쁘게 나오면 왠지 모르게 찜찜하고 불안한 마음이 일기도 한다. 정도의 차이야 있겠지만, 이는 자신의 운명이 정해져있다는 숙명론적 사유가 작동하고 있다는 방증이다. 과연 정해진 운명이란 존재하는 것일까?

각자의 운명이 정해져있는지 알 수 있는 방법은 없다. 검증의 범위를 넘어서있기 때문이다. 그러나 불교의 업과 윤회가 운명론으로 인식되고 있는 현상은 지적하고 싶다. 업설(業說)은 정해진 운명이 있다는 것을 부정할 뿐만 아니라 자신의 삶은 스스로 창조해간다는 입장이기 때문이다. 어떤 사람들은 좋지 않은 일이 생기면 '그게 다 팔자고 업보야.'라고 하면서 마치 지금의 상황이 정해진 것처럼 여긴다. 모든 것을 숙명으로 받아들이는 것은 개인의 자유지만, 불교의 업설과는 관계가 없다.

붓다가 활동했던 당시에도 막칼리 고살라(Makkhali Gosala)라는 인물이 숙명론을 주장하였다. 그를 따르는 무리들을 육사외도(六師外道) 가운데 사명외도(邪命外道)라고 부른다. 당시 사명외도를 따르는 사람들이 꽤나 많았던 것으로 보인다. 아소카 대왕의 비문에 의하면 불교, 자이나교와 함께 독립된 종교로 인정되었다고 한다. 그들은 인간에게 자유의지란 있을 수 없으며, 다만 정해진 운명에 따라 결정될 뿐이라고 주장하였다. 그렇기 때문에 착한 일을 권하거나 나쁜 일을 금하는 등의 윤리가 의미를 갖지 못한다. 역사는 이들의 교단을 아지비카(Ajivika)라 부른다.

붓다는 모든 것이 정해져있다는 숙명론을 거부하였다. 그런데 일부이긴 하지만 사찰에서 점을 치거나 사주를 봐주기도 한다. 그런 행위를 하는 것은 개인의 자유지만, 적어도 불교라는 이름을 걸고 행해서는 안 된다. 특히 개인에게 불행이 닥쳤을 때, 그것은 주어진 운명이니 무조건 받아들여야 한다는 것은 붓다의 가르침에도 맞지 않는다. 불교는 현재의 고통을 참고 견디는 것이 아니라 문제의 원인을 찾아서 해결책을 모색하는 적극적인 가르침이기 때문이다. 사성제와 팔정도는 이를 보여주는 붓다의 대표적인 교설이다. 업설 또한 여기에서 벗어나지 않는다.

그렇다면 업이란 무엇일까? 사람들은 몸과 입, 생각[身口意]으로 수많은 행위를 하면서 살아간다. 그로 인한 에너지나 영향력은 사라지지 않고 무의식에 저장되었다가 다음 행위에 영향을 주는데, 이를 업이라 한다. 불교에서는 인간의 행위가 저장되는 무의식의 공간을 아뢰야식(阿賴耶識)이라 부른다. 쉽게 말하면 업장(業藏), 즉 업의 저장 창고인 셈이다. 이곳에 저장된 업의 에너지가 우리들 현재의 삶에 직접적으로 영향을 주고 있는 것이다. 술이나 담배를 끊기 어려운 것도 오랫동안 마시고 피웠던 에너지가 아뢰야식에 저장되어 있기 때문이다. 그 저장된 에너지가 금연의 결심을 무너뜨리고 때로는 금단현상으로 나타나는 것이다. 오랜 흡연으로 인해 받는 업보라 할 것이다.

업보란 지금까지 살아온 삶의 결과물이라고 할 수 있다. 개인의 인격이나 습관 역시 무의식에 쌓인 업의 흔적 이외에 다른 것이 아니다. 이 흔적으로부터 벗어나기란 결코 쉽지 않다. 업에는 두텁고 두터운 습기(習氣)가 작동하기 때문이다. 오랫동안 써온 사투리를 고치는 일이 어려운 이유도 여기에서 찾을 수 있다.

현재의 내 모습이 과거의 업보라면, 미래의 모습 역시 지금부터 어떻게 사느냐에 달려있다 할 것이다. 업이란 숙명이 아니라 자유의지이기 때문이다. 금단현상을 극복하고 담배를 끊거나 끊임없는 노력으로 사투리 발음을 교정한 사람들이 있다. 모두 자유의지에 따라 자신의 삶을 창조한 주인공들이다. 정해진 운명이 있다고 믿는다면,

그는 그저 삶이라는 영화의 엑스트라에 불과할 뿐이다. 자신의 삶을 주체적으로 이끌어가며 그에 따르는 결과도 마땅히 책임지는 것, 업설이 우리에게 주는 메시지다. 이러한 주인공의 삶에 숙명이란 말은 어울리지 않는다.

045

윤회(輪廻),
믿을 것인가 말 것인가?

언젠가 출가의 연을 맺은 벗이 전생의 내 모습이 보인다며 전화를 한 적이 있다. 그 친구는 전생에 내가 티베트의 학승이었다고 말했다. 한편 놀랍기도 했지만 웃으면서 전화를 끊었다. 벗의 말처럼 내가 전생에 승려였는지 확인할 길은 없다. 이는 검증의 범위를 넘어섰기 때문이다. 하지만 윤회를 믿는가 안 믿는가에 따라 삶의 내용과 의미가 달라진다는 점에서 이는 중요한 문제라 할 것이다.

　업과 윤회가 불교의 고유 사상이라고 잘못 알고 있는 사람들이 많은데, 이는 불교가 태동하기 훨씬 이전부터 있었던 인도의 고유 신앙이다. 그들은 착하게 살면 죽어서 하늘에 태어나고 나쁜 일을 많이 하면 지옥에 태어난다는 지극히 소박한 신앙을 갖고 있었다. 불교는 그들의 신앙을 수용하여 체계적으로 정립하였다. 특히 부파불교에 이르러 업과 윤회는 하나의 학설로 자리를 잡게 되었다.

태어나고 죽는 것이 반복된다는 윤회설은 업과 떼려야 뗄 수 없는 관계에 있다. 업이라는 행위가 원인이 되어 나타난 결과가 바로 윤회이기 때문이다. 특히 부파불교에 이르면 전생과 내생이 실제로 있다고 보고 지옥이나 아귀, 축생의 세계 등을 매우 사실적으로 묘사한다. 그들은 인간의 삶이 4단계의 과정[四有]을 거친다고 보았다. 부파에서는 태어나는 순간인 생유(生有)와 삶을 영위하는 기간인 본유(本有), 삶을 마치는 순간인 사유(死有), 그리고 다음 생을 받기 전까지의 기간인 중유(中有)를 설정하였다.

윤회와 관련해서 중유라는 과정이 주목된다. 이는 사람이 죽은 후 살면서 행한 선업과 악업을 계산하는 시간인데, 보통 10일에서 49일 정도 걸린다고 한다. 우리나라 사찰에서 49재(齋)를 지내는 모습도 여기에서 유래되었다. 이 기간 동안 한 사람의 전체 삶이 평가되고 그에 따라 다음 생이 결정되는 것이다. 우리가 흔히 알고 있는 육도윤회(六道輪廻), 즉 지옥과 아귀, 축생, 수라, 인간계, 천계가 바로 그것이다. 살아서 선한 행위를 하면 죽어서도 선한 결과를 받고 현생에 악한 행위를 하면 내생에도 악한 결과를 받는 메커니즘이 작동하고 있는 셈이다.

이러한 윤회설을 아무런 문제의식 없이 무조건적으로 믿게 되면, 현재 겪고 있는 고통의 원인을 분석하고 해결책을 모색하는 것이 아니라 모든 것을 전생의 업이나 팔자 탓으로 돌릴 수 있다. 이는 현재의 삶이 이미 결정되었다는 또 다른 형태의 숙명론일 뿐이다. 언젠가 개신교로 개종한 한 불자의 사연을 들은 적이 있다. 그 사람은 힘든 일이 있으면 절에 가서 상담을 하곤 했는데, 그때마다 돌아오는 대답은 전생의 업 때문이라는 것이었다. 그는 전생의 업 때문이라는 말이 상처가 되어 불교를 멀리하게 되었고 결국 개종까지 했다고 한다. 윤회에 대한 무조건적 믿음이 가져온 결과인 것 같아 안타까운 마음이었다.

언제부턴가 윤회에 대한 비판적 시선들이 많아지고 있다. 그들은 힌두교의 산물인 업과 윤회사상을 불교에서 지나치게 의존하고 있다고 지적한다. 특히 윤회가 가능하기 위해서는 그 주체가 있어야 하는데, 이는 붓다가 강조한 무아(無我)의 가르침을 거스르는 일이라고 비판한다. 이를 삐딱하게 볼 필요는 없다고 본다. 자칫 붓다가 부정한 영원불변하는 아트만(Atman)을 인정하는 우를 범할 수도 있기 때문이다. 이러한 지적을 오히려 윤회에 대해 새롭게 성찰하는 계기로 삼으면 좋을 것 같다.

윤회와 관련해서 죽음 이후의 문제는 믿음의 영역으로 남겨두고 이를 실존적으로 이해했으면 하는 바람이다. 마음속으로 우리는 매 순간 윤회하는 삶을 살기 때문이다. 누군가 사람 같지 않은 행동을 할 때 마음은 이미 금수와 아귀, 수라의 세계에 살고 있으며, 깊은 명상 속에서 고요를 느낄 때 그곳은 천계와 다름이 없는 것이다. 마음에 어떤 세계를 그릴 것인가는 결국 나에게 달린 문제다.

윤회설을 바라보는 시각은 다양하다. 그것을 사실이 아니라 상징으로 해석하면 불자가 아니라고 말하는 이들이 있는데, 이는 지나치다는 생각이다. 불교는 무조건적 믿음에 철학적 메스를 가하는 합리적 종교다. 윤회를 믿을 것인가 말 것인가? 그것은 개인의 선택이고 자유다. 그리고 그 선택은 존중되어야 한다.

046

대승 초기에
공(空)사상이 유행한 이유는?

우리나라 불자들은 니까야나 아함경과 같은 근본경전보다는 『금강 경』이나 『화엄경』, 『법화경』과 같은 대승경전을 더 좋아한다. 이러한 대승경전은 대승불교가 성립한 BC 1세기경부터 인도에서 불교가 사라지는 13세기까지 오랜 시간에 걸쳐서 만들어진다. 그리고 시기 에 따라 유행하는 경전과 사상도 다양하게 나타난다. 대승 초기(BC 1 세기~AD 3세기)에는 주로 『금강경』이나 『반야심경』을 중심으로 공사 상(空思想)이 유행하며, 중기(3세기~6세기 중엽)에는 불성(佛性)과 여래 장(如來藏), 유식사상(唯識思想)이 유행한다. 이슬람의 침입으로 불교 가 소멸되는 후기(6세기 중엽~13세기)에는 주로 밀교(密敎)가 대중들의 사랑을 받는다.

그렇다면 대승 초기에 공사상이 유행한 이유는 어디에 있을까? 무엇보다 공사상이 부파불교의 실재론을 타파하는 매우 강력한 무기였기 때문이다. 붓다의 근본 가르침은 연기와 무아, 무상이 핵심이다. 그런데 부파불교에 이르러 붓다의 사상이 왜곡되기 시작한다. 설일체유부(說一切有部)처럼 부파의 이름에서 그 의도를 대놓고 드러내기도 한다. 글자 그대로 일체가 있다는 것을 설하는 부파라는 뜻이다. 그들은 나는 공하지만 나를 이루고 있는 5온(蘊)과 같은 법(法)은 있다[有]고 주장하였다. 이를 '아공법유(我空法有)'라고 한다. 그러나 이는 붓다의 가르침을 정면으로 거스르고 있다. 존재하는 모든 것은 인연에 의해 생기고[因緣生] 인연이 다하면 소멸하는[因緣滅] 다이내밀한 과정에 있기 때문이다. 5온이라고 예외일 수는 없다. 『반야심경』에서 '5온이 모두 공하다[五蘊皆空].'고 강력하게 외치는 이유도 바로 여기에 있다. 관자재보살은 공(空)이라는 무기로 5온에 대한 집착을 타파하고 모든 고통으로부터 벗어난[度一切苦厄] 것이다.

둘째로는 공사상이 유행한 이유를 부파불교의 해탈론(解脫論)론에서 찾을 수 있다. 이를 '단혹증리론(斷惑證理論)'이라 하는데, 글자그대로 미혹, 번뇌를 끊고 진리를 깨친다는 뜻이다. 그들은 번뇌를 끊기 위해 이를 세밀하게 분석하기 시작했다. 예컨대 열 가지 근본번뇌[十惑]가 있고 이로부터 108번뇌와 같은 지말번뇌가 일어난다고 하였다. 이런 분석을 통해 그들은 근본적으로 번뇌를 극복할 수 있다고 보았다. 그런데 그 과정에서 그들은 치명적인 오류에 빠지게 되었다. 그것은 바로 번뇌를 실체시하는 것이었다. 번뇌를 끊고 행복에 이르는 구체적인 방법을 제시하기 위해서는 번뇌가 '있다'는 것을 전제하지 않으면 안 된다고 생각했던 것이다.

공사상은 이런 입장에 날카로운 메스를 가한다. 그들이 번뇌를 실체시하는 것 자체가 괴로움이라고 지적한 것이다. 번뇌 또한 공하기 때문이다. 예를 들어 술에 취해 걷다가 전봇대에 머리를 '쾅!' 부딪쳤다고 해보자. 순간 눈앞에서 별이 반짝이기 시작한다. 그러나 그런 별은 존재하지 않는다. 그저 착각이고 망상일 뿐이다. 어찌 보면 별을 없애기 위해 있지도 않은 별의 실체를 연구하고 있는지도 모를 일이다. 술이 깨면 자연히 사라지는데 말이다. 이런 일이 우습고 바보같이 보일지 몰라도 중생들의 삶도 이와 별반 다르지 않다.

공사상은 붓다가 보여준 연기의 진리를 재해석한 것이다. 그러나 공은 부파불교의 실재론을 타파하는데 연기보다 강력하고 효과적이었다. 연기가 상대를 향해서 날리는 짧은 주먹이라면 공은 상대의 공격을 한 방에 무너트리는 강력한 카운터펀치에 비유하면 어떨까싶다. 부파불교가 실재론이라는 한 방을 날렸는데, 대승에서는 이를 부정하면서 공이라는 펀치로 받아친 셈이다.

대승불교를 일으킨 사람들은 부파에서 붓다의 가르침을 올바로 이해하지 못했기 때문에 번뇌에 집착한다고 보았다. 붓다의 가르침은 단순했다. 모든 것은 공하기 때문에 번뇌 또한 공하다는 것이다.

이러한 진실을 전하기 위해 대승 초기에 600부나 되는 방대한 경전 군(群)인 『반야경』이 만들어졌다. 이 경전들은 공의 이치를 깨친 손오공(孫悟空)이 번뇌, 망상이라는 요괴를 만날 때마다 사용한 여의봉(如意棒)이었다.

047

대승에서는
번뇌가 보리라고?

불교에 입문하여 처음으로 사찰 수련회에 참여했을 때의 일이다. 명상 시간이 돌아왔는데, 지도법사는 5분 동안 호흡에 집중하기도 힘들 것이라 했다. 온갖 번뇌, 망상이 방해할 것이기 때문이라는 것이다. 그깟 5분 집중하는 일이 뭐가 힘들지 하는 생각으로 명상을 시작하였다. 정말 그랬다. 호흡에 집중하려 했는데, 어제 먹은 짜장면이 생각나더니 갑자기 어린 시절 친구와 말다툼했던 장면이 떠올랐다. 명상하는 동안 수많은 망상들이 떠올랐다 사라진 것 같다. 그때 알게 되었다. 나란 존재가 번뇌, 망상 덩어리라는 사실을.

번뇌, 망상은 우리의 삶을 괴롭게 한다. 그렇기 때문에 명상이나 절, 염불 등의 수행을 통해 이를 제거해야 열반, 마음의 평화에 이를 수 있다고 강조한다. 이를 부파불교에서는 번뇌를 끊고 진리를 깨친다는 단혹증리론(斷惑證理論)으로 정리하였다. 이는 지극히 당연한 일 같은데, 대승에서는 심하게 태클을 걸었다. 번뇌는 끊어야 할 대상이 아니라 그 자리가 보리(菩提), 곧 진리라고 했기 때문이다. 어찌 된 것일까?

대승불교는 중생이 아니라 붓다의 관점에서 설한다는 특성이 있다. 다시 말하면 번뇌를 끊고 깨달음으로 향해가는 것이 아니라, 깨친 자리에서 바라본 세계를 그리고 있다는 것이다. '번뇌가 곧 보리[煩惱卽菩提]'라는 것도 바로 이를 보여주고 있다. '생사가 곧 열반[生死卽涅槃]'이라는 입장이나 '중생이 곧 부처'라는 시선 역시 마찬가지다. 생사와 중생은 버리거나 극복해야 할 대상이 아니라 본래 열반, 부처와 '하나'인 자리이기 때문이다. 이러한 실상에 눈뜨는 것이 대승의 목표다.

이를 상징적으로 보여주는 것이 연꽃이다. 연꽃은 결코 허공에서는 필 수 없다. 그 청정하고 아름다운 꽃이 서있는 곳은 다름 아닌 진흙 밭이다. 사람들은 더럽다고 생각하여 피하려 하지만, 바로 그곳에서 열반, 보리, 붓다라는 맑고 향기로운 꽃이 피는 것이다. 처염상정(處染常淨)이란 이를 두고 한 말이다. 이처럼 번뇌와 보리, 생사와 열반, 중생과 부처가 본래 다르지 않다는 것이 대승적 사유다. 다만 그것을 모르고 내가 서있는 자리를 버리려는 소승적 태도를 대승에서는 비판하고 있는 것이다.

2001년 개봉해 큰 화제를 모았던 영화 〈달마야 놀자〉는 이러한 대승적 사유를 유쾌하게 보여주고 있다. 이 이야기는 세속적으로 가장 오염된 깡패들이 성스럽고 청정한 사찰에 들어가면서 시작된다. 그곳 승려들은 주먹패들이 수행을 방해한다는 이유로 그들을 쫓아내려 한다. 이를 위해 다섯 번에 걸친 내기를 하지만, 결국 3대 2로 승려들이 지고 만다. 어쩔 수 없이 함께 생활을 하면서도 그들을 내보내려는 시도는 계속된다. 이러한 수행승들의 모습은 번뇌를 버리고 진리를 깨치려는 소승불교와 다르지 않았다.

그러나 눈뜬 스승의 가르침으로 번뇌, 세속의 공간에 살고 있는 깡패들 역시 버려야 할 대상이 아니라 함께 품고 가야 할 존재임을 제자들은 깨닫게 된다. 성(聖)과 속(俗)은 본래 '하나'이기 때문이다. 후속 편인 〈달마야 서울 가자〉 역시 내용만 다를 뿐 동일한 구조를 이루고 있다. 영화는 절을 지키려는 승려와 절을 허물고 빌딩을 세우려는 깡패 사이의 치열한 대결과 갈등을 보여준다. 이들 간의 극적인 화해는 마지막 한 장면으로 압축되는데, 바로 높은 빌딩 위에 절을 짓는 것이었다. 이로써 세속, 번뇌를 상징하는 빌딩과 열반, 보리를 상징하는 사찰이 한 몸이 되었다.

우리들은 살면서 어려운 일이 생기지 않기를 바라거나, 힘든 일이 닥치면 피할 생각부터 한다. 그래서 '꽃길만 걸으세요.'라는 인사가 유행하는지도 모르겠다. 그러나 대승의 눈뜬 선지식들은 힘들다고 생각하는 그 자리에서 진리와 붓다라는 꽃이 핀다고 역설하였다.

구상 시인도 「우음(偶吟) 2장」이란 시에서 이렇게 노래하였다.

　"앉은 자리가 꽃자리니라! 네가 시방 가시방석처럼 여기는 너의 앉은 그 자리가 바로 꽃자리니라."

　그러니 피하거나 외면하지 말고 있는 그대로 바라보자. 내가 걷는 지금 이 길이 꽃길이다.

048

대승불교에서
불상의 의미는?

몇 해 전 파키스탄이라는 나라가 불교계의 주목을 받은 적이 있다. 라호르 박물관에 모셔진 붓다의 고행상 때문이다. 사찰에서 볼 수 있는 불상은 한국인의 심성을 닮아 포근하고 넉넉한 모습이지만, 당시 붓다는 살집은 별로 없고 뼈만 앙상한 모습이었다. 고행상은 붓다의 모습을 사실에 가깝게 그리고 있는 작품이다. 6년간의 고행 끝에 깨달음을 얻고 45년 동안 포교에 전념했던 그의 고단한 삶이 느껴진다. 붓다의 고행상이 한국에서 전시될 것이라는 반가운 소식도 들린다. 가까이서 친견할 수 있는 날이 빨리 왔으면 하는 바람이다.

널리 알려진 것처럼, 불상은 대승불교 운동이 일어나기 전까지는 만들어지지 않았다. 진리를 깨친 여래의 형상은 표현할 수 없다[如來像不表現]는 인도의 전통 때문이다. 그렇다면 그들은 왜 여래는 표현할 수 없다고 생각한 것일까? 인도의 전통에 따르면 인간은 윤회하는 존재다. 그런데 여래는 진리를 깨치고 생사의 세계로부터 벗어났기 때문에 더는 윤회하는 존재가 아니다. 이처럼 존재의 세계에서 벗어났는데, 어떻게 표현할 수 있겠는가. 표현은 존재의 영역에서나 가능한 일이다. 붓다의 입멸 후 조성된 불탑에 그의 형상 대신 발이나 법륜(法輪), 보리수, 우산 등이 조각된 이유도 여기에 있다. 흥미로운 것은 싯다르타가 마야 부인의 옆구리에서 태어나는 모습이나 출가를 위해 궁을 몰래 빠져나오는 장면은 표현되고 있다는 사실이다. 싯다르타가 깨달음을 얻기 전까지는 여래가 아니었기 때문이다.

그렇다면 대승불교에 이르러 불상이 만들어진 이유는 무엇이며, 그것이 지니는 의미는 어디에 있을까? 부파불교는 법(法)을 중심으로 이루어진 불교다. 부파불교를 '법(法)에 대한 연구'라는 뜻을 지닌 '아비달마(Abhidharma)'라고 부르는 이유도 여기에 있다. 이는 각 부파마다 경(經)에 대한 논서를 만드는 데 모든 역량을 집중했다는 뜻이기도 하다. 그러면서 자연스럽게 불법승(佛法僧) 삼보(三寶) 가운데 법이 중심이 되었다. 물론 부처님에 대한 예경이 사라진 것은 아니지만, 각 부파는 법 중심으로 흘러갔다. 그런데 대승불교는 붓다의 근본정신으로 돌아가자는 운동이다. 그들에게는 법이 아니라 붓다가 중심이 되는 강력한 상징이 필요했는데, 그것이 바로 불상이었다.

불상은 지금의 파키스탄에 속한 간다라 지방과 중인도 서북부에 위치한 마투라 지방에서 비슷한 시기에 만들어진다. 대략 1세기에서 2세기 사이에 조성되었다고 알려졌는데, 불상의 양식은 매우 다르다. 간다라는 동양과 서양의 문화가 서로 만나는 지역이었기 때문에 불상도 서구인, 특히 그리스인을 많이 닮았다. 간다라 불상이 그리스 신화에 나오는 아폴로 신을 떠올릴 정도로 서구적이라면, 마투라 불상은 전형적인 인도인의 모습을 하고 있다. 마투라는 당시 인도의 정치와 군사, 교통의 중심지였기 때문이다. 흥미로운 점은 파키스탄에서는 간다라가, 인도에서는 마투라가 최초의 불상 조성지라고 주장한다는 사실이다. 불상이 만들어질 당시 파키스탄은 인도에 속해있었다.

마투라 지역에서 만든 불상에서 주목되는 점이 있는데, 그것은 분명 여래상인데도 불구하고 보살상이라고 새겨진 작품이 있다는 사실이다. 앞서 언급한 것처럼 여래의 형상은 표현할 수 없다는 전통 때문에 여래상이라는 이름을 자신 있게 붙이지 못했던 것이다. 마투라는 그만큼 전통이 지배하는 지역이었다. 반면 간다라는 인도의 중심에서 멀리 떨어져있고 서구와의 교류가 잦은 곳이었기 때문에 자유로운 분위기 속에서 불상을 제작하였고 여래상이라는 이름도 쓸 수 있었다. 문화의 차이가 많이 느껴지는 대목이다.

대승불교 운동이 활발해지면서 불상은 신앙의 상징으로써 그 역할을 담당하게 되었다. 이는 곧 법 중심에서 붓다 중심의 불교로 회복되었음을 의미한다. 어쩌면 대중들은 오래 전 열반에 들었던 붓다가 새로운 모습으로 나타났다고 느꼈을지 모를 일이다. 그래서 힘든 일이 있으면 불상 앞에서 하소연도 하고, 잘못한 일이 있으면 참회하는 신앙생활을 이어갔다. 이렇게 불상은 없어서는 안 되는 불교의 대표적인 상징이 되었다.

049

불성과 여래장,
불교 휴머니즘

'불성, 여래장사상은 불교가 아니다.'

이는 1990년대 일본에서 시작된 '비판불교'의 시각이다. 이들은 대
승불교의 불성과 여래장은 붓다가 강조한 연기, 무아의 가르침에 위
배되기 때문에 불교가 아니라는 주장을 하였다. 붓다는 존재하는 모
든 것은 실체가 없다고 했는데, 불성과 여래장은 힌두교의 아트만
(Atman)처럼 불변하는 실체이기 때문이라는 것이다. 실제로 불성, 여
래장을 불변하는 실체로 생각하는 사람들도 있다. 그런 점에서 비판
불교의 대승불교 비판이 이해되는 측면이 있다. 그러나 정말로 불성,

여래장을 아트만처럼 이해하는 것이 타당한 것일까?

공사상이 대승초기에 유행했다면 불성, 여래장은 대승 중기 대략 300~650년 사이에 발달한 사상이다. 모든 생명은 붓다[佛]가 될 수 있는 가능성[性]을 갖추고 있다는 것이 불성사상이며, 일체가 여래(如來)의 씨알[藏]이라는 것이 여래장사상이다. 용어는 다르지만, 비슷한 의미와 맥락을 지닌 사상이라고 할 수 있다. 한마디로 우리는 태어날 때부터 붓다의 성품을 갖추고 있기 때문에 이를 잘 가꾸어 실현하면 깨친 붓다가 될 수 있다는 입장이다. 공사상이 '~이 아니다.' 라는 부정의 방법을 통해서 존재의 실상을 드러냈다면, 불성사상은 이를 적극적으로 표현하고 있다.

공사상은 모든 것은 관계 속에서 존재한다는 연기의 대승적 해석이라고 할 수 있다. 그런데 시간이 흐르면서 공사상은 현상적인 모든 것을 부정하는 사상으로 오해받기 시작하였다. 이렇게 되면 인연이 만들어내는 현실세계를 모두 부정하는 염세적이고 허무적인 사상으로 흐를 수 있다. 이를 바로잡기 위해 보다 적극적인 사상이 필요했는데, 불성과 여래장이 보완 역할을 한 셈이다. 우리에게 익숙한 『여래장경』과 『열반경』, 『승만경』 등은 이러한 요청으로 역사에 등장한 경전이다.

불성, 여래장을 영원불변하는 실체로 해석하는 것에 쉽사리 동의하기 어렵다. 비판불교의 지적처럼 이렇게 되면 무아의 가르침을 거스르기 때문이다. 그러나 이를 그렇게 비좁게 해석할 필요는 없다

고 본다. 불성사상은 인간의 존엄성을 외치고 있는 불교의 휴머니즘
(humanism)이다. 인간은 피부나 성별, 신분에 관계없이 모두가 존엄한
존재다. 왜냐하면 모두가 붓다의 성품을 갖추고 있기 때문이다. 『열
반경』에서는 이를 '일체의 중생이 모두 불성을 지니고 있다[一切衆生
悉有佛性].'는 입장으로 정리하고 있다.

　인간의 존엄성을 여실히 보여주는 예로 『법화경』에 등장하는
상불경(常不輕) 보살을 들 수 있다. 이 보살은 글자 그대로 모든 사람
을 '언제나[常] 가볍게 여기지 않는[不輕]' 인물이다. 그는 사람을 만날
때마다 '당신은 거룩하십니다.'라고 말했다고 한다. 어떤 이들은 자신
을 놀린다고 생각해서 상불경 보살을 때리기도 했지만, 그는 진심을
다해 모든 사람을 붓다처럼 예경했다고 한다. 이유는 간단하다. 모든
사람은 붓다의 DNA, 즉 불성을 지닌 존엄한 존재이기 때문이다. 따
라서 신분이 천하다고 해서 함부로 하거나 해치는 일은 다름 아닌 불
성 모독죄에 해당된다. 이처럼 모든 인간은 어떠한 차별도 없이 존중
받아야 한다는 휴머니즘을 영원불변하는 아트만이나 영혼, 윤회하
는 주체로 해석할 필요는 없다고 본다.

　불성, 여래장 사상이 비록 대승 중기에 등장했지만, 그 바탕은
붓다의 가르침에 뿌리를 두고 있다. 본래 마음이 청정하다는 자성청
정심(自性淸淨心)이나 붓다의 마지막 유훈인 자신을 등불로 삼으라[自
燈明]는 가르침이 대승에 이르러 불성으로 새롭게 해석되고 있는 것
이다. '하늘 위, 하늘 아래 나 홀로 높다.'는 붓다의 탄생게 역시 모든

인간은 존엄하다는 선언 이외에 다른 것이 아니다. 그 존엄한 불성을 실현시키는 것이 붓다의 아들[佛子]로서 해야 할 일이다.

오늘날 우리는 자본이 주인인 세계, 태어나면서부터 금수저, 은수저, 흙수저로 결정되는 헬(hell)조선의 사회에 살고 있다. 불성, 여래장은 이를 부정하고 모두가 본래부터 금수저임을 밝히고 있는 사상이다. 이것이 곧 헤븐(heaven)조선을 지향하는 참다운 인본주의다.

050

유식(唯識), 오직 마음뿐인가?

마음이란 무엇인가? 그저 뇌의 작용에 불과한 것일까? 오늘날 이러한 비밀을 풀기 위한 연구가 심리학과 철학, 뇌과학 등 여러 분야에서 진행되고 있다. 분명한 것은 우리의 뇌가 오감(五感)으로 받아들인 정보를 바탕으로 사물을 인식한다는 사실이다. 같은 대상인데도 개인의 특성이나 경험, 주위 환경에 따라 서로 다르게 인식하는 것도 뇌에 축적된 정보가 다르기 때문이다. 예를 들어 같은 사람을 만나더라도 치과의사는 치아를 먼저 보고, 미용사는 머리 모양에 관심을 갖게 된다. 자신도 모르게 말이다.

이처럼 우리는 뇌에 쌓인 정보를 통해서 대상을 인식하기 때문에 있는 그대로 보기가 어렵다. 대상을 인식하는 과정에서 사물에 대한 편견이나 선입견, 왜곡 등이 쉽게 일어난다는 뜻이다. 예컨대 지인의 집에 놀러갔다가 거실에서 강아지가 똥을 누는 모습을 보았다면, 그 자리를 아무리 깨끗이 닦는다 해도 더럽다고 여길 것이다. 내 마음에 변을 보는 강아지의 모습이 남아있기 때문이다. 그 자리에 쉽게 앉지 못하는 것은 당연한 일이다. 유식은 마음에 쌓인 정보를 통해 대상을 인식하는 우리들의 생생한 모습을 그리고 있다. 그래서 모든 현상은 오직[唯] 마음[識]의 작용일 뿐이라고 강조한다. '모든 것은 마음이 만들어낸다[一切唯心造].'는 말은 바로 이를 의미한다.

유식은 대승불교 중기에 유행한 사상이다. 주요 경전으로 유식의 핵심을 30개의 게송으로 정리한 세친(世親)의 『유식삼십송(唯識三十頌)』과 열 명의 논사들이 이 책에 주석을 첨부한 『성유식론(成唯識論)』 등이 있다. 불성과 여래장이 마음을 청정심(淸淨心)으로 해석했다면, 유식에서는 이를 번뇌, 망상으로 이해하고 있다. '마음'이라는 동일한 단어를 사용해도 그 의미는 완전히 다른 것이다. 유식은 온갖 번뇌, 망상과 편견, 착각 등을 일으키는 중생들의 모습을 솔직하게 드러내는 구조로 되어 있다. 원인이 분명해야 치유도 쉬운 법이다.

유식에 의하면 우리의 마음은 표층의식과 심층의식으로 이루어졌다. 먼저 겉으로 드러나는 감각기관, 즉 안식(眼識)·이식(耳識)·비식(鼻識)·설식(舌識)·신식(身識)을 전(前) 5식이라고 하고 이들을 종합하는 의식(意識)이 제6식이다. 그리고 이기심의 원천인 제7 말나식(末

那識)과 모든 행위의 저장 창고인 제8 아뢰야식(阿賴耶識)이 마음의 저 깊은 곳에서 우리의 삶에 영향력을 행사하고 있다. 한마디로 의식적인 인간의 행동은 무의식에 쌓이고 그곳에 저장된 에너지가 다음의 행위에 영향을 주는 메커니즘이 작동하고 있는 것이다.

유식에서는 이러한 마음의 구조를 '현재의 행동이 종자에 쌓이고[現行薰種子] 종자가 현재의 행동을 낳는다[種子生現行].'는 말로 설명한다. 우리의 모든 행동은 사라지지 않고 종자, 즉 아뢰야식에 저장되었다가 그것이 원인이 되어 현재의 행위를 일으킨다는 뜻이다. 전날의 일이 전혀 기억나지 않을 만큼 만취한 사람이 집을 잘 찾아오는 것도 종자에 저장된 에너지가 습관적으로 길을 안내하기 때문이다. 수없이 집에 왔던 행위가 아뢰야식에 저장되어 있다가 현실에서 그 위력을 발휘하는 것이다.

우리의 행위뿐만 아니라 대상을 바라보는 인식 또한 종자라는 영향력에서 벗어나기 어렵다. 뱀은 징그럽고 돼지는 욕심 많은 동물이라는 생각 역시 종자에 저장된 색안경을 끼고 바라본 것에 불과하다. 그저 그렇게 생긴 것뿐인데, 그들을 바라보는 인간의 눈이 심하게 왜곡된 것이다. 유식에서는 이러한 편견에서 벗어나 지혜를 얻어야 한다[轉識得智]고 강조한다. 편견[識]이 지혜[智]로 전환되어야 비로소 색안경을 벗고 세상을 있는 그대로 볼 수 있기 때문이다.

유식에 '곰보도 보조개'라는 말이 있다. 누가 봐도 곰보인데, 그녀를 너무 사랑한 나머지 보조개로 보인다는 뜻이다. 이와는 달리 오늘날 우리는 생각이 다르다고 서로를 미워하면서 보조개마저 곰보로 보는 것은 아닌지 돌아볼 일이다. 편견과 선입견에서 벗어나 상대를 '있는 그대로' 보기 위한 의식적인 노력이 필요하다. 사랑과 자비는 이때 나오는 축복이다.

051

밀교(密敎),
왜 비밀스런 가르침인가?

수리수리 마하수리 수수리 사바하

불교에 관심이 없는 사람들도 한번쯤 들어봤을 소리다. 이것은 정구
업진언(淨口業眞言)이라 불리는데, 글자 그대로 입을 깨끗이 하는 진
언이다. 주로 경전을 독송할 때 이 주문을 읊조리면서 시작한다. 이
런 진언이나 만다라(Mandala) 등을 통해 깨침의 세계를 드러내는 불
교가 바로 밀교(密敎)다. 그렇다면 그들은 왜 불교를 비밀스런[密] 가
르침[敎]이라고 했을까?

　밀교란 비밀불교의 준말인데, 언어나 문자와 같은 형태로 드러

내는 현교(顯敎)와 대비되는 말이다. 붓다의 깨침은 언어의 길이 끊어진[言語道斷] 종교적 체험이기 때문에 말로 표현하는 것이 본래부터 불가능한 일이다. 그러나 언어를 통하지 않고 이를 전할 방법이 마땅히 있는 것도 아니다. 붓다가 45년 동안 수많은 언어를 통해서 자신이 깨친 진리를 드러낸 이유도 여기에 있다. 밀교에서는 이러한 언어적 설명 방식이 깨침의 세계를 드러내는 데 한계가 있다고 보았다. 그보다는 만다라, 진언과 같은 상징이나 소리가 더욱 효과적이라고 생각했던 것이다.

밀교는 대승불교 후기에 해당되는 7세기 중반부터 13세기 사이에 유행한 사상이다. 주요 경전으로는 『대일경(大日經)』과 『금강정경(金剛頂經)』 등이 있다. 밀교의 수행 방식인 진언은 본래 불교가 태동하기 훨씬 이전부터 인도 사회에서 유행하던 종교 의식이었다. 그들은 병에 걸리거나 위급한 상황에서 주문을 외우면 문제가 해결된다고 믿었다. 바라문교의 경전인 『베다』나 『우파니샤드』 등에는 수많은 주문들이 등장하는데, 당시 사람들이 얼마나 주술적이었는지 알 수 있는 부분이다.

붓다는 바라문교의 이러한 방식을 선호하지 않았다. 지나치게 주술적이고 은밀했기 때문이었다. 그래서 그는 세속적인 주술이나 비법을 행하는 것을 금지하였다. 당시 정신문화는 바라문들이 독점하고 있었는데, 붓다는 자신이 깨친 진리를 모든 사람들이 알 수 있도록 개방을 하였다. 이러한 불교의 개방성은 당시에는 혁명적이었다. 불교는 눈뜬 사람이라면 누구든지 와서 직접 볼 수 있는 열린 가르침이었던 것이다.

그런데 대승불교 후기에 이르러 주술적인 방식이 불교계에도 수용된다. 당시 바라문교는 인도의 토착신앙을 포용하여 힌두교라는 새로운 이름으로 역사의 전면에 등장한다. 그리고 기존의 주술적인 방법을 활용하여 대중들의 전폭적인 지지를 받게 된다. 이러한 상황에서 불교는 그들의 요구를 그냥 지나칠 수 없었다. 대승에서는 교화의 방편으로 진언을 수용하여 불교적으로 해석하고자 하였다. 여기에는 당시 주류였던 중관(中觀)이나 유식(唯識) 사상이 너무 어려워서 대중들이 접근할 수 없었던 요인도 작용하였다. 그만큼 대중들이 쉽게 접근할 수 있는 신앙이 요청되었던 것이다.

밀교의 진언에는 산속에서 뱀을 만날 때와 같은 위급한 상황에서 자신을 보호하는 주술 그 이상의 중요한 의미가 담겨있다. 본래 진언(眞言, Mantra)은 '심성'이란 의미의 '만(man)'과 '파내는 연장'을 뜻하는 '트라(tra)'가 합성된 말이다. 두 단어를 연결하면 진언은 저 마음속 깊은 곳에 있는 본래의 성품을 파내는 도구, 즉 참[眞] 소리[言]라는 뜻이 된다. 이러한 의미를 새기면서 간절한 마음으로 진언을 외우면 깨침에 이를 수 있다고 한다.

밀교에서 주목한 것은 경전에 설해진 가르침이 아니라 붓다의 깨침 그 자체였다. 깨친 눈으로 보면 한 송이 장미와 그 위에 날아든 벌과 나비 등 모든 존재가 법신(法身), 즉 진리 자체라고 한다. 밀교의 주불(主佛)인 대일여래(大日如來)는 이를 상징적으로 보여주는 부처다. 우리가 사는 곳은 큰 태양[大日]과 같은 광명이 빛나는 부처들의 공간이자 진리가 현현(顯現)된 세계인 것이다. 그러니까 밀교에서는 진언이라는 붓으로 한 폭의 아름다운 만다라를 그리고 있는 셈이다. 비밀스럽게 말이다.

이제야 조금 알 것 같다. 밀교에서 말하는 진짜 비밀은 다름 아닌 우리 자신이 부처라는 데 있었던 것이다. 이 소식을 전하기 위해 오늘도 법당에서는 '아제아제 바라아제 바라승아제 모지 사바하', '옴 마니 반메 훔' 등의 참 소리가 울려 퍼지고 있다.

052

인도에서
불교가 소멸한 이유는?

오래 전 대학에서 '종교의 이해'라는 과목을 담당할 때의 일이다. 그 강좌는 기독교와 이슬람교, 불교, 도교 등 다양한 종교의 전통을 이해하는 데 중점을 두고 있었다. 당시 종교별로 조를 짜서 공동으로 조사해 발표하고 리포트를 제출하도록 했는데, 불교에 관한 보고서를 보고 조금 놀랐다. 불교를 힌두교의 한 유파라고 설명했기 때문이다. 어느 인터넷 사이트에 소개된 불교 관련 글을 참조한 것 같았다. 불교가 정체성을 상실하고 힌두교에 흡수되어버린 아픈 역사의 흔적이 그렇게 남아있었다.

2천 년 가까운 시간 동안 인도 정신문화의 한 축을 담당했던 불교는 13세기 초에 소멸하게 된다. 인도에서 불교는 왜 사라졌을까? 여러 가지 이유가 있겠지만, 여기서는 크게 두 가지로 압축해서 설명하고자 한다. 불교는 외적으로 이슬람의 무력에 파괴되었고, 내적으로는 정체성을 상실함으로써 힌두교에 무너졌다. 이 아픈 역사가 오늘의 한국불교에 던지는 메시지가 무엇인지 또한 놓쳐서는 안 된다.

이슬람 세력은 10세기 말경부터 인도의 서북 지역을 중심으로 본격적인 침입을 시작한다. 그리고 12세기 말에 이르면 인도는 북부 지역뿐만 아니라 동부까지 이슬람 세력의 지배 아래 놓이게 된다. 이 과정에서 불교 신앙의 공간인 수많은 사찰들이 사라지고 말았다. 1203년에는 당시 불교를 대표하는 비크라마시라(Vikramasila) 사원이 이슬람 군대에 의해 파괴되고 그곳 승려들 또한 목숨을 잃게 된다. 이는 불교의 소멸을 보여주는 상징적인 사건으로 기록되었다.

그러나 이슬람의 침략으로 불교가 인도에서 소멸했다는 설명은 너무 단편적이다. 아무리 수많은 사원이 파괴되었다고 해도 불교의 가치를 지키면서 새로운 변화에 대응했더라면 결코 사라지지 않았을 것이기 때문이다. 오랜 세월 동안 인도의 전통과 문화의 한 축이었던 불교가 그리 쉽게 무너질 수는 없는 법이다. 불교와 같은 시대에 발생했던 자이나교는 지금까지 면면히 그 전통을 이어오고 있지 않은가. 우리가 외적인 측면뿐만 아니라 내적 요인에 집중하는 이유도 여기에 있다.

불교는 내적으로 정체성을 지키고 못하고 힌두교에 흡수되면서 스스로 소멸의 길을 걸었다. 힌두교의 화신(化身, Avatar)사상은 이를 잘 보여주고 있다. 힌두교에는 수많은 신들이 존재하지만, 인도인들은 창조의 신 브라흐마(Brahma)와 유지의 신 비슈누(Vishnu), 그리고 죽음의 신 시바(Shiva)를 가장 선호한다. 여기에는 창조가 있으면 종말이 있다는 서구의 직선적 사유가 아니라 창조와 유지, 소멸이 계속 반복되는 동양의 원형적 사유가 작동하고 있다. 그리고 유지의 신 비슈누는 물고기나 거북이, 왕자 등 열 가지 모습[身]으로 자신을 나타내는데, 그 중 한 명이 바로 석가모니 붓다였다. 다시 말하면 당시 인도인들에게 역사적 붓다는 비슈누 신의 아바타(Avatar)였던 것이다. 이렇게 불교는 힌두교의 일부분으로 전락하고 말았다. 정체성이 상실된 그 어떤 사상이나 종교도 살아남을 수 없다는 것이 역사가 우리에게 보여주는 교훈이다.

그렇다면 불교가 정체성을 상실한 이유는 어디에 있을까? 그것은 대승불교가 포용성의 한계를 벗어났기 때문이다. 대승은 불교의 대중화라는 명분으로 비불교적인 요소를 너무 많이 수용하였다. 그렇다 해도 자신의 가치를 지키면서 시대의 변화에 대처해야 했는데, 그 과정에서 불교적 색채를 잃어버렸던 것이다. 예컨대 대승 후기에 등장한 밀교는 그 순수성을 상실하고 성적 행위를 수행에 활용하는 좌도밀교(左道密敎, Tantric Buddhism)로 변질되고 말았다.

불교 소멸의 역사는 한국불교에 시사하는 바가 크다고 할 수 있다. 우리 역시 회통이란 명분으로 산신각이나 칠성각 등 비불교적인 요소들을 많이 수용하고 있기 때문이다. 그리고 사찰은 점집이 아니라 절집이다. 자기중심을 굳건하게 지키면서 불교화해야 한다는 뜻이다. 과연 포용성의 한계는 어디까지일까? 이런 문제의식을 갖고 오늘의 우리를 성찰해야 한다. 이것이 아픈 역사에서 우리가 배울 점이다.

053

격의(格義),
중국인의 불교 이해 방식

13세기 초 불교는 인도에서 자취를 감추었지만, 붓다의 가르침은 히
말라야를 넘어 실크로드를 통해 저 멀리 중국과 티베트, 한국, 일본
에까지 전해졌다. 남방으로는 스리랑카, 태국 등지로 널리 퍼져 지금
까지 그 전통을 이어오고 있다. 이처럼 불교가 해외로 전파되는 데
아소카 왕의 공이 컸다는 사실을 간과해서는 안 된다. 그는 자신의
아들과 여동생을 스리랑카에 파견했을 뿐만 아니라 전법을 위해 많
은 승려들을 이집트, 시리아, 마케도니아 등에 보내기도 하였다. 아
소카는 전륜성왕(轉輪聖王), 즉 진리의 수레바퀴를 굴리는 성스러운
왕이었다.

이처럼 불교는 여러 나라에 전파되면서 새로운 문화와 마주하게 된다. 그 과정에서 이미 자리를 잡고 있던 고유 사상과의 한판 대결은 불가피했다. 특히 문화적 자부심이 강한 지역일수록 주도권을 장악하기 위한 대결은 더욱 치열했다. 문화와 사상 역시 박힌 돌과 굴러온 돌의 경쟁 속에서 화려한 꽃이 피기 마련이다. 불교가 중국에 전파되기 전에 이미 그곳은 공자와 맹자, 노자, 장자, 순자, 묵자 등 뛰어난 사상가들을 배출한 지역이다. 흔히 제자백가(諸子百家)라고 불리는 사상체계가 불교가 전파되기 훨씬 이전부터 이미 완성되어 있었던 것이다. 이러한 상황에서 중국인들은 불교라는 새로운 문화를 어떻게 받아들였을까?

중국인들은 스리랑카를 비롯한 남방 지역과는 달리 불교를 원형 그대로 받아들이지 않았다. 문화적 자부심이 너무 강했기 때문이다. 그들은 하얀 도화지가 아니라 자신들의 문화로 색칠된 도화지 위에 불교라는 그림을 그려넣었다. 다시 말하면 그들은 고유사상인 유교와 도교의 시선으로 불교를 해석했던 것이다. 이러한 그들의 불교 이해 방식을 격의(格義)라고 한다. 매우 낯선 불교의 뜻[義]을 자신들의 언어로 헤아리고자[格] 했던 것이다.

이러한 방식은 새로운 문화를 이해하는 데 매우 효과적이다. 예컨대 이탈리아에 가서 처음으로 스파게티를 먹고 온 사람이 이 음식을 전혀 모르는 사람들에게 어떻게 설명할 수 있을까? 이럴 때는 사람들에게 익숙한 방식으로 설명하는 것이 좋다. 스파게티는

'서양 국수'라고 말이다. 그러면 피자는 자연스럽게 '서양 빈대떡'
이 된다. 비록 스파게티와 국수는 다른 음식이지만, 스파게티에 대
한 정보가 전혀 없기 때문에 자신들에게 익숙한 국수를 가지고 설
명하는 것이다.

중국인들은 이러한 격의의 방식으로 낯선 인도의 문화를 이해
하였다. 불교가 들어온 지 오래 지나지 않은 위진(魏晉)시대에 주로
유행하였다. 그들은 불교의 공(空)을 도가(道家)의 무(無)로, 열반(涅
槃)을 무위(無爲)로 해석하였다. 비록 의미가 같은 것은 아니지만, 자
신들의 고유 사상을 통해 불교를 이해하고자 했던 것이다. 유학에
서는 불교의 5계(戒)를 5상(常)으로 해석하기도 하였다. 즉 살생, 도
둑질, 사음, 거짓말, 음주를 금하는 불교의 계율을 유교에서 중시하
는 다섯 가지 덕목인 인(仁)·의(義)·예(禮)·지(智)·신(信)으로 설명한
것이다.

물론 살생하지 말라는 불교의 계율을 유교의 인(仁)으로 해석하
는 것이 불가능한 것은 아니다. 둘 다 생명을 존중하는 사상이 근저
에 흐르고 있기 때문이다. 불교의 계율과 유교의 덕목 가운데 일부
유사한 것이 있을 수 있으나 발생 배경이나 의미는 서로 다르다. 마
치 스파게티와 국수 모두 밀가루로 만들어졌다고 해도 두 음식이 다
른 것과 같다. 피자와 빈대떡은 둥근 모양이 비슷할 수는 있어도 동
일한 음식이 아니다. 마찬가지로 공과 무, 5계와 5상은 서로 의미가
다르다.

이러한 격의불교는 중국사상과의 융합이라는 결과를 가져오기도 했지만, 불교 본래의 의미가 변질되는 역효과를 낳기도 하였다. 본래의 의미를 잃어버린 그 어떤 사상도 살아남을 수 없는 법이다. 이러한 성찰이 일어나면서 제대로 된 불교를 중국에 전하려는 노력이 계속 되었다. 마침내 중국인들은 불교는 도교, 유교와 구별되는 고유의 사상체계라는 것을 인식하게 되었다. 국수는 국수였고 스파게티는 스파게티였던 것이다. 퓨전 스파게티, 즉 불교의 중국화는 그 다음 일이다.

054

교판(教判),
경전에 가격 매기기

"야구가 죽어야 축구가 산다."

2002년 한일 월드컵의 열기가 모두 식은 어느 날 공중화장실에서 발견한 낙서다. 어느 축구 팬이 뜨겁게 불타오르던 축구에 대한 사랑을 프로야구에 뺏긴 야속함을 달래기 위해 『공자가 죽어야 나라가 산다』라는 책을 패러디해서 쓴 것 같았다. 지나친 경쟁의식이 낳은 해프닝이 아닐까 싶다. 우리나라 사람들은 국가대표 경기를 제외하면 축구보다 야구를 더 좋아한다. 그렇다고 해서 야구가 죽어야 축구가 사는 것은 아니다. 그저 좋아하는 스포츠를 선택해서 즐기면 되는 일이다.

이와 비슷한 상황이 불교가 중국에 정착하는 과정에서 연출된다. 불교는 중국인들과 가까워지면서 많은 사랑을 받게 된다. 그리고 엄청난 양의 불교 경전이 중국어로 번역된다. 사람들은 자기들이 좋아하는 경전을 중심으로 일종의 모임을 만들기 시작한다. 예컨대 수많은 경전들 가운데 『화엄경』을 좋아하는 사람들이 만든 모임이 화엄종(華嚴宗)이다. 『법화경』과 『열반경』을 좋아하는 사람들은 천태종(天台宗)이라는 종파를 만들었다. 대학에서 축구나 야구, 농구 동아리를 만든 것처럼 말이다. 중국의 종파불교(宗派佛敎), 교학불교(敎學佛敎)는 이렇게 탄생되었다.

중국에서 형성된 종파는 건전한 경쟁을 통해 자신들이 소의(所依)로 하고 있는 경전의 주석서도 만들어내면서 교학의 발전이라는 지적 성과를 이루어낸다. 그 과정에서 중국 불교를 대표하는 뛰어난 승려들이 많이 등장한다. 화엄종을 대표하는 현수 법장(賢首法藏, 643~712)과 천태종의 천태 지의(天台智顗, 538~597)는 종파 간의 경쟁 속에서 배출된 중국불교계의 걸출한 인물들이다.

천태종을 비롯한 각 종파에서는 방대한 양의 경전들을 주제별로 정리하는 작업을 하는데, 이것을 교상판석(敎相判釋)이라고 한다. 흔히 교판(敎判)이라고 불리는 이 작업은 서점에 있는 수많은 책들을 물리학, 문학, 생물학 등 주제별로 분류해서 배치하는 것과 비슷하다고 보면 된다. 그러면 독자는 자신이 원하는 책을 그 코너에 가서 쉽게 찾을 수 있다. 교판은 경전이 너무 많아서 어느 것부터 읽어야 할지 모르는 이들을 위해 일목요연하게 정리해서 보여주는 역할을 하고 있는 셈이다.

예를 들면 천태종에서는 5시교판(五時敎判)이라 불리는 경전 분류 작업을 하였다. 말하자면 불교의 모든 경전은 붓다가 다섯 번[五時]에 걸쳐서 완성했다는 뜻이다. 이에 따르면 붓다가 깨달음을 이루고 난 뒤 맨 처음 설한 경전이 『화엄경』이다. 그런데 이 말씀이 너무 어려워 사람들이 이해하지 못하자 4성제나 8정도와 같이 비교적 쉬운 『아함경』을 설하고, 그 다음으로 『방등경』과 『반야경』으로 이어졌다는 것이다. 그리고 붓다가 최후로 설한 가르침은 천태종의 소의 경전인 『법화경』과 『열반경』이라는 것이 5시교판의 주요 내용이다.

이렇게 되면 불교의 모든 경전은 이 교판 안에서 주제별로 구분이 되기 때문에 그 위치가 선명해진다. 그런데 이것은 역사적 사실과 많이 동떨어져 있다. 조금 심하게 말하면, 그들은 붓다와 경전을 소재로 한 편의 소설을 구성한 것과 같다. 더욱 큰 문제는 이 과정에서 경전에 가격을 매겼다는 사실이다. 예컨대 천태종의 소의 경전인 『법화경』과 『열반경』이 1만 원이라면, 『화엄경』은 8천 원, 『아함경』은 5천 원, 이런 식으로 계산되었던 것이다. 가수 조용필이 전성기 때는 처음이나 중간이 아니라 맨 마지막에 등장하여 무대를 화려하게 마무리했다. 천태종에서는 『법화경』과 『열반경』이 불교계의 조용필이라고 생각했던 것이다.

화엄종에서는 이를 도저히 받아들일 수 없었다. 그래서 그들만의 교판을 따로 만들었다. 여기에서 조용필은 『화엄경』이기 때문에 만원을 책정하고, 『법화경』은 6천 원 정도로 깎아내렸다. 종파간의 지나친 경쟁이 낳은 결과다.

한국불교에도 이러한 '우리 경전 최고' 의식이 남아있다. 특정 경전 제일주의는 붓다의 정신에 부합되지 않는다. 붓다는 대중들의 성향과 근기에 맞는 대기설법(對機說法)을 지향하였다. 그저 자신에게 맞는 경전을 선택해서 신행(信行)의 기초로 삼으면 되는 일이다. 붓다의 모든 말씀이 최고이기 때문이다.

055

천태법화(天台法華),
진흙에서 피어난 연꽃

인도에서 중국으로 전해진 불교는 사람들이 선호하는 경전에 따라 다양한 종파로 확대되고 교학의 발전이 이루어진다. 종파(宗派)는 앞서 살펴본 격의, 교판과 함께 중국불교를 이해하는 주요 키워드다. 여러 종파 가운데 천태(天台)와 화엄(華嚴)은 철학적인 반면에 정토(淨土)와 선(禪)은 실천적인 특성을 지니고 있다. 특히 천태와 화엄은 중국의 교학불교를 대표하는 양대 산맥이며, 두 종파의 성격도 사뭇 다르다. 화엄이 아름다운 이상의 세계를 그리고 있다면, 천태는 진흙과도 같은 현실에 시선이 닿아있다. 그렇다면 두 종파 간에 세계관의 차이를 보이는 이유는 어디에 있을까?

천태종은『법화경』을 소의로 하는 종파다.『법화경』은 본래『묘법연화경(妙法蓮華經)』의 준말인데, 대승불교 초기에 해당되는 50년경부터 150년경 사이에 만들어진 대표적인 대승경전이다. 이 경전이 설해진 장소는 그 유명한 마가다국 왕사성 부근에 위치한 영취산(靈鷲山)이다. 우리나라 불보사찰인 통도사가 자리한 영취산의 이름도 여기에서 유래한 것이다.

경전에 의하면 붓다가『법화경』을 설할 때 마가다국의 왕인 아사세와 대신들뿐만 아니라 1만 3천의 제자와 8만의 보살, 10만이 넘는 괴수(怪獸) 등이 참석한다. 그때 삼천대천세계의 국토가 진동을 하면서 땅이 열리고 무량 천만 억 보살이 허공으로 솟아올랐다고 한다. 현실에서는 쉽게 상상할 수 없는 장면이다. 학자들에 의하면『법화경』은 인도인의 상상력이 만들어낸 작품이라고 평가한다. 그 어마어마한 상상력이 실크로드의 모래바람을 맞고 건너와 중국인의 사유와 만나서 탄생한 것이 바로 천태종이다.

『법화경』을 우리말로 풀면 '진리[法]의 연꽃[華]' 경전이 된다. 그런데 청정하고 아름다운 백련이 서있는 곳은 다름 아닌 더러운 진흙밭이다. 진흙은 부조리와 고통이 가득한 현실세계를 상징한다. 천태종이 응시하는 지점이 바로 이곳이다. 연꽃으로 상징되는 진리의 세계, 부처의 세계는 중생들 삶의 터전인 현실을 의지하지 않는다면 결코 피어날 수 없다. 비록 모든 것이 공(空)하다고 하지만, 온갖 모순과 악으로 넘쳐나는 현실을 직시해야 하는 이유도 여기에 있다.

중국에서 천태종을 확립한 인물은 천태 대사라고 불리는 지의
(智顗)다. 그의 삶을 살펴보면 왜 천태종이 이상이 아니라 현실에 초
점을 맞추고 있는지 이해할 수 있다. 그가 17세 되던 554년 조국인
양(梁)나라는 멸망하고 고관을 지냈던 부친마저 죽고 만다. 모든 것
이 허무하다고 느낀 그는 이듬해 출가를 한다. 그런데 제2의 조국인
진(陳)나라마저 수나라에 의해 멸망하게 된다. 두 번에 걸친 망국의
경험을 한 것이다. 그 과정에서 사랑하는 사람이 모두 죽고 말았다.
그는 혼자만 살아남았다는 죄의식에 사로잡혀 절망하고 또 절망했
다. 지옥도 이런 지옥이 있을 수 없었다.

그러나 그는 절망 속에서 희망을 보았고 지옥과 같은 현실 속에
서 천태학(天台學)이라는 사상의 금자탑을 이루어냈다. 더러운 진흙
밭에서 아름다운 연꽃을 피워낸 셈이다. 이러한 경험은 일념삼천설
(一念三千說)이라는 독창적인 사상으로 드러나기도 하였다. 글자 그
대로 한 생각 속에 3천의 세계를 갖추고 있다는 뜻이다. 3천이나 되
는 세계에는 극락과 부처도 있지만, 지옥과 고통 속에서 신음하는 중
생도 있다. 우리는 마음속으로 하루에도 수없이 지옥과 극락을 왔다
갔다 하면서 살아간다. 지의는 지옥과 같은 경험을 통해 중생의 실존
을 자신의 사상 속에서 녹여내고 있는 것이다. 그가 『법화경』을 중시
했던 이유도 '진리의 꽃[法華]'이 진흙 속에서 피어나기 때문이다.

천태의 입장에서 화엄은 지나치게 순수하기 때문에 지옥과 같
은 현실을 담아내지 못한다고 보았다. 지의는 자신이 살았던 혼돈의

시대에는 산전수전 다 겪은 천태의 시선이 화엄보다 가치 있다고 생각했는지 모른다. 모든 것을 불성의 현현(顯現)이라고 보는 화엄의 긍정적 세계관을 쉬이 받아들일 수 없었던 이유다. 우리의 현대사를 돌이켜봐도 그렇다. 독재와 야만의 시대에 인생은 아름답다고 노래할수는 없지 않은가.

056

화엄(華嚴), 모두가 꽃이다

"아무도 찾지 않는 바람 부는 언덕에 이름 모를 잡초야."

가수 나훈아가 부른 '잡초'라는 노래다. 사람들은 장미나 백합, 벚꽃 등은 좋아하지만, 잡초는 다른 꽃들의 성장을 방해한다고 해서 뽑아 내곤 한다. 이 잡풀은 기억해주는 이도 없다. 가수는 어쩌면 이 모습이 안쓰러워 노래를 부른 것은 아닐까. 그러나 화엄의 세계에서는 그럴 필요가 전혀 없다. 그곳에서는 잡초도 장미와 조금의 차별도 없이 아름다운 꽃으로 대접받기 때문이다. 눈앞에 보이는 모든 것은 그 자체로 불성(佛性)이 실현된 거룩한 존재라는 것이 화엄의 시선이다.

화엄종은 『화엄경』을 중심으로 하는 종파다. 화엄(華嚴)이란 글자 그대로 온갖 꽃[華]으로 장엄한다[嚴]는 뜻이다. 다시 말하면 우리는 온갖 아름다운 꽃들로 장식된 파라다이스에 살고 있다는 것이다. 앞서 말한 것처럼 이 세계는 불성이 실현된 공간이기 때문이다. 이를 화엄의 용어로 불성현기(佛性現起), 줄여서 흔히 성기(性起)라고 한다. 성기는 불성[性]을 갖추고[具] 있다는 천태종의 성구(性具)와 대비되는 말이다. 이는 불성을 갖추고 있기 때문에 수행을 통해 부처가 될 수 있다는 차원을 넘어서있다. 이미 모두가 불성이 실현된 부처인 것이다. 다만 삼독(三毒)의 술에 취해 그것을 모르고 있을 뿐이다.

화엄의 시선에서 장미는 아름답고 잡초는 보잘것없다는 생각은 그저 인간의 헛된 주관에 불과하다. 장미 부처, 잡초 부처, 잘 생긴 부처, 대머리 부처, 노동자 부처 등 모든 존재는 부처로서 평등하다는 것이 화엄에 비친 세계의 참모습[實相]이다. 우리는 등산을 하다가 뱀을 만나면 놀라곤 하는데, 이 또한 주관적인 편견이자 왜곡일 뿐이다. 뱀은 그저 그렇게[如如] 생긴 것인데, 인간의 주관이 뱀에게 '징그럽다'는 이미지를 덮어씌웠기 때문이다. 화엄은 편견에 사로잡힌 우리들에게 성찰을 요구하고 있다. 실상 뱀이 징그러운 것이 아니라 뱀을 징그럽게 생각하는 우리의 마음이 징그러운 것은 아닌지 돌아볼 일이다. 소가 물을 마시면 우유를 만들지만 뱀이 물을 마시면 독을 만든다는 생각 역시 화엄에서는 통하지 않는다.

가장 철학적인 경전이라고 평가 받는 『화엄경』은 60권, 혹은

80권의 방대한 양을 자랑한다. 이 사변적인 화엄종이 중국에서는 두순(杜順, 557~640)과 지엄(智儼, 602~668)을 거쳐 3조인 법장(法藏, 643~712)에 이르러 활짝 꽃을 피운다. 천태종이 남북조에서 수나라에 이르는 혼란의 시기에 유행했다면, 화엄종은 당나라로 통일된 이후 유행한다. 통일된 나라에서 승자가 패자를 향해 이제 우리 모두는 '하나'이니 함께 하자고 설득하기에 화엄이 제격이었던 것이다. 잡초든 장미든 모두 '하나'임을 강조하는 화엄의 이상주의는 절대 권력을 지향하는 이들에게는 상당히 매력적이었다.

우리나라에서 통일신라 이후 화엄이 유행한 것도 결코 우연만은 아니다. 신라는 삼국을 통일하고 패자를 품기 위한 목적으로 의상 대사를 앞세워 경주에서 멀리 떨어진 지역에 화엄10찰(刹)을 세웠던 것이다. 그런데 화엄은 중앙권력이 무너지고 혼돈의 상황이 다가오면 효력을 유지하기 어려운 철학이다. 혼란의 시기에는 이상보다 고통스런 현실이 먼저 다가오기 때문이다. 화엄과 천태가 이상과 현실이라는 묘한 대조를 이루고 있는 것이다.

천태가 불성에서 지옥을 그리고 있다면, 화엄은 지옥 자체를 인정하지 않는다. 허상이기 때문이라는 것이다. 마치 잔뜩 술에 취해 걷다가 전봇대에 이마를 부딪치면 하늘에 별이 보이는 것과 같다고 할 수 있다. 그러나 그런 별은 본래 존재하지 않는다. 술이 깨면 저절로 사라질 뿐이다. 그러니 허상이라는 술에서 깨어나면 지옥은 없고 모두가 부처로 보인다. '세상은 아름답다.'는 말은 이때 나오는 탄성이다.

　화엄은 메이저가 아니라 마이너를, 다수가 아니라 소수를 품고
자 하는 철학이다. 비록 화엄이 메이저와 다수들의 행위를 정당화하
는 무기로 활용되기도 했지만, 이 점만은 놓쳐서는 안 된다. 화엄에
는 소외되고 남들이 돌아보지 않는 작은 것 하나도 소중히 여길 줄
아는 마음이 담겨있다. 우리가 화엄에 주목하는 이유도 여기에 있다.

057

선(禪), 달마가
동쪽으로 간 까닭은?

〈달마가 동쪽으로 간 까닭은?〉

1989년 배용균 감독에 의해 만들어진 불교 영화다. 뛰어난 작품성과 아름다운 화면으로 국내뿐만 아니라 해외에서도 많은 호평이 쏟아진 작품이다. 2019년에는 '한국영화 100년사 10선(選)'에 선정되기도 하였다. 이 영화는 한 동자승의 눈을 통해 삶과 죽음, 세속적 욕망과 깨달음의 세계를 담담하게 그려내고 있다.

이 영화 제목이 선불교에서는 수행자를 향해 던지는 날 선 질문과 같다. 불교의 핵심은 무엇인지, 그리고 당신이 수행하면서 깨달은 소식이 있으면 내놓으라는 의미가 담겨있기 때문이다. 자칫 본인의 밑천이 모두 드러날 수 있는 공격적인 질문이다. 선어록에는 질문을 받은 사람이 상대방을 몽둥이로 때리거나 '악!' 하고 소리를 지르는 장면들이 가끔 등장한다. 때로는 질문과 전혀 상관없는 대답을 하기도 한다. 어떤 질문에 엉뚱한 대답을 하는 경우 선문답과 같다고 하는데, 여기에서 유래한 것이다.

본래 이 질문은 조사서래의(祖師西來意), 즉 '조사가 서쪽에서 온 뜻'이라는 말에서 유래하였다. 달마 조사가 서쪽인 인도에서 동쪽인 중국으로 선불교를 전한 배경이 자리하고 있는 것이다. 『선학의 황금시대』의 저자인 오경웅(吳經熊)은 서론에서 "선불교는 인도적인 아버지와 중국적인 어머니 사이에서 태어난 아들이다. 그런데 아들은 아버지보다 어머니를 더 닮았다."고 하였다. 그만큼 선불교에서 중국 도가사상의 분위기가 많이 느껴진다는 뜻이다. 중국인들이 불교를 이해하기 위해 도가를 통한 격의(格義)의 방법을 사용했던 이유가 있었던 셈이다.

달마가 중국에 왔을 때는 천태와 화엄 등의 교학불교가 이미 자리를 잡고 있었다. 당시 종파 간에는 지나친 경쟁으로 인해 많은 문제가 야기되고 있었다. 교학이나 각 종파에서 중시하는 경전은 붓다의 깨침을 설명하는 체계로써 의미를 가진다. 다시 말하면 깨침이라는 목적을 위해서 필요한 수단이 『화엄경』이나 『법화경』 등의 표현된 가르침이라는 뜻이다. 그런데 종파 간의 경쟁이 도를 넘으면서 수단과 목적이 전도되는 현상이 발생했다. 깨침인 달을 보아야 하는데,

달을 가리키는 손가락[標月之指]에 시선이 집중되고 있었던 것이다. 이것이 당시 달마의 눈에 비친 중국불교의 실상이었다.

그렇다면 어떻게 해야 할까? 달마는 먼저 수단에 집착하고 있는 교학불교를 강하게 비판한다. 그것이 유명한 선의 사구게(四句偈) 가운데 전반부 내용이다. 교(教) 이외에 따로 전하는 것이 있는데[教外別傳], 그것은 문자를 세우지 않는다[不立文字]는 것이다. 불교의 진리, 붓다의 깨침은 언어로 표현된 교학이 아니라 이심전심(以心傳心), 그러니까 마음과 마음으로 전승되었다는 뜻이다. 파격도 이런 파격이 있을 수 없다. 이는 달이 아니라 손가락에 집착하고 있던 교학불교를 향한 사자후(獅子吼)였다.

달마는 당시의 불교계를 향해 비판과 더불어 대안도 제시하였다. 그것이 사구게의 후반부인 곧바로 사람의 마음을 가리켜서[直指人心], 성품을 보고 부처를 이룬다[見性成佛]는 내용이다. 진리를 가리키는 손가락에서 시선을 떼고 직접 달을 보라는 뜻이다. 새로운 불교가 탄생하는 순간이다.

선불교의 입장에서 달을 가리키는 수단은 손가락만 있는 것이 아니라 막대기나 붓, 빗자루 등 수없이 많다. 문제는 우리의 시선이 손가락에 머무는 한 달을 볼 수 없다는 사실에 있다. 수단이 아무리 훌륭하다고 해도 목적이 될 수는 없다는 뜻이다. 중요한 것은 달을 보는 일이다. 그리고 달을 보는 데 방해가 된다면, 그것이 무엇이든 조금의 망설임도 없이 잘라버리는 것이 선의 정신이다. 이 과격함 속에 담긴 '무엇이 중헌디?'라는 본질적 질문을 놓쳐서는 안 된다.

선(禪)은 불교의 생명과도 같은 문제의식을 잃지 않았기 때문에 중국에서 행해졌던 불교탄압 속에서도 살아남을 수 있었다. 사찰이나 불상, 경전 등과 같은 격식[格] 바깥[外]에 있었는데도 말이다. 그 실천적인 선불교가 좀 더 동쪽으로 이동해서 오늘날 한국불교의 정체성을 이루고 있는 것이다.

058

한국불교, 회통(會通)과 비빔밥

전주를 대표하는 음식으로 비빔밥이 있다. 콩나물이나 시금치 등을 비롯한 각종 나물들을 밥과 함께 비벼서 먹는 간단한 음식이다. 그런데 밥과 나물들이 잘 어우러져 고유한 맛을 내기 위해서는 고추장과 참기름이 들어가야 한다. 이렇게 만들어진 비빔밥은 나물들 각자의 맛은 유지하면서도 공존과 조화라는 새로운 맛을 낸다. 이 음식은 다양성을 존중하면서도 전체적인 조화를 모색할 때 활용할 수 있는 상징과도 같다.

비빔밥은 한국불교의 성격을 설명할 때도 종종 등장한다. 혹자는 한국불교를 가리켜 '비빔밥 불교'라 부르기도 한다. 중국으로부터 들어온 다양한 종파불교가 각자의 개성은 존중하면서도 '하나'로 회통(會通)되는 모습을 보이기 때문이다. 회통이란 서로 다른 것들이 만나서[會] 싸우는 것이 아니라 원만하게 소통[通]한다는 뜻이다. 화엄이나 유식, 천태, 선 등 다양한 종파들은 저마다 고유한 사상과 전통, 의식들을 공유하고 있다. 그런데 한국에서는 선을 수행하는 이들이 아무 거리낌 없이 『화엄경』과 『법화경』을 공부하며, 진언을 독송하기도 한다. 그 반대도 마찬가지다. 다른 나라에서는 쉬이 볼 수 없는 장면이다. 이런 한국불교의 성격을 비빔밥에 비유한 것이다.

회통이란 용어 앞에 원융(圓融)이라는 말이 더해지면 그 성격이 더욱 분명해진다. 원융이란 글자 그대로 원만[圓]하여 막힘이 없다[融]는 뜻이다. 아무리 다른 사상과 문화가 만난다 해도 두꺼운 벽을 쌓는 것이 아니라 이를 허물고 서로 소통한다는 것이다. 이러한 성격은 한국불교 역사에서 어렵지 않게 확인할 수 있다. 특히 불교 내의 다양한 사상뿐만 아니라 한국의 고유 신앙과 회통하려는 모습은 여러 비판에도 불구하고 지금까지 이어지고 있다. 그래서 우리나라 불자들은 사찰에 가면 대웅전에 참배하고 자연스럽게 산신각이나 칠성각에 들르기도 한다.

그렇다고 한국불교가 항상 원융 회통한 모습을 보인 것은 아니다. 신라 때는 내 학설은 옳고 다른 학설은 그르다는 쟁론(爭論)이 '강과 바다'를 이루고 있었으며, 고려시대에는 선종과 교종이 서로 '원수처럼' 싸우기도 하였다. 그러나 대립과 갈등이 최고조에 달할 때마다 여지없이 회통의 에너지가 작동하곤 했다. 한국의 불교 사상가들은 '어떻게 하면 서로 다른 사상과 소통할 수 있을까?'라는 문제의식을 갖고 이를 해결하기 위한 논리를 개발하곤 했다. 원효나 지눌, 휴정 등은 회통불교의 전통을 확립한 대가들이다.

원효를 예로 들면, 그는 개합종요(開合宗要)라는 논리를 통해 당시 종파들 간의 대립과 갈등을 해소하고자 하였다. 그는 각 종파에서 소의로 하고 있는 경론(經論)은 '하나인 마음[一心]'의 펼침[開]이며, 이것을 모으면[合] 다시 일심으로 돌아간다고 하였다. 각각의 종파 또한 일심을 펼친[宗] 것이며, 요약[要]하면 일심과 다르지 않은 것이다.

이를 물과 얼음, 수증기에 비유하면 쉽게 이해할 수 있다. 물은 필요에 따라 여러 모양의 얼음으로 펼칠 수 있으며, 이것을 녹이면 다시 물이 된다. 여름에 팥빙수를 먹기 위해서는 물을 얼려야 하며, 겨울에 따뜻한 커피를 마시기 위해서는 물을 끓여야 한다. 건조한 공기를 촉촉하게 하려면 수증기도 필요하다. 물이나 얼음, 수증기는 모양은 다르지만 모두 H_2O라는 동일한 본질을 가지고 있다. 일심도 물과 같아서 필요에 따라 화엄이나 유식, 천태 등으로 나타나기 때문에 서로의 다름을 인정하고 소통해야 한다는 것이 원효의 생각이었다. 참으로 멋진 발상이다. 서로 다른 것을 하나로 아우르려는 성향은 우리나라 사람들이 본래부터 갖고 있는 DNA가 아닐까 싶다.

이러한 회통사상은 나와 다르다고 해서 대립과 갈등을 일으킬

뿐만 아니라 서로 적대시하는 오늘날 더욱 필요하다고 본다. 공존과 평화를 위해서 말이다. 우리나라는 다양한 불교사상을 담을 수 있는 양푼, 요즘말로 플랫폼과 같다 할 것이다. 그 양푼 옆에는 여러 음식들을 맛있게 버무릴 수 있는 고추장과 참기름이 늘 놓여있다. 남은 것은 서로 잘났다고 싸우지 않고 맛있게 비비는 일이다.

059

마음[禪]과
언어[敎]가 만나면?

"니 눈빛만 보고 네게 먼저 말 걸어 줄 그런 여자는 없어.
나도 마찬가지야, 이렇게."

한때 가요계를 강타했던 4인조 혼성그룹 자자의 〈버스 안에서〉라는
노랫말이다. 얼마 전 추억을 소환하는 텔레비전 프로그램인 〈슈가맨
〉에 출연해서 화제가 되기도 하였다. 이 노래는 한 여인을 사랑하면
서도 말 한마디 못한 채 상대가 내 마음을 알고 먼저 다가오기를 바
라는 소심한 남자를 그리고 있다. 세상에 그런 여자는 없다고 가수는
잘라 말한다. 사랑한다면 사랑한다고 말하라는 것이다. 말로 표현하

지 않는데, 어떻게 마음을 알 수 있느냐는 것이다.

이처럼 일상에서 많이 작동하고 있는 마음과 언어는 선(禪)과 교(敎)를 이해하는 핵심 키워드다. 교종이 붓다의 말씀을 기록한 경전 중심의 불교라면, 선종은 이심전심(以心傳心)에서 드러나듯이 마음을 중시한다. 선은 달을 가리키는 수단인 언어에서 시선을 떼고 직접 마음을 보라고 강조한다. 이러한 선불교가 국내에 소개된 것은 신라 말이다. 선종은 가지산문이나 실상산문을 비롯한 아홉 개의 산문을 중심으로 전개되는데, 이를 가리켜 흔히 구산선문(九山禪門)이라 한다. 구산선문이 형성되면서 한국의 불교계는 화엄종이나 법상종(法相宗)과 같은 교학 중심에서 벗어나 실천을 중시하는 선 중심으로 재편되기에 이른다.

처음 선불교가 소개되었을 때, 기존 교학에서는 '악마의 말[魔語]'이라고 할 정도로 비판이 거셌다. 그러나 개방적이고 평등을 강조한 선은 대중들의 지지와 사랑을 받으면서 차츰 그 영향력을 키워갔다. 당시의 교학불교는 돈과 지식, 권력을 지닌 소수의 왕족이나 귀족들만 향유할 수 있는 고급문화였다. 이러한 그들만의 리그를 모든 이들을 위한 불교로 확대시킨 것이 바로 선불교다. 선은 돈과 지식이 없어도 일상에서 쉽게 실천할 수 있는 가르침이기 때문이다. 이는 정신문화를 바라문들이 독점하고 있던 상황에서 자신이 깨친 진리를 모든 대중들에게 개방한 붓다의 이념과 다르지 않았다.

이러한 열린 가르침에 대중들은 환호했다. 이뿐만 아니라 모든 사람은 계급이나 성별에 관계없이 부처로서 평등하다는 선불교의 정신은 당시에는 혁명에 가까웠다. 이는 카스트 제도를 비판하면서 평등을 외쳤던 2,600여 년 전 붓다의 모습과 다르지 않았다. 그 정신이 선불교를 통해 이 땅에서 실현되고 있었던 것이다. 대중들에게 선불교가 매력적으로 다가온 이유도 여기에 있었다.

그러나 전국에 구산선문이 형성되고 선종의 영향력이 확대되면서 교종과의 갈등은 피할 수 없었다. 보조 국사 지눌(知訥, 1158~1210)에 따르면 이 둘이 서로 '원수처럼' 싸웠다고 하였다. 그는 '어떻게 하면 이 둘을 소통시킬 수 있을까?'라는 문제의식을 갖고 그 근거를 찾기 위해 선사(禪師)임에도 불구하고 교종에서 중시하는 대장경을 3년 동안이나 연구하였다. 그가 찾은 해답은 '선은 부처님의 마음[禪是佛心]이며, 교는 부처님의 말씀[敎是佛語]'이라는 것이었다. 이는 곧 마음을 밖으로 드러낸 것이 말씀이니, 선과 교는 서로 다르지 않다는 뜻이다. 마음과 언어가 만나면[會] 서로 통(通)할 수 있다는 단순하면서도 깔끔한 결론이다. 선교회통(禪敎會通)의 전통이 확립되는 순간이다.

불교를 아무리 다양하게 설명한다 해도 그 본질은 '깨침과 자비'에 있다. 그리고 깨침이 의미를 갖기 위해서는 자비를 통해서 실천되어야 한다. 깨침과 자비를 둘이 아니라[不二]고 하는 이유다. 깨침을 향한 길이 선(禪)이라면 자비, 즉 중생을 위한 길이 바로 교(敎)다. 마음으로 깨친 진리를 대중들이 이해할 수 있는 언어로 설명해야 한다는 뜻이다. 이럴 때 비로소 깨침과 자비, 선과 교는 하나가 된다.

　이를 일상에 적용하면 그 의미가 결코 작지 않다. 선이 사랑하는 마음이라면, 교는 그 마음을 말로 표현하는 것이다. 부모가 아무리 서운한 마음이 많더라도, 자식에게 '사랑합니다.'라는 말 한마디만 들으면 그동안 쌓인 모든 감정이 눈 녹듯 녹고 만다. 이처럼 말에는 사람의 마음을 움직이는 힘이 있다. 마음과 언어가 만나면 소통이라는 엄청난 에너지가 작동하는 법이다.

060

원불교는 불교인가?

2019년 한국불교계에서 묘한 상황이 벌어졌다. 원불교가 제30차 세계불교도우의회(WFB, World Fellowship of Buddhist) 총회를 개최하기로 했기 때문이다. 이 단체는 1950년 5월 붓다의 가르침을 실천하고 전세계 불교도들의 단결과 우애를 도모하기 위한 목적으로 설립되었다. 설립 당시 스리랑카 콜롬보에 27개국이 모였는데, 현재는 37개의 나라에서 참여하고 있다. 우리나라도 조계종을 비롯하여 진각종, 원불교 등 7개 지부가 운영되고 있다. 특이한 점은 원불교도 이 단체에 참가하고 있다는 사실이다. 그렇다면 원불교는 불교란 말인가?

한국불교종단협의회는 원불교가 WFB 총회를 개최하는 것에 반대한다는 입장을 분명히 밝혔다. 원불교는 불교 종단이 아니기 때문이라는 것이다. 이 일을 계기로 원불교는 불교인가, 아닌가 하는 정체성의 문제가 다시 불거졌다. 원불교가 국내에서는 독립적인 종교를 표방하고 있지만, 해외에서는 불교의 한 종파로 인식되고 있다. 영어식 표현인 'Won-Buddhism'만 보더라도 누구든 아무런 의심 없이 원불교를 불교의 한 종파라고 생각할 것이다.

그렇다면 원불교의 정체성 논란이 생기는 이유는 어디에 있을까? 원불교가 불교의 한 종파라고 인정한다면 아무런 문제가 되지 않는다. 실제로 원불교는 그러한 역사를 갖고 있다. 교조인 박중빈(朴重彬, 1891~1943) 대종사는 본래 원불교가 아니라 '불법연구회(佛法硏究會)'라는 단체를 만들어 활동하였다. 글자 그대로 붓다의 가르침을 연구하는 모임이란 뜻이다. 그들이 '원불교'라는 이름을 쓰기 시작한 것은 대종사가 열반한 이후의 일이다. 원불교는 1967년 대한불교총연합회에도 공식적으로 참여했으며, 앞서 언급한 WFB 원불교지부도 설립하였다. 명실상부한 불교의 한 종파였던 것이다. 그런데 1970년대 중반 원불교는 연합회에서 탈퇴하고 독자적인 길을 걷기 시작하였으며 오늘날 불교, 천주교, 개신교와 함께 한국을 대표하는 4대 종교로서 입지를 굳히고 있다.

흔히 종교를 구성하는 요소로 교주, 교리, 교단 세 가지를 들고 있다. 불교의 경우 붓다[佛]와 가르침[法], 승가[僧] 삼보(三寶)가 여기에 해당한다. 이는 조계종이나 화엄종, 천태종, 진각종 할 것 없이 모든 종파가 공유하고 있는 정체성이다. 비록 각 종파의 창시자, 즉 종조(宗祖)는 다르더라도 교주(敎主)는 붓다 한 분이다. 예컨대 대한불교조계종의 경우 종조는 도의 국사(道義國師)지만, 교주는 석가모니다. 원불교도 불교의 한 종파로서 소태산 대종사를 종조로 삼고 붓다를 교주로 삼는다면 아무런 문제가 발생하지 않는다.

그러나 원불교는 이와는 다른 길을 선택한다. 원불교가 불교의 한 종파로 될 경우 그동안 쌓아온 4대 종교로서의 위상이 약화될 수밖에 없다고 생각한 것이다. 1999년 불교계에서 원불교의 한국불교종단협의회 복귀를 강하게 원했지만, 그들이 수용하지 못한 이유 중의 하나도 여기에 있었다. 이제 원불교는 외형적으로 불교와는 다른 종교가 된 것이다. 그렇기 때문에 원불교의 WFB 총회 개최는 마치 뿌리가 같다고 해서 천주교 국제행사를 개신교에서 여는 것과 같은 이상한 일이 되어버렸다.

어찌 보면 원불교는 자기모순에 빠진 것은 아닌지 모를 일이다. 원(圓)을 사상적 특징으로 하는 불교이면서, 불교가 아니라고 주장하기 때문이다. 불교라는 이름을 사용하면서 불교와 다르다는 모순에 빠진 것이다. 불교와 원불교의 차이는 화엄불교와 천태불교, 유식불교의 차이처럼 본질적이 아니라 지엽적인 것이다. 원(圓)과 화엄, 천태라는 차이를 갖고 있지만 불교라는 본질을 공유하고 있다는 뜻이다. 천태, 화엄, 유식은 정삼각형이나 직각삼각형처럼 모양이 다르더라도 삼각형이라는 동일한 본질을 갖고 있는데, 원불교만 사각형으로 불리는 형국이다.

원불교가 불교와는 본질이 다른 소태산 대종사를 교주로 하는 종교라면, 불교라는 이름 대신 다른 선택지가 필요하지 않을까. 아니면 다른 종단처럼 원(圓)이라는 자기 정체성을 유지하면서 불교와 함께 하는 것이 자연스럽다. 그런데 궁금하긴 하다. 소태산 대종사라면 어느 길을 선택했을지.

닦음의 길

061

붓다의 시행착오

한국불교는 유식이나 화엄과 같은 교학(敎學)보다는 선(禪)을 중심으로 발전해왔다. 수행체계도 화두를 참구(參究)하는 간화선(看話禪)이 주류를 이루고 있다. 그런데 1980년대 이후 남방불교의 수행법들이 소개되면서 적지 않은 변화가 일어났다. 특히 중생 싯다르타를 깨달음으로 이끈 위빠사나(Vipassana)의 소개는 간화선 중심의 수행 풍토에 새로운 바람을 불러일으켰다. 이뿐만 아니라 아나파나사티(Anapanasati), 아바타(Avatar) 등의 수행법도 사람들의 관심을 끌고 있다.

그렇다면 붓다 당시에는 어떤 수행이 유행했을까? 당시 출가한 사문(沙門)들은 주로 선정(禪定)을 닦거나 자신의 몸을 괴롭히는 고행

(苦行)의 삶을 이어나갔다. 싯다르타가 출가 후 처음 접한 수행 역시 선정이었다. 그는 두 스승으로부터 선정을 배운다. 먼저 알라라 깔라마(Alara-Kalama)로부터 무소유처정(無所有處定)을 배우는데, 이는 마음이 그 어느 곳에도 걸리지 않는 선정을 가리킨다. 수행자들 사이에서는 꽤 높은 경지였지만, 싯다르타는 이에 만족하지 못하였다.

그는 또 다른 스승인 웃다카 라마풋다(Uddaka Ramaputta)를 찾아갔다. 여기서는 한 단계 높은 비상비비상처정(非想非非想處定)이란 선정을 배웠다. 이 경지는 의식뿐만 아니라 무의식마저 끊어진 깊은 선정을 의미한다. 싯다르타는 이 선정에 들었을 때는 몸과 마음이 하나 되고 매우 고요했으나, 선정에서 깨어나면 마음의 평화가 깨지곤 했다. 이전에 배운 것보다 나은 듯 했지만, '몸 따로 마음 따로' 노는 것은 마찬가지였다. 그는 여전히 괴로움으로부터 벗어나지 못하고 있었다.

싯다르타는 스승을 떠나 새로운 길을 모색하는데, 그것이 바로 몸을 괴롭히는 고행이었다. 당시 사문들은 몸을 극도로 괴롭히면 절대적 자유, 즉 해탈에 이른다고 믿었다. 싯다르타 역시 이런 믿음을 바탕으로 극심한 고행을 했다. 아주 적은 양의 쌀로 하루를 버텼으며, 며칠씩 금식하는 것은 흔한 일이었다. 심지어 한 달 이상 곡기를 끊은 적도 있었다. 가시덤불이나 시체들이 즐비한 무덤가에서 잠을 자는 일은 일상이었다. 목욕을 하거나 수염을 깎는 일은 상상조차 할 수 없었다. 그런 행위 자체가 사문들에게는 곧 타락을 의미했기 때문이다.

그렇게 6년이라는 시간이 흐르자 싯다르타의 몸은 뼈와 살이 서로 붙을 정도로 앙상하게 변해있었다. 파키스탄 라호르 박물관에 모셔진 붓다의 고행상은 그의 삶이 얼마나 고단했는지를 생생하게 보여주고 있다. 6년 동안의 극심한 고행을 우리가 어찌 상상할 수 있겠는가. 그는 깨달음을 얻은 후에 지난 일을 돌이키면서 이런 고백을 한다. 자기보다 심하게 고행한 사람은 없을 것이라고. 진리를 깨치려는 그의 간절함이 엿보이는 대목이다.

그러나 고행을 통해서도 그는 원하는 해답을 얻지 못했다. 몸을 극도로 괴롭히면 마음만은 자유롭고 행복할 줄 알았는데, 남은 것이라곤 망가진 육체와 여전히 괴로운 마음뿐이었다. 번뇌는 오히려 더욱 불타오르고 있었다. 이대로는 안 되겠다고 생각한 싯다르타는 마침내 결단을 내린다. 고행을 그만 두고 새로운 길을 모색한 것이다. 함께 고행하던 다섯 사문은 싯다르타가 타락했다고 욕을 하면서 떠나버린다.

싯다르타는 지난 6년간의 고행을 냉철하게 분석하였다. 그 결과 자신이 처절하게 매달렸던 고행이 이전의 선정 수행과 크게 다르지 않았다는 것을 깨닫게 되었다. 고행 역시 '몸 따로 마음 따로'인 수행이었던 것이다. 결국 선정이나 고행 모두 몸과 마음이 하나 되지 못하고 둘로 분리된 물심이원론(物心二元論)에 불과했다는 결론이다. 이렇게 몸과 마음이 따로 따로 노는 한 진리를 깨치는 일은 요원할 뿐이었다.

어찌 보면 붓다는 당시 유행하던 고행을 체험하면서 적지 않은 시행착오를 범했다. 그러나 그 시간이 헛된 것만은 아니었다. 몸을 괴롭힌다고 마음의 고통이 사라지는 것이 아니라는 사실을 절실하게 느꼈으니 말이다. 수레가 가지 않는다고 바퀴에다 채찍질하는 어리석음은 모두 끝났다. 드디어 어둠을 환히 밝혀줄 지혜의 태양이 서서히 떠오르고 있었다.

062

붓다를
깨침으로 이끈 수행은?

한국불교는 누가 뭐라 해도 선(禪)이 그 중심에 놓여있다. 물론 선교
회통(禪敎會通)의 전통이 지금까지 면면히 이어지고 있지만, 무게 중
심은 아무래도 선으로 향해있다. 우리나라 최대 종단인 대한불교조
계종 역시 선종의 다른 이름이다. 해마다 두 번에 걸쳐 행하고 있는
안거(安居) 기간에는 전국의 선원에서 눈 푸른 납자들이 선 수행에 정
진하고 있다. 특히 화두를 드는 간화선(看話禪)이 오랫동안 대세를 이
루어왔다.

　　그래서인지 싯다르타가 화두를 타파하고 깨침에 이르렀다고 생
각하는 사람들도 간혹 있다. 간화선은 송나라 때 대혜 종고(大慧宗杲,

1089~1163)가 개발한 수행법으로 이를 우리나라에 소개한 인물은 고려시대 보조 국사 지눌(知訥, 1158~1210)이다. 그 후 지금까지 한국 선불교의 대표적인 수행법으로 자리를 잡고 있는 것이다. 붓다 당시에는 간화선이 존재하지 않았기 때문에 알 수도 없었을 뿐만 아니라 싯다르타가 이런 수행을 했다는 것은 말이 되지 않는다.

그렇다면 붓다를 위대한 깨침으로 이끈 수행은 무엇일까? 그것은 바로 8정도 가운데 정념(正念)으로 알려진 위빠사나(Vipassana)다. 부귀영화를 모두 버리고 집을 나온 싯다르타는 누구보다 간절한 마음으로 선정(禪定)과 고행(苦行)을 수행하였다. 그런데 당시 유행하던 두 수행은 몸과 마음이 분리된 실천이었다. 그는 수행하는 동안 몸 따로 마음 따로 놀고 있는 자신을 발견하고 지금까지 처절하게 해왔던 고행을 과감하게 버렸다. 그리고 진리를 깨치기 전에는 결코 일어서지 않겠다는 다짐을 하고 보리수 아래 앉았다. 그는 자신의 몸과 마음에서 일어나는 현상을 조금도 왜곡하지 않고 '있는 그대로' 관찰하기 시작하였다. 위빠사나 수행법이 탄생하는 순간이다.

붓다는 자신을 깨침으로 인도한 수행에 대해 자부심이 강했다. 그는 『염처경(念處經)』에서 위빠사나를 "중생의 마음을 깨끗이 하고 걱정과 두려움에서 건지며, 고뇌와 슬픔을 없애고 바른 법을 얻게 하는 유일한 길"이라고 강조하였다. 이뿐만 아니라 "과거의 모든 부처도 이 법에 의해 최상의 열반을 얻었고, 현재와 미래의 부처도 이 법으로 열반을 얻을 것"이라고 하였다. 붓다에게 위빠사나가 어떤 의미인지 분명히 알 수 있는 대목이다.

이 수행법이 남방으로부터 소개된 것은 1980년대 이후의 일이
다. 그 전까지는 소승선(小乘禪)이란 이름으로 그 가치가 절하되고 있
었다. 근기가 뛰어나지 못한 사람들이 행하는 열등한 수행법이라는
뜻이 담겨있기 때문이다. 절대적 신앙의 대상인 붓다의 수행법을 불
자 스스로 부정하고 있는 셈이다. 간화선이 아무리 훌륭하다고 해도
위빠사나를 이렇게 평가해서는 안 된다. 자칫 붓다보다 대혜 종고를
우선한다는 오해를 살 수도 있는 일이다. 이는 불교 역사에 대한 무지
와 간화선 제일주의가 낳은 자기모순이라고 할 수 있다. 붓다를 바로
알기 위해서도 그를 깨침으로 이끈 위빠사나는 재평가 되어야 한다.

이 수행법의 요체는 앞서 언급한 대로 '있는 그대로' 보는[觀] 데
있다. 그래서 관법(觀法)이라 부르기도 한다. 어떠한 왜곡도 없이 있
는 그대로 보면 존재하는 모든 것이 무상(無常)이고 무아(無我)라는
실상을 깨칠 수 있다는 것이다. 이렇게 되면 우리를 고통 속에 빠트
리고 있는 불안과 공포, 슬픔에서 벗어날 수 있다고 붓다는 강조한
다. 왜 그럴까? 바로 걱정과 두려움, 공포 등은 본래 영원하지 않으며
[無常], 그 실체 또한 본래 없기[無我] 때문이다. 대승에서는 이를 공
(空)이란 용어로 재해석하였다. 『반야심경』에서 이러한 공의 지혜를
깨치면 "두려움이 없고 뒤바뀐 헛된 생각을 멀리 떠나 완전한 열반에
들어간다[無有恐怖 遠離顚倒夢想 究竟涅槃]."고 한 이유도 바로 여기에
있다.

붓다는 분명 위빠사나를 진리에 이르는 유일한 길이라고 강조하였다. 붓다가 직접 걷고 중생들을 위해 닦아놓은 위대한 길을 우리는 역사에 대한 무지로 인해 소홀히 취급하고 말았다. 이제 참회하는 마음으로 오류를 바로 잡아야 한다. 그리고 열린 마음으로 붓다의 수행법을 바라보아야 한다. 그것이 붓다의 자식[佛子]으로서 해야 할 일이다.

063

위빠사나의 원리와
실존적 의미

"눈 오는 날엔 / 사람과 사람끼리 만나는 게 아니라 / 마음
과 마음끼리 만난다 / 그래서 눈 오는 날엔 / 사람은 여기
있는데 마음은 딴 데 가 있는 경우가 많다 / 눈 오는 날엔
그래서 / 마음이 아픈 사람이 많다"

눈 내리는 겨울이면 가끔 생각나는 이정하 시인의 「눈 오는 날」이라
는 제목의 짧은 시다. 눈 내린 어느 날 몸은 여기 있지만, 마음은 다른
곳에 가 있는 아픈 사람들의 심정을 담백하게 그리고 있다. 중생이란
이처럼 몸 따로 마음 따로 놀고 있는 존재가 아닐까 싶다. 경우야 조

금 다르지만 싯다르타가 당시 유행하던 선정과 고행을 버린 이유도 수행과 일상, 몸과 마음이 따로 작동하고 있는 자신을 발견했기 때문이었다. 그는 이런 자신의 모습을 조금의 왜곡도 없이 '있는 그대로' 보기 시작하였다. 그저 보기만 했을 뿐인데 놀라운 변화가 일어났다. 그토록 원하던 존재의 참모습을 깨치게 된 것이다.

싯다르타는 위빠사나를 통해 깨침에 이르게 되었다. 이 수행법은 몸과 마음에서 일어나는 현상을 있는 그대로 관찰하는 것이다. 그런데 있는 그대로 보는 것이 그리 만만한 일이 아니다. 이것이 가능하기 위해서는 마음에 아무런 동요가 없어야 한다. 마치 물속에 담긴 수저를 제대로 보려면 물의 움직임이 없어야 하는 것과 같다. 물결이 이리저리 흔들리면 수저의 모양이 구불구불하게 보인다. 이처럼 우리의 마음도 평온해야 대상을 있는 그대로 볼 수 있다. 그래서 산란한 마음을 고요하게 하는 정정(正定)은 위빠사나 수행인 정념(正念)과 떼려야 뗄 수 없는 관계다. 선정과 지혜를 함께 닦는다는 정혜쌍수(定慧雙修)는 바로 이를 의미한다.

그렇다면 위빠사나는 구체적으로 무엇을 보는 것일까? 그것은 바로 자신의 몸[身]과 느낌[受], 생각[心], 생각의 대상[法]이다. 이 네 가지 대상을 관찰한다고 해서 위빠사나를 사념처관(四念處觀)이라 부르기도 한다. 먼저 신념처(身念處)는 우리가 숨을 들이쉬고 내쉴 때 몸에서 일어나는 현상을 관찰하는 것이다. 예컨대 숨을 들이쉬면 아랫배가 나오고 내쉬면 들어가는 현상에 마음을 집중하는 것이다. 둘째로 수념처(受念處)에서 '수(受)'는 느낌을 의미한다. 어떤 대상을 볼 때 받게 되는 좋다거나 싫다는 느낌을 속이지 않고 있는 그대로 관찰하는 것이다. 셋째로 심념처(心念處)는 마음 안에서 탐욕이나 성냄 등의 생각들이 순간순간 일어나고 사라지는 과정을 여실히 관찰하는 것이다. 마지막으로 법념처(法念處)에서 법은 생각의 대상을 뜻한다. 연기나 삼법인, 사성제 등의 진리를 관찰하는 것이다. 요약하면 관(觀)의 대상은 몸과 마음에서 일어나는 온갖 현상들이다. 이것들을 있는 그대로 낱낱이 관찰하면 무상과 무아를 깨칠 수 있다는 것이 위빠사나의 원리다.

위빠사나는 실존적으로 중요한 의미를 지닌다. 이것은 곧 현재의 자신을 분석하고 성찰하는 일이기 때문이다. 몸과 마음에서 일어나는 현상을 있는 그대로 관찰하면 자신이 어떤 존재인지를 알 수 있다. 현재의 내 모습은 과거 오랫동안 몸과 입, 생각으로 행한 업(業)의 결과물이다. 평소 쉽게 화를 낸다거나, 욕을 많이 한다면 그것은 과거로부터 쌓인 좋지 않은 에너지가 작동하고 있다는 뜻이다. 이런 나쁜 습관을 청산하고 새로운 삶을 창조하기 위해서는 화를 내거나 욕을 하는 자신의 모습을 볼 수 있어야 한다. 이렇게 관찰하면 멈출 수 있는 힘이 생긴다. 위빠사나는 그런 성찰의 힘을 기르는 수행이다.

싯다르타는 보리수 아래 앉아서 지금까지의 수행을 멈추고 자신의 모습을 있는 그대로 관찰하기 시작하였다. 선정을 한다면서 몸 따로 마음 따로 놀고 있는 모습이 보였고 몸을 괴롭히면 마음의 고통이 사라질 것이라는 어리석음 또한 보였다. 그 순간 어리석음이 지혜로, 중생 싯다르타가 붓다로 질적 전환을 이루었다. 우리가 위빠사나에 주목하는 이유다.

원로 불교학자 강건기 교수는 어느 강연 마지막 시간에 "몸 있는 곳에 마음 있게 하라."는 말을 남겼다. 심신이 분리된 삶은 괴로울 수밖에 없기 때문에 불교공부를 통해서 몸과 마음이 하나 되는 행복한 삶을 살라는 당부였다. 위빠사나의 원리와 다르지 않은 가르침이다. 이 수행법이 싯다르타에게 가져다준 선물 역시 몸과 마음, 생각과 행동이 하나 되는 붓다의 삶이었다.

064

삼학(三學),
수행인가 자성(自性)인가?

2019년 고불총림(古佛叢林) 백양사가 총림에서 해제되면서 많은 이들의 안타까움을 자아냈다. 오랫동안 총림의 요건을 충족하지 못했다는 이유에서였다. 이를 계기로 사람들은 그 어느 때보다 총림에 대해 관심을 갖기 시작했다. 총림이란 본래 승려들이 모여서 수행하는 공간을 가리키는데, 우리나라에서는 참선을 수행하는 선원(禪院)과 경전 교육기관인 강원(講院)이나 승가대학, 계율을 공부하는 율원(律院) 등을 갖춘 사찰을 의미한다. 조계종의 총림법에는 선원과 강원, 율원 외에도 염불원(念佛院)을 갖추고 정진하는 종합수행도량이라고 규정되어있다. 현재 해인사와 통도사, 송광사 등 큰 사찰들이 총림으로 지정되어 있다.

　총림의 구성은 불교의 종합적 수행체계인 계정혜(戒定慧) 삼학(三學)을 이론적 배경으로 하고 있다. 계학(율원)은 계율을 바르게 지키는 것이고, 정학(선원)은 마음을 고요히 다스리는 수행이며, 혜학(강원)은 대상을 있는 그대로 보는 공부다. 계율과 선정, 지혜를 단계적으로 닦는 삼학은 불교 전체를 관통하고 있는 중요한 수행법이다.

　삼학의 단계적인 공부법은 '계의 그릇이 깨끗해야 선정의 물이 고이고, 선정의 물이 고여야 지혜의 달이 비친다.'는 말에서도 드러난다. 그릇이 깨끗하지 않으면 그 안에 아무리 맑은 물을 담는다고 해도 더러울 수밖에 없다. 계율을 지키는 것이 선정과 지혜 공부의 바탕이 되는 이유다. 그리고 그릇에 담긴 물이 출렁임이 없어야 그 안의 사물이 있는 그대로 보이는 것처럼, 선정을 통해 마음이 고요해야 지혜의 달이 비춰서 대상을 왜곡하지 않고 제대로 볼 수 있다.

　근본불교의 실천체계인 팔정도(八正道) 또한 삼학에서 크게 벗어나지 않는다. 먼저 계학에 속하는 실천으로 말이나 행위를 바르게 하는 정어(正語)와 정업(正業), 정명(正命)이 있다. 그리고 바른 수행을 강조하는 정정진(正精進)과 정념(正念), 정정(正定) 공부는 정학에 포함되며, 바르게 보고 사유하는 정견(正見)과 정사(正思)는 혜학으로 구분할 수 있다. 한마디로 삼학은 다양한 과자들이 들어있는 종합선물세트에 비유할 수 있다. 불교의 모든 수행을 담고 있다는 뜻이다.

　그런데 선불교에 이르게 되면 삼학이 새롭게 해석된다. 계율을 통해 몸과 마음을 깨끗이 하고 선정 공부로 산란한 마음을 고요하게 함으로써 지혜를 증진시키는 단계적인 이해와는 다르다는 것이다. 예를 들어 인도에서 건너온 선(禪)을 중국적인 색채로 바꿔놓은 6조 혜능(慧能)은 삼학을 우리의 본래 마음인 자성(自性)으로 압축하여 해석한다. 우리의 마음에 본래 그릇됨이 없는 것[心地無非]이 자성계(自性戒)이며, 산란함이 없는 것[心地無亂]이 자성정(自性定)이라는 것이다. 자성혜(自性慧) 또한 본래 마음에 어리석음이 없는 것[心地無痴]이다. 선불교에서는 이를 자성삼학(自性三學)이라 하는데, 그릇됨과 산란함, 어리석음을 대치하는 수상삼학(隨相三學)과 대비되는 말이다. 선에서 가장 중시하는 견성(見性)은 다름 아닌 우리의 마음에 본래 그릇됨과 산란함, 어리석음이 없다는 실상을 깨치는 것이다.

여기에서 주목되는 것은 자성삼학과 수상삼학을 공부하는 사람의 근기에 따라 구분하고 있다는 사실이다. 다시 말하면 근기가 뛰어난 사람은 자성삼학을, 그렇지 못한 사람은 수상삼학을 닦는다는 것이다. 오늘날로 비유하자면 학생들의 학업 성취도에 따른 수준별 학습을 채택한 셈이다. 선불교의 시선에서 보면 자성삼학은 즉각적인 깨침을 강조하는 혜능의 돈문(頓門)의 전통이며, 수상삼학은 점차적이고 단계적인 닦음을 중시하는 신수(神秀)의 점문(漸門)에 해당된다.

삼학을 종합적 수행체계로 인식한 근본불교와 이를 자성(自性)으로 압축한 선불교의 해석은 옳고 그름이 아니라 다양성의 시선으로 바라보는 것이 자연스럽다. 시대와 문화, 철학의 차이에서 기인하기 때문이다. 각자 자신에게 맞는 방법을 택해서 수행의 기초로 삼으면 되는 일이다. 근기가 뛰어나지 않아서 계율을 지키고 선정과 지혜를 닦는 것은 아니다.

065

계율,
깨침을 향한 첫 걸음

"계율은 단순한 윤리적 규범입니까, 아니면 깨침을 향한
수행입니까?"

언젠가 한 불자로부터 받은 질문이다. 계율을 중시하지 않는 오늘의
분위기에 대해 이야기하면서 나온 질문이었다. 물론 계율은 '~해야
한다(ought to)'는 구조로 이루어진 윤리적 규범이라고 할 수 있다. 그
러나 불교의 계율은 그런 차원을 넘어서 깨침을 향한 실천으로써 의
미를 지닌다. 괴로움을 소멸하고 불교의 목적인 열반에 이르기 위해
서는 계율을 잘 지켜야 한다는 뜻이다.

붓다는 '계율을 스승으로 삼으라[以戒爲師].'고 할 정도로 이를 중시하였다. 그만큼 모든 수행의 기초가 되기 때문이다. 흔히 계율이라고 부르지만, 계(戒)와 율(律)은 본래 그 의미가 조금 다르다. 계가 자율성이 강한 반면 율은 타율성이 요구되는 규범이다. 계(戒)는 범어인 '실라(śīla)'를 번역한 것으로 '습관', 또는 '행위'를 의미한다. 이는 아침에 일어나서 습관적으로 양치와 세수를 하는 것처럼, 도둑질이나 거짓말도 습관처럼 안 해야 된다는 뜻이다. 그렇기 때문에 수행자는 계를 어기면 양치를 안 한 것처럼 마음에 불편함이나 찜찜함을 느낀다. 이를 털어내기 위해서는 마음의 목욕인 참회를 하면 된다. 자신의 잘못된 행동을 돌아보고 다시는 그런 일을 하지 않겠다고 다짐하는 것이 계에 담긴 실존적 의미다.

계는 출가와 재가 모두에게 적용되는 올바른 삶의 기초다. 대표적인 것으로 오계(五戒)가 있다. 살아있는 생명을 해치지 않는 불살생계(不殺生戒)와 거짓말을 하지 않는 불망어계(不妄語戒), 남의 것을 훔치지 않는 불투도계(不偸盜戒), 삿된 성관계를 하지 않는 불사음계(不邪淫戒), 술을 마시지 않는 불음주계(不飮酒戒)가 불자가 지켜야 할 다섯 가지 규범이다. 재가의 경우 오계를 어긴다고 해서 어떤 벌칙이 주어지는 것은 아니다. 앞서 언급한 것처럼 계는 자율성에 바탕을 두기 때문이다.

반면에 율(律)은 계와는 성격이 조금 다르다. 율은 규율이나 규칙을 의미하는 범어 '비나야(vinaya)'에서 유래된 말이다. 율은 단체

생활을 하는 출가자가 지켜야 하는 규범이기 때문에 타율적이고 강제성이 수반된다. 율을 지키지 않으면 그에 상응하는 벌칙이 따른다는 뜻이다. 이는 마치 군대의 군율과 같아서 조금이라도 느슨해지면 공동체를 유지할 수 없기 때문에 엄격하게 적용되는 것이다. 보통 계와 율을 합쳐서 한 단어로 불르는데, 우리나라의 경우 비구는 250계(戒), 비구니는 348계를 받는다. 남방의 경우 비구가 227계, 비구니가 311계를 받는데, 부파마다 조금씩 다르다.

그런데 계율은 처음부터 한꺼번에 만들어진 것이 아니라 어떤 문제가 발생할 때마다 '그렇게 해서는 안 된다.' 하고 붓다가 제정한 규칙이다. 이처럼 상황에 따라 계율이 제정되었다고 해서 수범수제(隨犯隨制)라고 부른다. 잘못을 범할 때마다 만들어졌다는 뜻이다. 계율이 많아진 이유도 여기에 있다. 붓다는 입멸하기 전 아난에게 소소계(小小戒), 즉 가벼운 계는 버려도 좋다고 말했지만, 당시 어떤 것이 소소계인지 정해놓지 않았다. 그래서 붓다 입멸 후 모인 제1결집에서 '부처님이 제정하지 않은 조항은 새로 제정하지 않고, 부처님에 의해 제정된 것은 버리지 않고 지킨다.'는 어정쩡한 결론을 내리게 된다.

『중용』에 "부끄러움을 아는 것은 용기에 가깝다[知恥近乎勇]."는 말이 나온다. 누구나 잘못되고 부끄러운 행위를 하지만 아무나 부끄러움을 아는 것은 아니다. 여기에도 용기가 필요하다. 용기는 자신의 잘못을 참회하고 새로운 삶을 발원하는 사람에게만 작동하는 삶의 에너지다. 불교의 계율은 사람답게 살아가려는 이들에게 기준이 되는 덕목이다. 이를 기준으로 성찰해보면 어떤 것이 잘못인지 누구나 알 수 있다. 그 누구도 아닌 자신이 행한 일이기 때문이다.

계율은 올바른 삶의 기초이자 깨침을 향해 내딛는 첫 발걸음이다. 아무리 선정과 지혜를 열심히 닦는다 해도 계율이 바탕이 되지 않으면 아무 소용없는 일이다. 깨침을 향한 긴 여정에서 선정과 지혜라는 두 다리를 지탱하는 힘이 바로 계율에서 나오는 것이다.

066

육식, 파계인가?

출가자가 육식을 하면 계율을 어기는 것일까? 이는 오래 전부터 많은 이들이 궁금해 하던 질문이었다. 육식은 생명을 해치지 말라는 불살생계(不殺生戒)에 어긋나지 않느냐는 문제제기라고 할 수 있다. 우리나라 사찰에서는 대부분 육식을 하지 않는다. 요즘은 채식 위주의 사찰음식이 건강식으로 주목을 받고 있으며 육식을 하지 않는 사람들도 조금씩 늘어나고 있다. 심지어 비건(vegan)이라고 해서 고기와 생선은 물론 우유나 달걀 등 동물성 원료가 들어간 모든 식품을 먹지 않는 철저한 채식주의자도 관심을 끌고 있다. 매우 열악한 환경에서 사육되는 동물들의 권리도 보호되어야 한다는 주장 또한 심심찮게 제기되고 있는 상황이다. 그래서인지 육식에 대한 부정적 시선이 이전보다 많아진 것 같다. 그렇다면 불교의 역사에서 고기는 금지된 음식이었을까?

붓다가 활동하던 당시 육식이 계율로 금지된 것은 아니었다. 몇 가지 조건만 갖추면 고기는 먹어도 되는 음식이었다. 그 조건이란 동물을 잡는 모습을 눈으로 보지 않고[不見], 나를 위해 잡았다는 소리를 듣지 않으며[不聞], 나를 위해 잡았다고 의심되지 않는[不疑] 음식이어야 한다는 것이다. 이를 삼종정육(三種淨肉)이라 하는데, 세 가지 조건을 갖춘 청정한 음식이면 먹어도 좋다는 뜻이다. 무엇보다 붓다가 육식을 허용한 이유는 다른 데 있었다. 당시 출가한 사문에게 걸식은 먹는 문제를 해결하는 방편이었지만 하심(下心), 즉 자신을 낮추는 중요한 수행이기도 하였다. 얻어먹는 사람이 어떻게 우쭐하는 마음을 낼 수 있겠는가. 상대가 주는 음식이 고기인지 아닌지, 맛이 있는지 없는지 가리지 않고 그저 주는 대로 받는 것이 수행자의 자세였던 것이다.

그런데 당시 붓다에게 육식을 허용해서는 안 된다고 강력하게 반발한 인물이 있었다. 바로 붓다의 사촌인 데바닷타였다. 그는 평생을 붓다에 대한 콤플렉스로 고통 받으며 살아온 인물이다. 그는 세 번에 걸쳐 붓다를 죽이려 시도했지만, 모두 실패로 끝나고 비참한 최후를 맞기도 하였다. 그가 바로 붓다에게 육식을 금하고 이를 어길 경우 강력하게 처벌해야 한다고 주창한 것이다. 이 문제 때문에 한때 승단이 분열되기도 했지만, 붓다는 데바닷타의 제안을 수용하지 않았다. 수행자 각자의 판단에 따라 보고[見] 듣고[聞] 의심스러운[疑] 고기가 아니라면 먹어도 좋다고 결정했던 것이다.

이런 흐름에 변화가 생긴 것은 대승불교에 이르러서였다. 인도의 대중종교로 성장한 힌두교에서는 육식보다는 채식을 선호하였다. 특히 인도의 신분제도인 카스트에 철저한 바라문들은 고기를 취급하는 천민들과의 접촉을 기피하였다. 이유는 단순했다. 천한 신분과 부딪치는 것 자체를 부정하다고 생각했기 때문이다. 불교계에서는 육식을 금하는 종교적 분위기를 외면할 수 없었고 결국 이를 받아들이게 된다.

불교 내에서 육식을 금지한다면 그에 합당한 논리가 필요했다. 이때 활용된 근거가 불살생계는 물론이고 '모든 중생은 불성을 갖추고 있다[一切衆生 悉有佛性].'는 『열반경』의 가르침이었다. 모든 생명은 불성을 지닌 고귀한 존재이기 때문에 자비의 마음을 지녀야 하는데, 어떻게 살생을 하고 고기를 먹을 수 있느냐는 것이다. 『범망경(梵網經)』의 48경계(輕戒) 가운데 세 번째 조항에서도 육식은 자비의 종자를 끊는 행위이기 때문에 먹어서는 안 된다고 강조하고 있다.

오늘날에도 대승에서는 육식을 금하는 분위기지만, 남방에서는 초기불교의 전통에 따라 육식을 허용하고 있다. 대승에서도 육식을 전혀 안 하는 것은 아니다. 수행자 개인에 따른 편차가 어느 정도 있는 편이다. 육식의 허용 여부는 문화적 차이에 따른 현상이지 옳고 그름의 차원에서 다룰 문제는 아니라고 본다.

　육식의 문제에 있어서 우리가 놓치고 있는 것이 하나 있다. 동물만 생명이 아니라 식물도 살아있는 생명이라는 사실이다. 그러니까 채식 역시 살생을 하고 있는 셈이다. 중요한 것은 인간이 생명을 해치지 않고서는 한순간도 살아갈 수 없다는 사실을 인식하는 일이다. 어떤 음식을 먹더라도 감사의 마음을 가져야 하는 이유다. 대중공양 전에 합송하는 것처럼 '한 방울의 물에도 천지의 은혜가' 스며있으니 말이다.

067

백골관,
무상과 무아 체험

몇 해 전 불교대학에서 '죽음명상'이라는 과목을 설강한 적이 있다. 이 분야를 체계적으로 연구한 전문가를 초빙해서 수업을 진행하였다. 이 과목을 도입한 목적은 분명했다. 모든 사람은 언젠가 죽는다는 사실을 겸허히 받아들이고 앞으로 남은 삶을 어떻게 가꿀 것인가 진지하게 성찰해보자는 의도였다. '어떻게 죽을 것인가?'의 문제는 결국 '어떻게 살 것인가?'라는 물음과 다르지 않기 때문이다. 결국 잘 살기 위해서 죽음이라는 실존을 성찰하는 것이다.

그런데 수업을 진행하는 과정에서 불편함을 느끼는 학인들이 나타나기 시작했다. '죽음'이라는 단어 자체를 찜찜하게 느끼는 이들도 있었고 죽음명상을 체험하는 과정에서 이를 견디지 못하고 중도에 그만두는 경우도 생겼다. 교리적으로 무상과 무아를 이해한다고 해도 죽음이 직접적인 자신의 문제로 다가왔을 때는 쉽게 받아들일 수 없다는 사실을 그때 느꼈다. 앎과 삶, 이론과 실제 사이에 넓은 간극이 존재하고 있었던 것이다.

붓다 당시 이런 간극을 줄이기 위한 수행으로 백골관(白骨觀)이 있었다. 죽은 시체가 백골로 변해가는 과정을 지켜보면서, 인간의 삶이 무상과 무아라는 사실을 생생하게 체험하는 수행이다. 인도에서는 사람이 죽으면 대개 화장을 하지만, 가난해서 장작을 구할 수 없는 천민들은 시체를 그냥 숲속에 버리곤 하였다. 그러면 산속에 사는 동물이나 새들이 시신의 살을 뜯어먹고 인간의 몸은 자연스럽게 지수화풍(地水火風)으로 돌아가게 된다. 이러한 과정을 있는 그대로 관찰하다 보면 어느 순간 '아, 이것이 무상이고 무아구나!'라는 깨달음이 다가온다는 것이다. 머릿속의 앎과 실제적인 삶의 간극이 좁혀지고 합일(合一)되는 체험인 것이다.

그런데 백골관은 아무나 쉽게 할 수 있는 수행이 아니다. 썩어가는 시체 옆에서 오랫동안 앉아있어야 하기 때문이다. 시체 썩는 냄새도 참기 힘들고 새나 벌레들이 쪼아대는 모습도 편안한 마음으로 볼 수 없는 일이다. 때로는 구역질도 할 것이다. 한밤중에 시체 옆에 있다고 생각해보라. 캄캄할 때는 무덤 옆을 지나가기도 어려운데, 시체 옆에서 홀로 밤을 지새우기가 어디 쉬운 일이겠는가. 무서움에 벌벌

떨다가 도중에 포기하는 경우도 많았을 것이다.

백골관은 이러한 어려움을 감당해야 하는 수행이다. 수행자의 눈과 코, 입 등 모든 감각기관은 온통 시체만을 향해있다. 대상을 응시하는 과정에서 인간이란 존재는 변하지 않는 실체가 아니라 인연 따라 생멸(生滅)하는 다이내믹한 과정에 있음을 깨치게 된다. 죽음이란 사대(四大)의 인연이 다 해서[因緣滅] 왔던 곳으로 돌아가는 현상일 뿐이다. 이러한 존재의 실상을 백골관을 통해 머리가 아닌 온몸으로 체득하는 것이다. 잠자고 있던 수행자의 삶[生]이 깨어나는[覺] 순간이다.

우리나라에서는 보기 힘들지만, 태국을 비롯한 남방에서는 지금도 백골관이 실천되고 있다. 혹자의 경험에 의하면, 사찰 안에서 사람들이 볼 수 있도록 백골을 걸어두거나 절에서 수행하다 죽은 승려의 시신을 마른 상태의 미라로 보존하여 선방에 놓아둔다고 한다. 이것을 본 사람들은 처음에는 깜짝 놀라지만, 시간이 지나고 익숙해지면 자연스럽게 받아들이게 된다는 것이다. 삶과 죽음을 미화하거나 왜곡하지 않고 있는 그대로 볼 수 있는 시청각 교육인 셈이다.

이러한 백골관은 몸에 대한 집착을 떨쳐내는 데 유용한 수행이다. 젊음과 아름다움에 대한 집착은 늙고 병들고 죽는다는 생생한 현실을 마음에서 받아들이지 못하기 때문에 일어나는 현상이다. 영원한 것은 없으며, 변하지 않은 실체 역시 존재하지 않는다는 자각이 근원적인 치유법이다.

'메멘토 모리(Memento mori)'

너는 반드시 죽는다는 것을 기억하라는 뜻의 라틴어다. 몇 해 전 같은 제목의 영화가 우리나라에서 만들어지기도 하였다. 앞으로 우리 삶이 어떻게 될지는 아무도 모른다. 그러나 분명한 것은 우리 모두는 언젠가 죽는다는 사실이다. 이처럼 분명한 실존 앞에서 죽음에 대한 성찰을 머뭇거릴 이유가 없다. 붓다 당시처럼 할 수 없더라도 현대인에게 맞는 백골관이 필요하다. 잘 살아야 하니까 말이다.

068

참회,
미래를 창조하는 에너지

몇 해 전부터 불교대학에서는 매월 마지막 주 금요일을 '참회, 발원의 날'로 정해서 108배와 명상 등의 프로그램을 진행하고 있다. 지난 한 달간의 잘못을 참회하고 다가오는 달을 새로운 마음으로 맞이하자는 의도에서 시작하였다. 조계종에서 제작한 〈나를 깨우는 108배〉 영상에 맞춰 절을 하다 보면, 때로는 눈물을 흘리는 학인들도 보인다. 그것은 자신에 대한 성찰에서 나오는 참회의 눈물이자 새로운 미래를 창조하는 거룩한 눈물이기도 하다. 선하고 바르게 살아갈 수 있는 원동력이 '거기'에서 나오기 때문이다.

붓다 당시에도 여러 참회의식들이 있었다. 아무리 수행이 잘 된 사문이라 해도 수백 조항에 달하는 계율을 모두 지킨다는 것은 거의 불가능한 일이다. 그래서 계율은 범(犯)하기 위해 만들어졌다는 역설도 등장하였다. 중요한 것은 계율을 어겼을 때 '어떤 태도를 취할 것인가?' 하는 데 있다. 계율을 범하고도 참회하지 않는다면, 몸과 마음이 무거울 뿐만 아니라 깨침의 길을 가는 데도 방해 요인으로 작용한다. 그래서 붓다는 스스로 참회할 수 있는 몇 가지 장치를 마련해두었다. 자자(自恣)와 포살(布薩)과 같은 참회의식이 바로 그것이다.

자자란 안거(安居)가 끝나는 날 대중들 앞에서 자신의 잘못을 고백하는 의식이다. 붓다 당시 비가 많은 우기에는 일정한 장소에 모여서 집중수행을 하였는데, 이를 안거라고 한다. 이러한 전통은 지금까지 전승되어 우리나라의 경우 4월 보름부터 7월 보름까지는 하안거(夏安居), 10월 보름부터 이듬해 1월 보름까지 동안거(冬安居)를 실시하고 있다. 자자는 안거 동안 저지른 잘못을 참회함으로써 업장을 털어내고 마음을 가볍게 하는 의식이다.

율장에는 붓다가 제자 500여 명과 함께 자자를 행하는 장면이 나온다. 의식이 시작되면 가장 어른인 붓다가 대중들에게 자신의 말이나 행동에 잘못이 있으면 지적해주길 바란다고 말한다. 그러면 대중들은 지적을 하거나, 아니면 침묵을 지킨다. 침묵은 잘못한 일이 없다는 것을 의미한다. 붓다의 참회가 끝나면 차례대로 5백 명의 비구들이 같은 방식으로 의식을 이어간다. 그 당시 많은 어려움에도 불구하고 청정 승단이 잘 유지되었던 이유도 여기에 있지 않았을까 생각된다.

자자 이외에도 포살이라는 의식이 있었다. 이는 매월 1일과 15일에 승가의 구성원이 모여서 계율을 잘 지켰는지 점검하고 잘못한 일이 있으면 공개적으로 참회하는 의식이다. 포살이 시작되면 대중들은 계율을 함께 외우고 사회자는 대중들에게 조금 전에 합송(合誦)한 계율을 범한 일이 없느냐고 묻는다. 예컨대 거짓말을 한 적이 있는지 물으면, 그런 일을 행한 비구는 대중들 앞에서 참회하면 된다. 사회자가 세 번 질문할 동안 대답이 없으면, 잘못한 대중이 없는 것으로 간주하고 다음 항목으로 넘어간다.

재가자의 경우 포살일이 되면 사찰을 방문하여 예불에 참여하고 법문을 듣기도 하였다. 재가자를 위한 포살의식도 별도로 있었는데, 매월 8일과 14일, 15일, 23일, 29일, 30일 여섯 번에 걸쳐 진행했다고 전한다. 이날에는 여덟 가지 계율[八齋戒]을 잘 지켰는지 점검하고 참회하는 시간을 가졌다고 한다. 8재계란 재가자가 지켜야 하는 살도음망주(殺盜淫妄酒) 5계(戒)에다 ⑥넓고 화려한 평상에 앉지 않고 ⑦머리를 꾸미지 않고 춤추거나 노래하는 것을 보지도 듣지도 않으며 ⑧정오가 지나면 먹지 않는다는 등의 세 항목이 더해진 것이다.

중국 고전인 『중용』에 "은밀한 것보다 잘 보이는 것이 없고[莫見乎隱], 미세한 것보다 잘 드러나는 것이 없다[莫顯乎微]."는 구절이 나온다. 아무리 은밀하고 작은 일이라도 양심(良心)에 비춰보면 모두 알 수 있는 법이다. 그 누구도 아닌 자기 스스로 행한 일이기 때문이다.

특히 부끄러운 행동일수록 더욱 그렇다. 그래서 가장 잘 보이고 잘 드러난다고 한 것이다. 『중용』에서 홀로 있을 때 행동을 삼가는 신독(愼獨)을 강조한 이유도 여기에 있다. 참회란 다른 사람들은 몰라도 나만은 알고 있는 잘못을 고백하는 일이다. 그 용기 있는 고백이 과거의 잘못을 청산하고 새로운 삶을 창조하는 에너지로 작동하는 것이다.

069

바라밀,
피안(彼岸)으로 가는 길

'파라미타', '바라밀', 불교와 관련해서 자주 접할 수 있는 단어다. 불교계를 대표하는 청소년 모임으로 '파라미타 청소년연합회'가 있고 '바라밀'이란 이름이 들어간 불교 합창단이나 선원, 요양원 등도 꽤 많이 보인다. 이 말이 불교계에서 자주 사용되고 있는 것은 그만큼 중요하다는 방증이기도 하다. 대승불교의 꽃이라 할 수 있는 바라밀이 그 향기를 온 사방에 널리 전하고 있는 셈이다.

바라밀(波羅蜜)이란 범어인 '파라미타(paramita)'를 소리 나는 대로 옮긴 것이다. 때로는 정확하게 옮긴다고 해서 바라밀다(波羅蜜多)라 부르기도 한다. 바라밀은 대개 두 가지 의미로 해석된다. 하나는 완성이고 다른 하나는 도피안(到彼岸), 즉 피안에 이른다는 뜻이다. 그런데 수행의 완성이 곧 피안에 이르는 것이므로 의미의 차이가 큰 것은 아니다. 우리가 사는 차안(此岸)은 탐진치(貪瞋癡) 삼독(三毒)으로 살아가기 때문에 온갖 괴로움이 가득한 곳이다. 바라밀이란 바로 번뇌의 차안에서 괴로움이 소멸되고 행복 가득한 피안으로 건너가는 것을 의미한다. 수행이 완성되면 불교의 이상향, 열반의 세계로 갈 수 있다는 것이다.

그렇다면 구체적으로 어떻게 해야 피안의 세계로 갈 수 있을까? 반야(般若), 즉 지혜라는 이름의 선장이 이끄는 배를 타야 한다. 사찰에 가면 간혹 법당 벽면에 반야용선(般若龍船) 그림을 볼 수 있는데, 이 배가 바로 우리를 열반의 언덕으로 데려다주는 지혜의 용선이다. 이 배는 지혜(智慧)의 선장을 중심으로 보시(布施)와 지계(持戒), 인욕(忍辱), 정진(精進), 선정(禪定)이라는 특급 참모들이 힘을 합쳐 운행하고 있다. 많은 사람들이 탈 수 있는 엄청난 크기를 자랑하는 이 배는 대승호(大乘號)라 불리기도 한다. 소승(小乘)이 작은 배를 타고 혼자서 저 언덕에 이르는 길이라면, 대승은 모든 사람이 손에 손잡고 어깨동무 하면서 함께 가는 길이다.

그런데 바라밀은 완성이기도 하지만, 이곳에서 저 언덕에 이르기 위한 수행의 의미를 지니고 있다. 수많은 실천 가운데 앞서 언급한 가진 것을 나누고 계율을 지키며, 욕됨을 참고 열심히 정진하며, 선정과 지혜를 닦는 여섯 가지를 6바라밀이라고 한다. 이는 대승불교를 대표하는 실천체계로서 근본불교의 삼학(三學)이나 팔정도(八正道)와 같은 위상을 지니고 있다. 육바라밀은 삼학이나 팔정도를 대승불교 입장에서 계승 또는 재해석한 것이기 때문에 그 정신은 근본불교의 수행과 다르지 않다. 다만 여기서는 8정도에서 다루지 않은 보시나 인욕 등과 같은 현실적이고 구체적인 수행들을 보완하고 있다.

육바라밀 외에도 화엄(華嚴)에서는 방편(方便)과 원(願), 역(力), 지(智) 네 가지를 더한 10바라밀을 강조하기도 한다. 이는 보살이 지혜를 얻고 일체의 중생을 구제하기 위해서 필요한 수행이다. 먼저 방편은 중생들의 근기를 고려해서 다양한 방법과 수단을 강구하는 것이며, 원은 열심히 정진하여 모든 중생들을 구제하겠다는 간절한 바람이다. 이러한 서원(誓願)을 완수하기 위해서는 강력한 수행 에너지가 필요한데, 그것이 곧 역바라밀이다. 마지막은 지바라밀이다. 여섯 번째 반야바라밀이 무분별지(無分別智), 즉 모든 분별이 끊어진 바라밀이라면, 열 번째 지바라밀은 무분별지를 생활 속에서 살려내는 지혜라고 할 수 있다. 예컨대 산과 물의 분별이 모두 소멸된 지혜가 반야바라밀이라면 산과 물의 분별이 현실에서 살려지는 지혜가 지바라밀이다. 한때 많은 사람들에게 회자되었던 '산은 산이요, 물은 물이다.'라는 말은 바로 이를 의미한다. 산과 물은 연기적으로 '하나'이기 때문에 분별할 수 없지만, 등산을 하려면 산으로 가고 수영을 하려면 바다로 가야 하는 것처럼 말이다. 그래서 이를 '무분별의 분별'이라 부르기도 한다.

육바라밀은 대승호의 수장인 지혜가 수행의 기본 바탕을 이루고 있다. 그렇기 때문에 지혜가 숙성이 잘 되어야 보시와 인욕 등의 수행이 잘 실천될 수 있다. 반대로 나머지 바라밀을 잘 실천하면 그에 따라 지혜 역시 더욱 깊어지게 된다. 피안으로 가는 길에서 지혜의 선장과 다섯 참모의 조화가 중요한 이유도 바로 여기에 있다.

070

보시,
자선인가 수행인가?

아주 오랜 시간 남모르게 나눔을 실천해온 불자가 있었다. 언젠가 우연히 그 사실을 알게 된 어느 기자가 이를 신문에 크게 보도하였다. 기사를 접한 사람들은 귀하고 아름다운 이야기에 많은 감동을 했는데, 뜻밖의 상황이 벌어졌다. 그분이 크게 화를 내면서 한 번만 더 사람들에게 알리면 지원을 중단하겠다고 말한 것이다. 이와 같은 미담을 널리 알리는 것은 기부 문화의 확대에 좋은 영향을 준다는 점에서 권장할 만한 일이라 생각했다. 그런데 그분은 오히려 크게 화를 내었다. 그 이유는 어디에 있을까?

6바라밀 가운데 첫 번째 실천 덕목은 내가 가진 것을 나누는 보시(布施)다. 나눔이 맨 앞에 놓인 것이다. 개인의 깨달음보다 이타행, 즉 사회적 실천을 중시하는 대승불교의 성격이 잘 드러나는 부분이다. 보시에는 세 종류가 있다. 첫째로 자신이 갖고 있는 돈이나 물건을 나누는 재시(財施)가 있고, 둘째로 붓다의 가르침을 열심히 공부해서 다른 이들에게 전해주는 법시(法施)가 있다. 그리고 돈이나 지식이 없어도 보시를 실천할 수 있는 방법이 있는데, 그것이 바로 세 번째인 무외시(無畏施)다. 이는 다른 사람들이 두려움을 갖지 않도록 하는 일이다. 예컨대 따뜻한 말 한마디나 상대를 기분 좋게 해주는 환한 미소 등이 모두 무외시에 해당된다.

보시는 질적인 차원에서 유주상보시(有住相布施)와 무주상보시(無住相布施)로 구분할 수 있다. 유주상보시는 글자 그대로 상(相), 그러니까 내가 누구에게 얼마만큼 보시했다는 것을 겉으로 드러내는 것이다. 한마디로 생색을 내면서 보시하는 경우다. 이렇게 하면 복이 모두 새 나간다고 해서 유루복(有漏福)이라고 부른다. 그렇기 때문에 복이 세지 않는 무루복(無漏福)을 지으려면 상에 머무르지 않는 무주상보시를 실천해야 한다. 아무런 대가도 바라지 않는 청정한 나눔만 있어야 한다는 뜻이다. 바라밀로써 보시는 하나를 주면 다른 하나를 얻는 비즈니스가 아니다.

그리고 무주상보시가 되기 위해서는 삼륜청정(三輪淸淨), 즉 세 가지가 청정해야 한다. 보시하는 사람[施者]과 보시하는 물건[施物], 그리고 보시를 받는 사람[受者] 모두 깨끗해야 한다는 것이다. 예컨대 부정한 사람이 도둑질과 같은 나쁜 방법으로 얻은 재물을 누군가에게 베푸는 것은 무주상보시가 아니라는 뜻이다. 깨침을 향한 청정한 수행으로써 바라밀이 아니기 때문이다.

그런데 현실에서 무주상보시를 실천하기란 결코 쉬운 일이 아니다. 누군가 나의 선행을 알아줬으면 하고 바라는 것은 인지상정이기 때문이다. 그래서인지 열심히 보시했는데도 남들이 알아주지 않는다고 서운하게 생각하는 사람들이 적지 않다. 그럴 때면 이렇게 말하곤 한다. 알아주면 알아줘서 감사한 일이고, 몰라주면 무주상보시를 잘 실천하고 있다는 증거가 아니겠느냐고 말이다. 그러니 서운해하지 말고 바라밀 공부 잘 하고 있다고 스스로를 격려해주는 것이 낫지 않을까. 『중용』의 지적처럼 "나를 바르게 하면 될 뿐 다른 사람에게 구할 필요가 없기[正己而不求於人]" 때문이다.

나눔을 실천할 때 정말로 유념해야 할 부분이 있다. 주위 사람들로 하여금 고마운 마음이 들도록 해야지 미안함을 느끼게 해서는 안된다는 것이다. 간혹 나는 이만큼 보시했는데, 당신은 왜 그렇게 하지 않느냐고 말하는 이들이 있다. 그 순간 감사를 느껴야 할 나눔이 오히려 미안함으로 다가오기도 한다. 때론 미안함을 넘어 미움으로 이어질 때도 있다. 좋은 일을 하고도 자신의 어리석음으로 인해서 나눔의 의미가 퇴색되는 것이다. 보시에도 지혜가 필요한 이유가 바로 여기에 있다. 코로나19 재난지원금을 기부하는 과정에서 이런 경우가 없었는지 한번 돌아볼 일이다.

앞서 언급한 그분이 왜 화를 냈는지 이제야 조금 알 것 같다. 그분에게 보시는 단순한 자선 행위나 비즈니스가 아니라 바라밀, 즉 수행이었기 때문이다. 이런 점에서 그분의 보시행을 널리 알린 것은 어쩌면 수행을 방해한 것이 아닐까 싶다. 그분께서 보인 화는 보시란 깨침을 향한 바라밀임을 일깨워준 따끔한 경책이었던 것이다. 꼭 기억해야 할 일이다.

071

인욕,
인내인가 평정인가?

우리의 감정을 조절하는 에너지도 총량이 있기 마련이다. 그렇기 때문에 개인이 감당할 수 있는 수준을 넘어서면 자연스럽게 폭발하게 된다. 만약 A라는 사람의 화를 참을 수 있는 에너지의 총량이 10이라면, 10의 한계를 넘어섰을 때 비로소 화를 내는 것이다. 예를 들어 A가 누군가로부터 심한 욕을 들었을 경우 그 에너지가 8이라면 아직 2가 남아있기 때문에 화를 참을 수 있다. 그런 상태에서 5에 해당되는 좋지 않은 소리를 듣는다면, 총량인 10을 넘어서는 13에 해당되기 때문에 그 에너지를 감당하지 못하고 화라는 감정을 밖으로 분출하게 된다. 이는 일상에서 흔히 볼 수 있는 문제다. 그렇다면 화를 조절

할 수 있는 방법은 없을까?

6바라밀 가운데 욕됨을 참는 수행으로 인욕바라밀(忍辱波羅蜜)
이 있다. 인욕은 화가 났을 때 이를 대치하는 공부다. 불교에서는 우
리가 사는 세상을 사바세계라고 하는데, 이는 참지 않으면 살아갈 수
없는 땅[忍土]이라는 뜻이다. 그렇다면 인욕바라밀은 억지로 참으면
서 살아야 한다는 것일까? 물론 그것은 아니다. 억지로 참는 것은 오
히려 몸과 마음을 해치기 때문에 차라리 화를 내는 것이 나을 때도
있다. 수행으로써 인욕바라밀은 화가 일어나는 현상을 있는 그대로
관찰하고 마음을 평온한 상태로 유지하는 공부다.

언젠가 한 바라문이 붓다에게 심한 욕설을 퍼부은 적이 있다. 붓
다는 이에 흔들리지 않고 비유를 들어 상대를 설득시킨다. 집에 손님
이 찾아오면 어떻게 하느냐는 물음에 바라문은 맛있는 음식을 차려
서 대접한다고 대답한다. 그런데 손님이 바빠서 음식을 먹지 않고 돌
아갈 경우 어떻게 하느냐고 되묻자 그럴 때는 버리기 아까워서 자신
이 먹는다고 답하였다. 이때 붓다는 촌철살인(寸鐵殺人)의 한마디를
던진다.

"당신은 나에게 욕이라는 음식을 대접했지만, 나는 그 음
식을 먹지 않았습니다. 그렇다면 남은 욕은 누가 먹어야
하겠습니까?"

얼굴이 빨개진 바라문은 자신의 무례를 깨닫고 용서를 구한 다음 붓다의 제자가 된다. 자신을 향해 욕을 하는 사람마저 제자로 만드는 힘은 어디에서 나오는 것일까? 그 힘은 바로 어떤 상황에서도 흔들리지 않는 평정심에서 나온다. 이런 마음일 때 그 어떤 거친 욕도 나를 흔들지 못한다. 그렇기 때문에 인욕바라밀의 핵심은 참는 데 있다기보다는 마음의 평정을 유지하는 데 있다 할 것이다. 인내는 그때 나오는 자연스러운 작용이다.

대개는 현장(玄奘, 602~664)의 인욕이란 번역을 많이 쓰지만, 개인적으로 구마라집(鳩摩羅什, 344~413)의 안인(安忍)이란 번역이 더 마음에 든다. 마음이 평안[安]할 때 욕됨을 참을[忍] 수 있는 힘이 나오기 때문이다. 『금강경』에는 붓다의 전생인 인욕선인(忍辱仙人)에 관한 이야기가 나온다. 가리왕은 인욕선인의 팔과 다리를 잘랐지만 그는 화를 내지 않았다. 반대로 잘린 팔과 다리를 제석천(帝釋天)이 붙여줬을 때도 고맙다는 말을 하지 않았다. 이를 가리켜 양무심(兩無心)이라 한다. 욕됨을 당했을 때나 도움을 받았을 때나 둘 다 마음에 흔들림이 없었다는 뜻이다. 이 무심이 곧 안(安)이고 여기에서 참다운 인(忍)이 나왔던 것이다.

이 이야기는 우리에게 시사하는 바가 크다. 우리는 누군가로부터 욕을 들으면 쉽게 화를 내고, 반대로 칭찬을 들으면 즐거워한다. 그런데 화를 내거나 기뻐하는 상황 모두 주체는 내가 아니라 상대방이다. 결국 주연인 상대의 말에 따라 조연인 내 마음이 이리저리 흔들린 것이다. 기분이 상할지 몰라도 그 순간 우리는 상대에게 놀아난 꼭두각시에 불과하다. 모두가 평정의 마음을 상실했기 때문에 벌어진 일이다.

우리 속담에 참을 인(忍) 자 세 개면 살인도 면한다는 말이 있다. 그러나 세 번 참는 동안 그 마음이 과연 온전할 수 있을까? 억지로 참으면 그만큼 부작용도 크다는 얘기다. 그렇기 때문에 참기 이전에 마음을 평정의 상태로 유지하는 것이 중요하다. 인욕은 단순히 참는 수행이 아니라 마음의 평안[安]을 통해 중생에서 부처로, 조연에서 주연의 삶으로 질적 전환을 이루기 위한 공부다.

072

정진에도
중도가 필요하다

군대 훈련병 시절 종교 활동으로 불교를 선택했는데, 이유는 단순했다. 법회 시간에 잠을 잘 수 있도록 배려했기 때문이다. 그때는 잠을 3~4시간밖에 잘 수 없는 형편이라 먹을 것으로 유인하는 개신교나 천주교보다 불교가 훨씬 매력적으로 다가왔다. 그런데 훈련소 마지막 법회 시간에 갑자기 수계식을 하는 것이었다. 얼떨결에 연비를 하고 법명도 받았다. 그런데 그때 받은 법명이 썩 마음에 들지 않았다. 불교에 입문한 뒤로 여러 차례에 걸쳐 계(戒)를 받았지만 딱히 마음에 드는 이름이 없었다. 그래서 존경하는 스승님께 부탁했더니, 지금 필명으로 쓰고 있는 일야(一也)라는 법명을 주셨다. '하나'라는 뜻도 있지만, 소리 나는 대로 발음하면 '이랴, 이랴!'가 된다. 소가 가지 않을 때 채찍질을 하면서 내는 소리로 끊임없이 정진하라는 의미가 담겨있다. 법명을 소중히 간직하고 싶어서 신문이나 잡지 등에 글을 쓰거나 책을 출판할 때 필명으로 사용하고 있다.

육바라밀 가운데 네 번째는 정진바라밀(精進波羅蜜)이다. 이는 팔정도의 정정진(正精進)과 다르지 않은 실천으로 열심히 수행하라는 뜻이다. 정진은 열반의 언덕으로 향하는 대승호의 엔진과 같은 역할을 한다. 엔진의 힘이 좋아야 배가 잘 나아갈 수 있는 것처럼 수행 에너지가 충분해야 깨침의 언덕에 이를 수 있다. 출가 후 그 누구보다 치열하게 정진했던 붓다의 경험에서 나온 덕목이다. 그런데 정진에도 중도(中道)의 실천이 필요하다. 수행의 힘이 약하면 피안으로 향하는 배를 움직일 수 없고, 반대를 지나치게 힘을 가하면 과부하가 걸려 문제를 일으킬 수 있기 때문이다. 두 경우 모두 배가 순항하지 못하기 때문에 수행의 힘이 적절하게 조화를 이루어야 저 언덕으로 건너갈 수 있는 것이다.

붓다는 출가 후 당시의 유행에 따라 6년간 혹독한 고행을 하게 된다. 그 누구보다 치열하게 고행을 실천했지만, 돌아온 것은 망가진 육체와 정신뿐이었다. 붓다가 고행을 버리고 중도를 선택한 이유다. 이런 경험은 제자를 가르칠 때도 매우 적절하게 활용되었다. 제자 중에 소나라는 비구가 있었는데, 그는 아무리 열심히 수행을 해도 공부에 별다른 진전이 없었다. 그는 자신에게 실망한 나머지 수행을 그만

두려 했지만, 붓다는 소나가 출가 전 거문고를 잘 탔던 사실을 알고 비유를 들어 이렇게 말한다.

"소나여, 거문고와 마찬가지로 수행도 너무 지나치면 마음이
격앙되어 조용하지 못하고, 또 너무 느슨하면 게으름에 빠지
게 되느니라. 따라서 소나여, 그 중도를 취해야 하느니라."

이러한 붓다의 가르침을 듣고 소나는 마침내 깨달음에 이르게 된다. 중도를 설명할 때마다 예로 많이 등장하는 내용이다. 중도란 한마디로 '적절함'이다. 더운 여름날에는 가볍고 얇은 옷이 적절하지만, 추운 겨울에는 두꺼운 외투를 입는 것이 적절하다. 그것이 옷 입는 중도다. 일중독에 빠진 사람에게는 휴식이 중도며, 게으른 사람에게는 열심히 일하는 것이 중도다.

중국 고전인『장자』에 이런 우화가 나온다. 그림자를 무척 싫어하는 사람이 있었는데, 그림자가 자꾸 자신을 따라오자 이것을 떨쳐내려고 더 빨리 달렸다는 이야기다. 그러나 빨리 뛰어갈수록 그림자는 더 빨리 따라올 수밖에 없다. 이때 필요한 지혜가 무엇일까? 바로 그늘이나 건물 속으로 들어가 쉬는 것이다. 이것이 중도의 지혜다.

중도라는 시선에서 보면 열심히 한다는 것과 지나치다는 것은 분명 다르다. 붓다가 고행에서 중도로 방향 전환을 했던 이유를 잊지 말기로 하자. 그는 지나친 것이 아니라 중도에 입각한 바른 정진을

우리에게 전하고자 하였다. 붓다의 마지막 유훈 역시 모든 것은 무상(無常)하니 게으르지 말고 열심히 정진하라는 당부였다. 그것이 대승에 이르러 정진바라밀로 해석된 것이다.

붓다가 지나치게 편리하고 감각적인 것만 좇고 있는 오늘의 우리 모습을 본다면 과연 무엇이라 했을까? 자신은 버렸지만, 현대인에게는 고행이 필요하다고 하지 않았을까. 게으름에 빠진 우리에겐 고행이 중도이니 말이다. 마음을 다잡고 다시 한번 스스로를 채찍질해본다.

'이랴, 이랴!'

073

사섭법(四攝法),
중생 끌어당기기

아무리 좋은 상품이라도 홍보를 하지 않으면 소비자의 선택을 받기 어렵다. 텔레비전이나 SNS 등을 통한 여러 광고는 모두 고객이 물건을 사도록 유인하는 행위다. 물건의 품질만 믿고서 가만히 있으면 고객은 오지 않는다. 불교에서의 전법(傳法) 활동 역시 마찬가지다. 붓다의 가르침이 아무리 좋다고 해도 산속에만 머문다면 사람들은 쉽게 찾아오지 않는다. 중생들을 끌어당기는[攝] 노력이 필요하다는 뜻이다. 사섭법(四攝法)은 바로 중생들을 진리의 세계로 이끌기 위한 네 가지 방법이자 자기 수행이라고 할 수 있다.

사섭법은 육바라밀, 사무량심(四無量心)과 함께 대승불교를 대표하는 수행법이다. 사섭법의 맨 처음은 보시(布施)다. 무언가를 나누는 보시는 육바라밀에서도 첫 번째 실천 덕목이다. 그만큼 중요하다는 뜻이다. 도움이 절실한 사람에게 진심이 담긴 무언가를 나누는 일은 상대의 마음을 움직이는 데 매우 효과적이다. 여러 종교단체에서 고아원이나 양로원 등을 찾아 나눔을 실천하는 이유도 여기에 있다. 보시는 그 자체로 사람을 끌어당기는 강력한 힘을 지니고 있다.

둘째는 애어(愛語), 즉 사랑스러운 말로 사람들을 대하는 것이다. 말에는 그 사람의 인격이 담겨있기 마련이다. 그래서 말하는 것을 보면 그가 어떤 사람인지 대개는 알 수 있다. 불교에서는 열 가지 악업[十惡] 가운데 말과 관련된 부분이 넷이나 차지할 정도로 구업(口業)을 중시한다. 거짓말[妄語]과 아부하는 말[綺語], 이간 붙이는 말[兩舌], 험한 말[惡口] 등이 바로 그것이다. 이런 악업에서 벗어나 바르고 정직한 말, 화합하고 부드러운 말을 해야 한다는 것이다. 온화한 얼굴에서 나오는 부드러운 말은 그 자체로 상대에게 신뢰감을 준다. 문수보살 게송처럼 "성 안 내는 그 얼굴이 참다운 공양구요 부드러운 말 한마디 미묘한 향"이 되는 것이다. 애어는 중생을 진리의 세계로 끌어당기는 중요한 덕목이다.

셋째는 이행(利行), 즉 다른 사람에게 도움을 주는 행위다. 몸[身]과 말[口], 생각[意]으로 중생들을 이롭게 하는 선행(善行)을 실천함으로써 그들을 진리의 세계로 이끄는 방법이다. 그렇다면 왜 다른 이에게 이로운 행위를 해야 할까? 그것은 바로 타인은 나와 관계없는 것이 아니라 연기적으로 더불어 존재하기 때문이다. 나와 아무런 상관이 없는 사람에게 어떻게 선행을 베풀 수 있겠는가. 나와 '하나'라는 인식의 전환이 있을 때 자연스럽게 이행이 나오는 것이다. 이행뿐만 아니라 네 가지 실천 모두 그 바탕에 연기적 사유가 작동하고 있다는 사실을 놓쳐서는 안 된다.

넷째는 중생들과 함께 일하고 생활하면서 그들을 깨침의 세계로 이끄는 동사(同事)다. 사찰에 가면 법당 벽면에 그려진 심우도(尋牛圖)를 많이 볼 수 있다. 잃어버린 마음을 찾는 과정을 10단계로 표현한 그림이다. 그래서 십우도(十牛圖), 또는 목우도(牧牛圖)라 부르기도한다. 그런데 마지막 열 번째는 다름 아닌 입전수수(入廛垂手)다. 시장에 들어가 손을 내민다는 뜻이다. 산사에 고요히 앉아서 명상하는 것이 아니라 번뇌 가득한 중생들의 삶 속으로 직접 들어가 그들과 함께하는 것을 최고의 경지로 삼은 것이다. 한국불교의 대성(大聖)으로 추앙받는 원효는 고요한 산사에 안주한 것이 아니라 시끄러운 시장 속으로 들어가 술집 작부들의 애환을 들어주고 거지들과 함께 생활하면서 그들을 불법의 세계로 인도하였다. 많은 사람들이 원효를 존경하는 이유다. 동사(同事)는 불교의 지향점이 어디에 있는지를 분명하게 보여주는 실천이다.

이웃 종교에 비해 불교 신자들의 연령층이 높다는 분석이 많다. 이는 곧 젊은층의 불자가 매우 적다는 뜻이기도 하다. 그들을 법당으로 인도하는 특별한 비법이 있는 것은 아니다. 그들 속으로 직접 들어가[同事] 고민이 무엇인지 나누면서 따뜻한 위로의 말[愛語]을 건네야 한다. 또한 그들에게 진정 도움이 되는 일[利行]이 무엇인지 살펴서 정성껏 나누는[布施] 실천을 이어가야 한다. 이처럼 진심을 다해 다가갈 때 그들의 마음이 움직이는 것이다. 사섭법은 진심(眞心)이라는 무기로 중생들의 마음을 움직여서 붓다의 길로 이끄는 매우 적극적인 실천이다.

074

사무량심(四無量心), 이웃을 내 몸처럼

역지사지(易地思之)란 말이 있다. 상대방의 입장에서 생각해보라는 뜻이다. 이렇게만 된다면 사람들 사이의 대립과 갈등은 어렵지 않게 해소될 것이다. 그러나 인간은 정도의 차이만 있을 뿐 모든 것을 나를 중심으로 생각하는 이기적인 존재다. 마찰과 분란, 갈등, 대립 등이 끊이지 않는 이유다. 여러 종교에서 이기심의 소멸을 강조하는 것도 그럴 때 비로소 상대의 처지를 볼 수 있기 때문이다. 사랑과 자비는 여기에서 나오는 값진 선물이다.

불교의 수행 역시 상대에 대한 이해를 바탕으로 이루어진 체계다. 예를 들어 누군가에게 욕을 들으면 기분이 상하는 것처럼, 상대도 역시 마찬가지다. 내가 어려움에 처했을 때 도움을 바라는 것처럼, 상대도 그런 상황에서는 누군가의 도움을 필요로 한다. 이처럼 인간은 '같은 마음[如心]'을 가지고 살아가는 존재다. 그렇기 때문에 타인의 처지를 생각하면서 마음을 다스리는 수행이 필요하다. 사무량심(四無量心) 또한 이에 바탕을 두고 있는 수행이다.

사무량심은 '네 가지 한량없는 마음'을 가져야 한다는 내용으로 되어있는데, 이는 『열반경』에 기초를 두고 있는 수행이다. 붓다는 영원한 생명을 얻기 위해서는 모든 중생을 외아들처럼 생각해서 대자(大慈)·대비(大悲)·대희(大喜)·대사(大捨)의 마음을 일으켜야 한다고 강조하였다. 자비희사(慈悲喜捨) 사무량심을 실천하면, 진흙 속에서 아름다운 연꽃을 피우는 것처럼 번뇌 가득한 세속에 살면서도 이에 물들지 않고 영원한 생명을 얻을 수 있다고 한 것이다.

사무량심의 첫째는 자무량심(慈無量心), 즉 무한한 자애심을 가지고 상대를 기쁘고 즐겁게 해주는 실천이다. 이것이 가능하기 위해서는 중생을 사랑하는[慈] 마음이 있어야 한다. 누군가를 사랑하지 않는데 어떻게 기쁘게 해주고 싶은 마음이 일어나겠는가. 그런데 진정한 사랑은 상대와 내가 '하나'라는 자각이 있을 때만 가능한 일이다. 그래야 비로소 어머니가 아들과 한 몸이라고 여기는 것처럼, 모든 중생을 하나밖에 없는 아들처럼 생각할 수 있는 것이다. 여기서도 모든 것은 관계 속에서 '하나'로 존재한다는 연기의 진리가 작동하고 있다.

둘째는 비무량심(悲無量心)이다. 이는 다른 사람에게 불행이 닥쳤을 때 함께 슬퍼하는 것이다. 예컨대 벗의 부모님이 돌아가셨을 때 함께 슬퍼하고 울어주는 것도 비(悲)를 실천하는 일이다. 이처럼 진정으로 슬퍼하는 것도 상대와 '하나'라는 인식이 있을 때 나올 수 있는 행위다. 하지만 이것은 자무량심과는 달리 이기심이 남아있더라도 어느 정도 실천할 수는 있다. 그 불행이 나에게 닥친 것이 아니기 때문이다. 인간은 본능적으로 상대의 불행에는 비교적 관대한 편이다.

셋째는 희무량심(喜無量心), 즉 상대에게 좋은 일이 생겼을 때 함께 기뻐하는 수행이다. 이는 이기적인 마음이 남아있는 한 쉽게 할 수 있는 실천이 아니다. 자신의 아들은 취업도 못하고 있는데 누군가 아들이 승진했다고 자랑한다면, 온전히 기뻐할 수 있겠는가. 입으로는 축하한다고 말하지만 마음까지 그러기는 쉽지 않다. 자신의 자랑은 상대가 기뻐해주기를 바라면서도 상대가 자랑하면 함께 기뻐하기 힘든 법이다. 입장 바꿔 생각해보면 쉽게 알 수 있는 일이다. 이 실천은 자신의 이기심이 어느 정도인지 측정할 수 있는 좋은 덕목이다.

마지막 사무량심(捨無量心)은 차별하는 마음을 버리고[捨] 모든 사람을 평등하게 보는 수행이다. 팔이 안으로 굽는 것처럼 우리는 친소, 애증의 관계에 따라 상대를 차별하면서 살아간다. 이런 마음을 모두 텅 비우고[空] 평등한 마음으로 대하라는 것이다.

사무량심은 결국 '이웃을 내 몸처럼' 생각할 때 나올 수 있는 실천이다. 혹자는 어떻게 그것이 가능한 일이냐고 묻곤 한다. 그러나 우리는 세월호와 같은 사태가 일어났을 때 그것이 가능하다는 것을 수없이 경험했다. 많은 사람들이 유족의 슬픔을 남의 일처럼 여기지 않고 함께 울고 아파했던 것이다. 수행은 그러한 공감 능력을 더욱 확장시키는 일이다. 사무량심은 모두가 '하나'라는 연기적 사유에 바탕을 두고 상대의 입장을 고려해서 확립한 수행체계다.

075

이입사행(二入四行),
진리에 이르는 두 길

널리 알려진 것처럼 보리 달마(菩提達磨)는 선불교를 중국에 전한 인물이다. 선(禪)이 전래되면서 적지 않은 오해들이 생겼는데, 그 중에서 가장 큰 것은 선불교가 언어, 문자를 부정한다고 생각하는 것이다. 이러한 오해는 문자를 세우지 않는다는 '불립문자(不立文字)'의 전통에서 기인한 것 같다. 선에서는 문자가 아니라 사람의 마음을 곧바로 가리켜서[直指人心] 견성성불(見性成佛)하는 것을 강조한다. 그러나 선에서 부정하는 것은 언어, 문자가 아니라 거기에 집착하는 것이다. 왜냐하면 우리의 시선이 문자에 머무는 한 결코 진리라는 달을 볼 수 없기 때문이다. 교학(敎學)은 달을 가리키는 손가락[標月之指], 즉 방편이다. 붓다의 말씀을 담은 수많은 방편을 통해 달을 볼 수 있다면 이는 부정할 것이 아니라 오히려 적극적으로 권장해야 할 일이다.

이입사행(二入四行)은 선이 교학을 부정하지 않는다는 것을 단적으로 보여주는 달마의 수행체계다. 이것은 진리에 들어가는 두 가지 길과 네 가지 수행을 의미한다. 먼저 두 가지 길이란 이치를 통해 불법의 대의를 깨치는 이입(理入)과 수행에 의지해서 진리에 들어가는 행입(行入)을 가리킨다. 달마에 의하면 이입(理入)은 경전을 통해 모든 중생이 부처와 똑같은 성품을 지니고 있음을 굳게 믿는 것이다. 다만 번뇌, 망상이라는 먹구름이 붓다의 성품을 가리고 있으므로 벽관(壁觀) 수행을 통해 이를 걷어내야 한다. 그러면 나와 너, 범부와 성인이 모두 하나라는 것을 깨칠 수 있다는 것이다. 이러한 깨침은 자교오종(藉教悟宗), 즉 교학에 의지해서 가능하다는 것이 달마의 생각이다.

그러나 이입만으로 깨침에 이를 수는 없다. 여기에는 반드시 수행이 뒷받침되어야 한다. 그것이 바로 진리에 들어가는 두 번째 길인 행입(行入)이다. 달마는 네 가지 수행[四行]을 제시하고 있는데, 첫 번째가 보원행(報怨行)이다. 이는 상대에 대한 원망이나 증오의 마음을 내려놓는 수행이다. 누군가 자신을 힘들게 하면 대개 미워하고 원망하는 마음을 갖게 되는데, 그러한 마음을 텅 비우는 일이다. 지금의 좋지 않은 상황은 과거 자신이 행한 업보라고 생각해서 미움의 감정을 다스려야 한다는 것이다. 이는 수행자의 큰 적인 미움과 원망을 지혜롭게 대치하는 공부라고 할 수 있다.

두 번째는 수연행(隨緣行), 즉 인연 따라 살아가는 일이다. 존재하는 모든 것은 인연에 의해서 일어나고[因緣生] 인연이 다하면 소멸하는[因緣滅] 다이내믹한 과정에 있다. 그렇기 때문에 이러한 존재의 실상을 잘 살펴서 순간순간의 상황에 일희일비(一喜一悲)하지 말고 있는 그대로 받아들이라는 것이다. 뜨거운 여름과의 인연도 소멸해야 아름다운 가을 단풍과 만날 수 있고, 가을과도 이별해야 눈 내리는 하얀 겨울과 만날 수 있는 것이다. 이는 『장자』의 '인연 따라 자신의 삶을 즐기라[隨緣樂命].'는 가르침과 통한다. 수연행은 상황에 먹히지 않고 자신의 마음을 지혜롭게 다스리는 수행이다.

세 번째는 무소구행(無所求行), 즉 구하는 바 없이 실천하라는 것이다. 이것은 곧 어떤 것에도 집착하지 말라는 뜻이다. 존재하는 모든 것은 공(空)하며, 인연 따라 생멸하는 과정에 있기 때문이다. 무소구행은 이러한 이치를 살펴서 세속적인 욕망과 자신에 대한 집착을 다스리는 수행이다.

마지막 네 번째는 칭법행(稱法行)으로 이것은 모든 것을 진리에 맞게 행동하는 것이다. 이것은 나와 너, 중생과 부처가 본래 '하나'임을 밝게 깨쳐서 다른 사람을 이롭게 하는 이타행(利他行)을 실천하는 일이다. 여기에도 모든 것은 관계 속에서 존재한다는 연기의 진리가 작동하고 있다.

지금까지 살펴본 것처럼 달마는 언어, 문자로 이루어진 경전을 부정하지 않았다. 오히려 깨침의 길을 가는데 중요한 안내서로 인식하였다. 그는 특히 『능가경(楞伽經)』을 중시했다고 전해진다. 다만 교학에서 그치고 실천으로 이어지지 않으면 깨침에 이를 수 없기 때문에 벽관 수행을 강조한 것이다. 벽(壁)은 바람을 막아주는 기능을 한다. 달마는 번뇌, 망상이라는 바람을 막고 우리 모두가 부처 되는 진리의 길을 보여준 것이다.

076

간화(看話),
말머리를 본다는 것

오늘날 한국불교의 정체성을 간화선(看話禪)에서 찾는 사람들이 많다. 이는 800년을 이어온 한국불교의 전통이자 근간이기 때문이다. 요즘 들어 위빠사나, 아나파나사티 등 다양한 수행법의 소개로 그 영향력이 예전에 비해 약화된 것은 사실이다. 간화선의 위기라는 말 또한 많이 회자되고 있다. 간화선은 오늘의 한국불교를 있게 한 경허, 만공, 효봉, 구산 등 수많은 선사들을 깨침의 세계로 인도한 수행법이다. 간화선의 전통이 끊겨서는 안 되는 이유다.

화두를 참구(參究)하는 간화선은 송나라 때 대혜 종고(大慧宗杲, 1089~1163)가 개발한 수행법으로 전통적인 붓다의 수행체계와는 성격이나 내용이 많이 다르다. 대혜의 행적을 담은『대혜어록(大慧語錄)』은 흔히『서장(書狀)』이라 불리는데, 지금까지 승가대학이나 강원에서 주요 교재로 사용되고 있다. 간화선을 국내에 처음 소개한 인물은 고려시대 보조 국사 지눌(知訥, 1158~1210)이다. 지눌의 뒤를 이은 진각 혜심((眞覺慧諶, 1178~1234)은 이를 더욱 체계화했으며, 지금까지 한국불교를 대표하는 수행법으로 자리하고 있다.

간화(看話)란 글자 그대로 화두를 보는 것이다. 화두를 공안(公案, formal document)이라고도 하는데, 이는 본래 그 내용이 틀림없음을 보증하는 정부의 문서를 가리키는 말이다. 그만큼 공안이 깨침을 이루는 데 공신력을 가진다는 의미다. 그렇다면 간화, 즉 말머리[話頭]를 본다는 것은 무슨 뜻일까? 이는 선사가 하는 말[話]의 핵심[頭]을 곧바로 알아차린다는 의미다. 다시 말하면 말에 담긴 맥락을 정확히 파악하고 그 뜻을 즉각적으로 깨친다는 것이다. 흔히 대화를 할 때 '말꼬리를 잡는다.'고 하는데, 이는 핵심에서 벗어나 말 자체에 집착하여 따지는 것을 말한다. 화두는 말꼬리를 잡고 빙빙 도는 것이 아니라 말머리를 통해 핵심으로 곧바로 들어가는 수행이다.

간화선은 깨침에 이르는 속도가 빠르다고 한다. 자세한 설명이 아니라 말 한 마디[言下]에 깨치는 일이기 때문이다. 화두선을 경절문(徑截門), 즉 지름길이라 하는 이유도 바로 여기에 있다. 이는 마치 선생님의 설명을 자세히 듣고 난 다음에 이해하는 것이 아니라 한 마디만 듣고도 곧바로 전체적인 맥락과 의미를 알아채는 것과 같다. 보통 사람들은 쉽게 흉내 내기 어려운 일이다. 그래서 간화선은 뛰어난 근기의 수행자에게 적합한 수행체계라고 평가한다.

대표적인 선사들의 공안집으로는 원오 극근(圜悟克勤, 1063~1135)의 『벽암록(碧巖錄)』이나 무문 혜개(無門慧開, 1183~1260)의 『무문관(無門關)』 등이 있다. 오늘날까지 1,700 공안이 전해지는데, 우리나라에서는 '무자(無字)', '이 뭣고?[是什麽]' 등의 화두가 많이 유행하였다. 특히 무자 화두를 통해 견성에 이른 선사들이 많다. 이 화두는 당나라 말기의 유명한 조주 종심(趙州從諗, 778~897) 선사에게 '개에게도 불성이 있습니까?' 라고 물으니 '없다[無]'라고 답한 데서 유래한다. 스승으로부터 무자 화두를 받은 수행자는 조주 선사가 왜 무(無)라고 했는지 '무, 무, 무' 하면서 끊임없이 참구하다 보면, 어느 순간 말머리를 타파하고 견성(見性)에 이른다는 것이다. 화두는 전통적으로 배고픈 고양이가 쥐를 쳐다보고 닭이 알을 품듯이 수행해야 한다고 말한다. 그만큼 간절하지 않으면 화두를 타파하기 힘들다는 뜻이다.

선가(禪家)에서는 동정일여(動靜一如), 몽중일여(夢中一如), 숙면일여(熟眠一如)의 세 단계를 거쳐야 비로소 견성에 이른다고 한다. 다시 말하면 움직이거나 고요히 앉아있을 때뿐만 아니라 꿈을 꿀 때와 숙면할 때도 화두가 성성하게 살아있어야 자신의 성품을 볼 수 있다는 것이다. '마음이 곧 부처[心卽佛]'라는 굳건한 믿음과 용맹정진이 있어야 가능한 일이다.

그런데 아무리 건강에 좋은 약이라도 내 몸에 맞지 않으면 별다른 소용이 없다. 이와 마찬가지로 간화선이 훌륭한 수행체계라 하더라도 자신에게 맞지 않으면 어쩔 수 없는 일이다. 다양한 수행법들의 소개로 간화선이 위기를 맞고 있는 오늘날 그 전통을 살리기 위해서는 어떻게 해야 할까? 이 물음을 말머리로 삼아 참구할 때다.

077

지관(止觀),
멈추니까 보이더라

오랜 시간 사랑을 받았던 『멈추면 비로소 보이는 것들』이라는 책이 있다. 저자는 정신없이 앞만 보고 달리던 현대인에게 잠시 멈추면 이 제까지 보이지 않았던 소중한 가치들이 비로소 보인다고 말한다. 이 책은 일반인에게도 많은 인기가 있었고 한때 저자인 출가사문을 스 타로 만들기도 하였다. 이 제목은 천태종의 수행체계인 지관(止觀)에 서 영감을 얻었다고 한다. 과연 멈추면[止] 어떤 것들이 보이는[觀] 것 일까?

지관은 천태 지의(天台智顗 538~597)에 의해 확립된 수행법이다. 이 수행체계는 새롭게 만들어진 것이 아니라 8정도의 정정(正定)과

정념(正念)을 근간으로 하고 있다. 마음을 고요히 가라앉히는 정정은 지(止), 고요해진 마음으로 모든 존재를 있는 그대로 보는 정념은 관(觀)에 해당된다. 한마디로 지관은 정정과 정념을 천태적으로 해석한 수행법이다. 이는 선정[定]과 지혜[慧]라는 또 다른 이름으로 불리기도 한다. 결국 한 뿌리에서 나온 수행이 문화, 종파에 따라 새롭게 해석되었다고 할 수 있다.

앞서 언급한 것처럼 지관은 마음을 고요하게 함으로써[止] 존재의 참모습을 있는 그대로 관찰하는[觀] 수행이다. 천태 대사는 열반에 이르는 여러 방법이 있지만, 지관이 가장 핵심적인 수행이라고 강조한다. 지(止)는 번뇌를 제거하는 최초의 문[初門]이자 선정의 근원이며, 관(觀) 또한 미혹을 끊는 바른 요체[正要]이자 지혜의 근본이기 때문이다. 따라서 지와 관을 수레의 두 바퀴, 또는 새의 양쪽 날개로 삼아 함께 수행해야 한다. 그렇지 않고 선정만 닦으면 어리석음[愚]에 빠지게 되고 반대로 지혜만 강조하면 미친[狂] 행위로 전락하고 만다. 결국 한쪽으로 치우친 수행은 원만하지 않기 때문에 깨침에 이를 수 없다는 것이다. 선정과 지혜를 함께 닦는 정혜쌍수(定慧雙修)는 이를 두고 한 말이다.

천태종에서는 삼종지관(三種止觀)이라 해서 지관을 실천하는 세 가지 방법을 제시하고 있다. 첫째는 낮은 단계에서 시작하여 점차 깊은 경지로 들어가는 점차지관(漸次止觀)이다. 이는 마치 1층부터 계단을 하나씩 밟으면서 맨 꼭대기에 오르는 것과 같다. 첫 마음을 낸 수행자는 먼저 삼보(三寶)에 귀의하고 악한 일은 하지 않고 선한 행동을 하는 등의 계행을 실천한 다음 선정을 닦아 산란한 마음을 고요하게 한다. 그렇게 점차적으로 수행이 깊어지면 마침내 존재의 참모습을 있는 그대로 보는 깨침의 경지에 이른다는 것이다.

둘째는 개인의 성향에 따라 일정한 순서 없이 수행하는 부정지관(不定止觀)이다. 어느 때는 점차적인 단계대로 수행하다가 때로는 곧바로 깊은 경지의 수행을 하는 경우다. 사람마다 공부가 잘 될 때가 있고 그렇지 않을 때도 있기 때문이다. 수행자의 상황에 따라 융통성 있게 대치하는 공부라고 할 수 있다.

셋째는 처음부터 존재의 참모습을 원만하고[圓] 즉각적으로[頓] 깨치는 원돈지관(圓頓止觀)이다. 이는 매우 뛰어난 근기의 수행자들만 행할 수 있는 실천이다. 마치 점차지관처럼 한 계단씩 걸어서 올라가는 것이 아니라, 승강기를 타고 곧장 맨 꼭대기 층에 오르는 것과 같다고 할 수 있다. 이는 중생이 곧 부처이고 번뇌(煩惱)가 보리(菩提)며, 생사(生死)가 열반(涅槃)이라는 존재의 실상을 일시에 깨치는 일이다.

천태의 지관수행은 불교뿐만 아니라 코로나19 사태가 정치, 경제, 사회, 문화 등 모든 분야에 커다란 영향을 끼치는 오늘날 더욱 큰 의미로 다가온다. 인류 역사상 경험해보지 못한 바이러스로 인해 사람과 물자의 이동 등 많은 것이 멈춤으로써[止] 적지 않은 소중한 가치들이 보이기[觀] 시작했다. 소소한 일상이 얼마나 귀한 일인지, 자연과 환경이 인류의 삶에 얼마나 큰 영향을 미치는지 보였던 것이다.

그렇다면 앞으로 어떻게 대처해야 할까? 이에 대한 진지한 고민이 있어야 한다. 코로나 바이러스는 성장을 최고의 가치로 삼고 앞만 보고 달려왔던 인류 문명에게 근원적인 질문을 던지고 있는 것이다. 어디를 향해, 무엇을 위해 그렇게 달리고 있는지 말이다. 이제는 우리가 멈춰 서서 답할 차례다.

078

묵조(默照),
조용히 관조할 뿐

어떤 이는 스펙터클한 액션물을 좋아하지만, 정반대로 처음부터 끝까지 조용한 느낌의 영화를 선호하는 사람도 있다. 외향적인 사람에게는 지루하게 보일지 몰라도, 누군가에게는 묘한 감동과 재미로 다가오는 것이다. 음악도 에너지 넘치는 록을 좋아하는 사람이 있는가 하면 조용한 느낌의 뉴에이지를 즐겨 듣는 이도 많다. 어떤 이는 시원시원하게 말하지만, 조용한 목소리로 말하거나 침묵을 좋아하는 사람도 있다.

불교의 수행체계도 마찬가지다. 간화선과 같이 직접적이고 거침없는 스타일의 수행만 있는 것은 아니다. 묵조선(默照禪)처럼 묵언

(默言)을 중시하며 좌선을 통해 나와 세계를 관조하는 고요한 수행도 있다. 위장이 튼튼한 사람이야 무슨 음식이든 빨리 먹어도 소화를 잘 시킬 수 있지만, 그렇지 못한 사람은 천천히 씹으면서 먹는 것이 좋다. 불교의 수행 역시 개인의 성향에 맞는 것을 선택해서 실천하면 되는 일이다. 나와 스타일이 다르다고 해서 틀렸다고 말하는 것은 그저 난센스에 불과하다.

묵조선은 조동종(曹洞宗)의 10대 조사인 굉지 정각(宏智正覺, 1091~1157)이 주창한 수행체계다. 당시 간화선 중심의 분위기에서 『묵조명(默照銘)』을 지어 조동종의 고요한 스타일의 수행법을 강조한 인물이다. 천동산(天童山)에 오래 머물면서 활동했기 때문에 흔히 천동 화상이라 불렸다. 그는 『묵조명』에서 "몸과 마음을 고요히 하고 말을 잊으면[默默忘言] 존재의 참모습이 눈앞에 밝게 드러난다[昭昭現前]."고 하였다. 그렇기 때문에 수행의 요체는 모든 것을 쉬고 조용히 앉아있는 데 있다. 지관타좌(只管打坐)란 말로 대표되는 묵조선은 그저 온갖 잡념을 잊은 채 오로지 일념으로 좌선하는 스타일이다.

어찌 보면 매우 고요하면서 단순한 수행법이라 할 수 있다. 이렇게 몸과 마음을 쉬기만 하면 중생에서 부처로 질적 전환을 할 수 있을까? 그에 의하면 충분히 가능하다고 한다. 왜냐하면 우리는 본래 청정하면서도 밝은 부처의 성품을 갖추고 있기 때문이다. 우리의 마음은 고요하면서 뚜렷이 밝은 신령스러운 바탕이지만, 평소에는 온갖 번뇌, 망상으로 가려져있어서 잘 드러나지 않는다. 그렇기 때문에 번뇌 덩어리인 몸과 마음을 쉬기만 하면 본래의 바탕으로 돌아가서 존재의 참모습이 환히 드러난다는 것이다.

이런 점에서 봤을 때, 수행자가 먼저 해야 할 일은 침묵[默]한 채 모든 것을 내려놓고 좌선을 하는 것이다. 그러면 존재의 실상을 환히 밝히는[照] 지혜가 저절로 작동한다는 것이다. 견성(見性)이란 이러한 믿음을 갖고 조용히 수행할 때 찾아오는 선물이다. 묵조선에서는 특별히 화두를 타파해야 한다는 목표의식도 필요 없다. 오히려 뭔가를 구하려는 바로 그 마음을 내려놓고 조용히 관조하라고 조언한다.

묵조선을 한국에 처음으로 소개한 인물은 구산선문(九山禪門) 가운데 수미산문(須彌山門)을 연 이엄 진철(利嚴眞澈, 870~936)이다. 조동종의 맥은 조선 중기까지 이어졌는데, 『삼국유사』를 편찬한 일연(一然, 1206~1289)이나 매월당 김시습(金時習, 1435~1493) 등이 그 전통을 지킨 인물들이다. 그 후 조동종의 자취는 사라졌지만, 오늘날 전통을 복원하려는 노력이 조용히 이어지고 있다.

그런데 굉지와 동시대를 살았던 대혜는 묵조선을 강한 어조를 비판하였다. '검은 산의 귀신 굴[黑山鬼窟]'로 빠지게 하는 수행이거나 아니면 '고목이나 불 꺼진 재[枯木死灰]'처럼 아무것도 얻을 수 없다는 비아냥도 난무했다. 조용히 좌선만 하게 되면 무기(無記), 즉 수행할 때 생기는 멍한 상태에 빠져 결코 견성할 수 없다는 것이다. 이런 영향 때문에 간화선 중심의 한국불교 또한 묵조선을 배척하는 분위기가 우세하였다.

대개 잔잔하고 조용한 영화를 보면 조는 경우가 있지만, 처음부터 끝까지 집중하면서 감상하는 사람도 있다. 묵조선을 한다고 해서 모두 무기에 빠지는 것은 아니라는 뜻이다. 위험성을 지적할 수는 있어도 그 자체를 틀렸다고 부정하는 것은 옳지 않다. 이는 사람들의 다양한 근기에 맞는 대기설법(對機說法)을 강조했던 붓다의 정신과도 맞지 않는 일이다.

079

염불(念佛),
현재의 마음이 부처

법회의식 가운데 정근(精勤)이라는 순서가 있다. 이는 쉬거나 게으름
을 피우지 않고 열심히 노력한다는 뜻인데, 대개 법문이 끝난 후반부
에 진행되는 의식이다. 이 시간이 돌아오면 의식을 집전하는 사람이
염불(念佛)을 시작하며, 법회에 참가한 불자들은 이를 따라하면서 절
을 하거나 불전함으로 나아가 각자 준비한 보시금을 내고 자기 자리
로 돌아온다. 정근은 법회가 열리는 법당의 주불(主佛)에 따라 그 대
상과 내용이 달라진다. 만약 대웅전에서 법회가 열리면 '삼계의 도사
이자 사생의 자애로운 어버이며 우리들의 스승이신 석가모니 부처
님께 귀의합니다[南無三界導師 四生慈父 是我本師 釋迦牟尼佛].'로 시작하

는 석가모니불 정근을 한다. 법당이 무량수전이라면 아미타불 정근을, 관음전에서는 관세음보살 정근을, 지장전이면 지장보살 정근을 수행한다.

염불은 가장 대중적인 수행이라 할 만큼 불자들 사이에서 널리 실천되고 있다. 평소에도 손으로 염주를 굴리면서 '나무아미타불'을 염하는 이들을 심심찮게 볼 수 있다. 그렇다면 염불을 하는 목적은 무엇이며, 실존적으로 어떤 의미를 지니는 것일까? 염불의 목적은 아미타불이나 관세음보살의 본원력(本願力)에 의지해서 서방정토(西方淨土)에 태어나는 것이다. 그렇기 때문에 염불하는 대상이 석가모니불보다는 아미타불이나 관세음보살인 경우가 많다. 일반인들에게도 널리 알려진 '나무아미타불 관세음보살'에는 아미타불과 관세음보살에게 귀의함으로써 종교적 목적을 이루고자 하는 바람이 담겨 있다.

염불은 내용에 따라 몇 가지로 구분할 수 있다. 첫째는 가장 일반적으로 행해지는 칭명염불(稱名念佛)이다. 글자 그대로 아미타불이나 관세음보살 등의 명호를 입으로 소리 내어 부르는 것이다. 이때 북이나 징, 목탁을 치면서 큰 소리로 염불하기도 하는데, 이를 고성염불(高聲念佛)이라 부른다. 둘째로 관상염불(觀想念佛)은 입으로 소리를 내는 것이 아니라 마음으로 아미타불을 간절히 생각하면서 수행하는 것이다. 그리고 실상염불(實相念佛)이라고 해서 모든 생명의 참모습[實相]을 관(觀)하는 염불도 있다. 아미타불은 공간적으로 한량

없는 빛[無量光]이며 시간적으로 영원한 생명[無量壽]을 의미한다. 실상의 차원에서 본다면, 염불은 우리들 생명의 근원인 영원한 빛과 생명 자리에 돌아간다는 자기 고백이라고 할 수 있다.

염불의 목적이 서방정토에 태어나는 것이라면, 이는 자력적(自力的)인 근본불교와는 많이 다르다. 스스로 수행해서 깨침에 이르는 붓다의 근본 가르침과 달리 염불은 절대 타자, 즉 아미타불의 힘에 의존한 타력적(他力的) 신앙이라는 뜻이다. 흔히 정토신앙에서는 깨침에 이르는 방법으로 난행도(難行道)와 이행도(易行道) 두 길이 있다고 말한다. 자기 수행을 통해 깨침에 이르는 것이 어려운 길이라면, 염불은 쉽고도 빠르게 도달할 수 있는 길이라는 것이다. 오직 간절한 마음으로 아미타불에게 귀의하기만 하면 극락왕생이 보장되기 때문이다. 아미타불의 48대 서원에서도 "어떠한 중생이라도 지극한 신심과 환희심을 내어 열 번만 나의 이름을 부르는 이가 있다면 반드시 왕생하게 될 것"이라고 강조하였다.

이러한 타력적인 측면 때문에 염불을 가볍게 보는 시선도 없지 않은데, 이는 큰 오해다. 염불의 대상이 석가모니불이든 아미타불이든 관계없이 그분들의 명호를 오직 일념으로 부르다 보면 어느새 모든 번뇌, 망상이 사라지고 마음이 청정해진다. 그렇게 탐진치(貪瞋癡) 삼독(三毒)이 모두 사라지면 맑고 고요한 마음으로 세계를 바라볼 수 있다. 간화선을 통해 깨침에 이른 여러 선사들이 염불을 중시하는 이유도 여기에 있다.

염(念)이라는 한자를 풀어보면 현재[今]의 마음[心]이라는 의미가 담겨있다. 그러니까 염불은 과거나 미래가 아닌 '현재의 마음이 곧 부처'라는 뜻이 된다. 염불을 통해 지나간 과거에 대한 집착과 오지 않은 미래에 대한 불안을 떨쳐버린다면, 우리는 바로 지금을 있는 그대로 살 수 있는 것이다. 현재의 나를 구속하는 번뇌, 망상이 사라졌으니 말이다. 염불의 실존적 의미도 바로 여기에 있다.

080

염불과 선의 만남

대화(dialogue)란 서로 다른 두 가지(dia) 방식(logos)이 만나서 나누는 이야기다. 그렇기 때문에 대화는 기본적으로 통하기가 쉽지 않다. 진보와 보수 간에 소통이 어려운 이유도 삶을 바라보는 방식이 서로 다르기 때문이다. 그런데 때로는 어울릴 것 같지 않은 두 양식이 만나서 묘하게 소통하는 경우도 있다. 이번에 살펴볼 염불과 선이 그렇다. 염불은 아미타불의 본원력에 의지해서 서방정토에 낳고자 하는 타력적 신앙이지만, 선(禪)은 치열한 자기 수행을 통해 깨침에 이르는 자력적인 길이다. 전혀 다른 성격의 두 수행체계가 어떻게 갈등이 아니라 멋진 화음을 만들어낸 것일까?

흔히 정토신앙은 말법시대(末法時代)에 유행하는 신앙이라고 일컬어진다. 불교에서는 붓다의 입멸 후를 세 시기로 구분하는데, 바른 가르침이 펼쳐지는 정법시대(正法時代)와 정법은 사라지고 형태만 남게 되는 상법시대(像法時代), 그리고 오탁악세(五濁惡世)의 말법시대가 그것이다. 세상이 오염되고 중생들이 죄를 많이 짓는 말법시대에는 아미타불의 본원력에 의존하는 염불 수행이 가장 좋은 방법이라는 것이다. 실제로 중국에서는 남북조의 혼란기를 거치면서 아미타불의 명호를 부르면 정토에 태어난다는 인식이 대중들 사이에 널리 퍼지게 되었다.

이처럼 정토신앙이 대중화되면서 새로운 움직임 또한 나타나기 시작한다. 그들은 아미타불과 서방정토가 저 먼 곳에 있는 것이 아니라 바로 나의 자성(自性)이라고 인식하였다. 유심정토(唯心淨土) 자성미타(自性彌陀)란 이를 두고 한 말이다. 아미타불과 서방정토를 내 마음으로 압축해서 해석한 것이다. 이는 곧 '마음이 부처[心卽佛]'라는 선불교의 핵심을 염불의 입장에서 수용한 것이다. 선(禪)에서도 정토와 아미타불이 자성의 또 다른 표현이라면 이를 받아들이는 데 별다른 문제가 없게 된다. 한국 선불교를 대표하는 보조 지눌이나 태고 보우(太古普愚, 1301~1382), 서산 휴정(西山休靜, 1520~1604) 등도 이러한 입장에서 선과 염불의 하모니를 연출하였다.

그런데 염불과 선을 '하나'로 더욱 끈끈하게 묶어주는 수행체계가 있다. 염불선(念佛禪), 혹은 염불화두선(念佛話頭禪)이 바로 그것이다. 이 수행법은 한국불교 근현대의 고승으로 알려진 청화(靑華, 1924~2003) 선사가 주창하면서 널리 알려지기도 하였다. 화두를 참구하는 간화선과 아미타불을 염하는 수행체계가 전혀 어울릴 것 같지 않지만, 묘하게 소통(疏通)하는 모습을 볼 수 있다. 염불선의 핵심은 '염불하는 놈이 누구인가[念佛者是誰]?' 하고 스스로 돌이켜보는 데 있다. 다시 말하면 염불 자체가 화두의 주제가 되고 있는 것이다. 염불하는 자신을 간절하게 참구하다 보면 어느 순간 자성미타가 눈앞에 나타나 견성에 이른다는 것이다.

이러한 염불선은 『육조단경』 덕이본으로 유명한 몽산 덕이(蒙山 德異, 1231~1308)의 영향이 크다. 그는 여말선초(麗末鮮初) 우리 불교계에 커다란 영향을 끼친 인물이다. 그에 의하면 염불하는 이가 누구인지 간절한 마음으로 반조(返照)하다 보면 어느 순간 아미타불을 친견하게 된다고 하였다. 염불이 곧 화두가 되는 것이다. 고려말 태고 보우 역시 당시 유행하던 '무(無)' 자 화두 대신 아미타불을 참구하라고 강조하였다. 그렇게 수행이 깊어지면 어느 순간 내 마음이 곧 아미타불임을 깨치게 된다는 것이다. 어찌 보면 내가 '도로 아미타불'이 되는 셈이다. 이것은 그동안 애쓴 일이 수포로 돌아간다는 뜻이 아니라, 열심히 수행한 결과 내가 처음부터 아미타불이라는 것을 깨쳤다는 의미로 해석하고 싶다. 아무튼 이러한 전통은 조선시대에도 계속 이어지는데, 특히 서산 대사는 염불과 선이 하나라는 입장을 적극적으로 주장하였다. 그는 『심법요초(心法要抄)』에서 "참선이 곧 염불[參

禪卽念佛]이며, 염불이 곧 참선[念佛卽參禪]"이라고 하였다. 이러한 염
선회통(念禪會通)의 전통은 오늘날까지 이어지고 있다.

　한국불교의 특징을 회통에서 찾는 이들이 많다. 서로 다른 사상
들이 만나서[會] 대립과 갈등이 아니라 높은 차원에서 하나로 통(通)
하는 성격을 지닌다는 것이다. 선(禪)과 교(敎)가 그랬던 것처럼, 염불
과 선도 그렇게 만나 하나가 되었다. 이러한 수준 높은 만남은 상대
의 가치와 특성을 이해하지 않는 한 불가능한 일이다. 특히 진보와
보수, 남과 북, 동과 서 등 대립과 갈등이 심해지고 있는 오늘날 우리
가 배워야 할 교훈이다.

081

절 수행,
아상 소멸 프로젝트

등산을 하다 보면 산행은 운동이 아니라 수행이라는 생각이 들 때가 많다. 어떤 이들은 뭔가 복잡한 문제가 있을 때 생각을 정리하려고 산에 가곤 한다. 처음에는 복잡한 생각들을 머릿속에 떠올리면서 천천히 걷기 시작한다. 그러나 오르막이 나오면 상황이 완전히 달라진다. 뭔가를 정리하겠다는 생각 자체가 들지 않는다. 산을 오르느라 힘들어 죽겠는데, 무슨 생각이 일어나겠는가. 내 의지와 관계없이 생각이 텅 비워지는 무념(無念) 상태가 되는 것이다. 그렇게 정상에 오르고 나면 머리가 맑아지면서 자연스럽게 마음 정리가 된다. 그저 땀을 흘렸을 뿐인데, 본래의 목적을 달성한 셈이다.

산행을 하면 마음 정리가 잘 되는 이유는 바로 앞서 언급한 무념에 있다. 땀을 흘리면서 복잡한 생각, 번뇌가 모두 텅 비워졌던 것이다. 그렇게 고요한 마음이 되면, 지금의 나의 상태를 있는 그대로 바라볼 수 있다. 산행을 수행이라고 생각하는 이유다. 절 수행 역시 산행과 비슷한 구조를 지니고 있다. 절 수행을 시작할 때는 뭔가 생각을 할지 몰라도 100배, 500배, 1000배가 넘어가면 몸이 힘들어서 아무 생각도 나지 않는 무념의 상태가 된다. 그렇게 절 수행을 마치고 나면 번뇌, 망상이 사라지고 고요한 상태가 된다. 절은 무명(無明)으로 찌든 몸과 마음을 함께 닦는[心身雙修] 수행이다.

절 수행이 지금처럼 대중화된 것은 아무래도 성철(性徹, 1912~1993) 선사의 영향이 크다 할 것이다. 선사가 3천배를 해야 자신을 만날 수 있다고 한 일화는 널리 알려져 있다. 어쩌면 선사를 찾아온 사람은 3천배를 하면서 스스로 문제를 해결했을 것이다. 절을 하는 동안 자신을 괴롭혔던 번뇌가 사라졌을 테니 말이다. 2000년에는 법왕정사에서 오랫동안 일반인들과 함께 절 수행을 해온 출가사문이 『절을 기차게 잘 하는 법』이라는 책을 출간해서 화제가 되기도 하였다. 이러한 노력들로 인해 오늘날 절 수행의 위상은 한 단계 올라가게 되었다. 그동안 보조적인 수행법으로 인식되었던 절이 어느 정도 독자적인 수행체계로 자리 잡게 된 것이다.

그렇다면 절 수행은 불교적으로 어떤 의미를 지닐까? 서산 대사는 『선가귀감(禪家龜鑑)』에서 절의 의미를 공경[敬]과 굴복[伏] 두 가지로 압축하였다. 먼저 절은 다름 아닌 나 자신을 공경하는 행위다. 왜냐하면 나란 존재가 본래 부처이기 때문이다. 그러니까 절 수행은 본래 부처인 참 성품을 공경하는[恭敬眞性] 거룩한 행위가 되는 것이다. 둘째로 절은 무명을 굴복시키는[屈伏無明] 수행이다. 절이란 자신을 최대한으로 낮추어 누군가에게 예를 표하는 행위다. 절을 하심(下心), 즉 교만한 마음을 내려놓고 자신을 낮추는 수행이라고 하는 이유도 바로 여기에 있다. 이런 점에서 보면 절은 번뇌, 망상의 껍데기를 벗겨내고[伏] 본래의 참 성품이라는 알맹이를 드러내는[敬] 수행이라 할 수 있다.

공경과 굴복이 가능한 것은 앞서 언급한 것처럼 절을 하면 자연스럽게 무념이 되기 때문이다. 무념(無念)이라고 할 때 마음[念]이란 다름 아닌 번뇌, 망상, 삼독, 무명 등을 가리킨다. 한마디로 아상(我相), 즉 나에 대한 집착이라고 할 수 있다. 절은 단순히 자신의 몸만 낮추는 것이 아니라 마음도 함께 낮추는 수행이다. 그렇기 때문에 절 수행이 잘 되면 '나'라고 하는 상(相)이 완전히 소멸되어 본래 무아(無我)임을 깨칠 수 있는 것이다. 깨침이라는 불교의 본래 목적에 절 수행이 부합된다는 뜻이다. 절 수행이 단순히 보조적인 수단에만 머물러서는 안 되는 이유다.

이처럼 절 수행은 분명한 문제의식을 갖고 시작해야 한다. 내가 왜 절을 하는지, 절 수행이 나의 실존에 어떤 의미인지를 생각하고 수행해야 한다는 것이다. 그렇지 않고 기계적으로 절 수행을 하면 또 다른 문제를 야기할 수 있다. 절은 아상을 제거하여 무아를 깨치기 위한 수행인데, 오히려 '나는 3천배를 몇 번 했다.'는 아만을 키울 수 있기 때문이다. 그 아상으로 자신을 높이고 상대를 낮춘다면, 절 수행으로 건강을 얻는다고 해서 무슨 소용이 있겠는가. 결코 놓쳐서는 안 되는 문제다.

082

주력(呪力) 수행이란?

불교에 입문하여 처음으로 법회에 참석했을 때의 일이다. 당시 사람
들은 대부분 책도 보지 않은 채 도저히 알아들을 수 없는 말을 합송
하고 있었다. 나중에 알고 보니 그것은 우리나라 불자들이 많이 독송
하는 『천수경(千手經)』이었다. 그렇게 긴 글을 어떻게 암송하는지 궁
금해서 한 분에게 물어보니 2, 3년 정도 매일같이 독송하면 저절로
외워진다는 것이었다. 특히 천수다라니를 반복해서 외우는 것을 보
고 무슨 뜻이냐고 물어보았다. 돌아온 답은 뜻밖에도 모른다는 것이
었다. 그리고 주문은 뜻을 생각하지 않고 외워야 효험이 있다고 힘주
어 말했다.

어떤 음절이나 문장을 반복해서 외우는 것을 주력(呪力) 수행이라 한다. 주력은 글자 그대로 주문[呪]에 초월적이고 신비한 힘[力]이 있다는 뜻이다. 그렇기 때문에 주문을 간절한 마음으로 외우게 되면 자신이 지은 모든 업장을 털어내고 깨달음을 얻거나 극락왕생할 수 있다고 한다. 이러한 주력은 진각종(眞覺宗)이나 진언종(眞言宗), 총지종(摠持宗) 등의 밀교 종단에서 중시하는 수행법이다. 사람들에게 많이 익숙한 주문으로 '옴 마니 반메 훔', '수리수리 마하수리 수수리 사바하' 등이 있다. 주문은 진언(眞言, mantra)이라고도 하는데, 특히 아주 긴 주문은 다라니(陀羅尼)라고 한다. 다라니는 붓다의 모든 가르침이 담겨있다고 해서 총지(總持)라 부르기도 한다.

주문에 초월적인 힘이 있다는 믿음은 아주 오랜 역사를 가지고 있다. 고대 인도인들은 신들에게 제사를 드리고 찬양하는 과정에서 주문을 활용하였다. 또한 병을 치료하거나 재난을 물리치기 위한 의식으로도 사용하였다. 바라문교의 성전인『베다(veda)』에는 각종 신들을 찬양하는 수많은 주문들이 실려 있는데, 특히『아타르바베다(Atharvaveda)』는 주문만을 별도로 모아놓은 책이다. 사람들은 신을 향해 외치는 주문 안에 어떤 신성한 힘이 있다고 믿었다. 주문을 곧 신의 음성이자 우주의 에너지로 인식했던 것이다. 이처럼 주문에 초월적인 에너지가 있다고 믿게 되자 그들은 신보다 오히려 주문 자체를 신성시하기도 하였다. 예컨대 사람들에게 익숙한 '옴(aum)'과 같은 주문은 그 자체로 우주의 근원이라고 생각하였다.

이러한 주력 수행은 대승불교에 이르러 대중들을 교화하는 방편으로 수용되었다. 우리나라에서는 삼국시대부터 행해진 것으로 보이는데, 의상 대사의 「백화도량발원문」에 "일체중생이 대비주(大悲呪)를 외우고 보살의 이름을 불러서 다 같이 원통삼매(圓通三昧)의 바다에 들기를 발원합니다."라는 구절이 나온다. 여기에서 대비주란 바로 '나모 라다나 다라야 야'로 시작되는 천수다라니를 가리킨다. 이를 통해 신라 당시에도 주력 수행이 어느 정도 대중화되었음을 짐작할 수 있다. 이후 고려시대와 조선시대를 거쳐 오늘에 이르기까지 주력 수행은 종파와 관계없이 중요한 수행법으로 실천되고 있다.

그렇다면 주력을 통해 불교의 본질인 깨침에 이를 수 있을까? 널리 알려진 얘기지만, 꺼져가는 선불교를 다시 일으켜 세운 경허(鏡虛, 1849~1912) 선사는 제자인 수월(水月, 1855~1928) 선사에게 천수다라니를 수행하도록 지도하였다. 일자무식이었던 수월 선사는 간절한 마음으로 주력 수행에 정진한 결과 마침내 깨침에 이르고 오늘의 한국불교를 있게 한 선지식으로 우뚝 서게 된다. 선사들이 주력을 중시한 이유가 다 있었던 셈이다. 주력은 그 자체로 깨침에 이르는 중요한 수행체계였던 것이다.

주문은 불교뿐만 아니라 대부분의 종교에서 실행되고 있다. 일부에서는 진언이 어떤 의미인지 알려 하지 말고 무조건 외우라고 말한다. 그런데 기독교의 주문에 해당되는 주기도문은 한글이기 때문에 굳이 알려고 하지 않아도 알 수 있다. 만약 불교의 진언이 우리말이라면 그 뜻을 모를 수 있겠는가. 인도어이기 때문에 모르는 것이다. 요즘은 주문이 거의 우리말로 번역되어 그 뜻을 알 수 있게 되었다. 모르고 외우는 것보다 의미를 새기면서 외우는 것이 낫지 않을까. 내가 왜 주문을 외우는지, 그것이 나의 실존에 어떤 의미인지를 성찰하고 주력 수행을 하자는 것이다. 문제의식과 간절함, 이는 주력을 포함한 모든 수행의 기본이다.

083

사경(寫經), 경전을 사색하는 시간

불교에 입문한 지 얼마 되지 않아 수련회에 참가한 적이 있는데, 프로그램 가운데 『반야심경』을 사경(寫經)하는 순서가 있었다. 그날 저녁 절을 한 번 할 때마다 한 글자씩 종이에 베껴 쓰는 수련을 했다. 그러니까 자연스럽게 270배를 하면서 『반야심경』 전체를 쓰고 읽은 셈이 되었다. 난생처음 해본 경험이었지만, 산란했던 마음이 가라앉고 왠지 모를 고요함이 느껴졌다. 이전에도 경전을 공부한 적은 있지만, 이렇게 정성껏 읽은 적은 없었던 것 같다. 사람들이 왜 사경을 수행이라 생각하고 실천하는지 조금은 이해할 수 있는 시간이었다.

사경(寫經)이란 글자 그대로 경전을 베껴 쓰는 것을 의미한다.

사경은 본래 경전을 널리 유통시키기 위한 목적에서 시작되었다. 이는 불교뿐만 아니라 다른 종교에서도 있는 일이었다. 예전에는 경전을 널리 알리기 위한 수단으로 직접 종이에 베껴 쓰는 것 이외에 별다른 방법이 없었기 때문이다. 그런데 인쇄술의 발달로 경전의 대량 생산이 가능해지자 유통 목적으로써 사경은 더 이상 의미가 없게 되었다. 대신 사경은 공덕을 쌓는 행위라는 새로운 의미가 그 자리를 차지하였다. 붓다의 말씀인 경전을 정성껏 베껴 쓰면 공덕이 쌓여서 미래에 좋은 결과를 가져온다고 믿게 된 것이다.

그렇다면 사경은 수행으로써 어떤 의미를 지니는 것일까? 다시 말하면 사경을 통해 불교의 목적인 깨침에 이를 수 있는가 하는 것이다. 물론 글자만 베껴 쓴다면 수행으로써 큰 의미는 없을 것이다. 그러나 '사(寫)'란 글자만 베껴 쓰는 것이 아니라 경전에 담긴 붓다의 가르침을 우리의 몸과 마음에 새기는 행위다. 즉 경전의 말씀을 한 자한 자 정성껏 새기면서 붓다를 닮아가야겠다고 발원(發願)하는 성스러운 의식인 것이다. 이러한 수행이 무르익어 현실에서 이루어진다면, 사경은 깨침을 향한 수행으로써 충분한 의미가 있다 할 것이다.

실제로 사경을 해보면, 마음집중이 되었을 때와 그렇지 않을 때의 차이가 많이 난다. 글씨만 보아도 바로 알 수 있다. 일념으로 사경을 하면 글자가 매우 가지런하지만, 마음에 번뇌가 일어나게 되면 글자가 고르지 못하다. 몸은 여기 있는데 마음이 다른 곳에 가있기 때문에 집중이 되지 않은 것이다. 사경은 몸과 마음을 하나로 집중시키고 간절한 마음으로 수행해야 한다. 그렇게 수행을 하면 경전에 담긴 붓다의 진리와 글을 쓰고 있는 내 몸과 마음이 '하나' 되어 사경 삼매(三昧)에 이르게 된다. 사경이 보조 수단이 아니라 그 자체로 독자적인 수행체계가 될 수 있는 이유도 바로 여기에 있다.

『화엄경』의 결론이라 불리는 「보현행원품」에는 부처님이 사바세계에 오기까지 발심하고 끊임없이 정진하였는데, "살갗을 벗겨 종이를 삼고 뼈를 쪼개 붓을 삼았으며, 피를 뽑아 먹물을 삼고 사경하기를 수미산만큼 했다."고 나온다. 『법화경』에서도 "이 경전을 수지 독송하여 바르게 기억하고 익히며 베껴 쓰는 중생이 있다면, 이 사람은 석가모니 부처님을 직접 만나 경전을 들은 것과 같다."고 하였다. 그만큼 사경이 중요하며 공덕이 크다는 것을 강조하고 있는 것이다. 앞서 언급한 것처럼 사경은 단순히 경전을 베끼는 행위가 아니라, 그 의미를 마음에 새기고 실천하는 일이다. 그렇기 때문에 사경은 붓다의 말씀을 사색하는 시간이라 할 수 있다. 그 사색이 무르익어 일상으로 이어질 때, 듣고[聞] 사색[思]하며 실천[修]하는 불교 공부의 세 박자가 실현되는 것이다.

그런데 경전의 의미를 생각하지 않고 단순히 글자만을 베껴 쓴다면, 이것은 올바른 수행이라고 할 수 없다. 그저 경전에 먹히고 굴림을 당할 뿐이다. 아무리 사경을 많이 해도 삶의 질적 변화가 일어나지 않는 이유도 여기에 있다. 참다운 사경이 되기 위해서는 스스로 주체가 되어 경전을 굴릴[轉經] 줄 알아야 한다. 그것이 다름 아닌 문제의식을 갖고 간절한 마음으로 사경하며 일상에서 실천하는 일이다. 사경하기 전에 절을 하는 것도 이를 위해서가 아니겠는가. 내가 경전을 굴리고 있는지, 경전이 나를 굴리는지 한번 돌아볼 일이다.

084

공양도 수행이다

'식사는 하셨습니까?'

오늘날에도 흔히 쓰이고 있는 인사말이다. 몇 해 전에는 모 방송국에서 〈식사하셨어요?〉라는 프로그램이 방영되기도 하였다. 밥 한 끼 먹는 것이 큰일이었던 배고픈 시절의 정서가 아직도 남아있는 것이다. 불교에서는 이 말 대신 '공양은 하셨습니까?'라는 독특한 표현을 쓴다. 그래서 불자가 아닌 사람들은 이 말을 들으면 무슨 뜻인지 의아해하기도 한다. 여기에서 공양(供養)이란 밥 먹는 것을 의미한다. 우리나라 사찰에서는 대중들이 모여서 발우(鉢盂)에 음식을 담아 함께 식사하는 전통이 있는데, 이를 대중공양이라고 한다. 요즘에는 안거

때 선원에서 정진하는 수좌들에게 공양을 올린다는 의미로 많이 쓰인다. 그렇다면 밥을 먹는 것을 과연 수행이라고 할 수 있을까?

공양이란 본래 누군가에게 음식이나 옷, 약 등을 바치는 것을 의미한다. 육바라밀 가운데 보시(布施)의 의미로 생각하면 될 것이다. 그런데 공양의 대상은 붓다와 가르침, 승가 삼보(三寶)가 중심을 이루고 있다. 여기에서 붓다에게 바치는 공양을 불공(佛供), 불법(佛法)에 공양하는 것을 법공(法供), 승가의 주요 구성원인 승려에게 바치는 것을 승공(僧供)이라고 한다. 이렇게 삼보에 공양하는 것을 불자들은 공덕을 쌓는 행위라고 생각한다. 그 공덕으로 좋은 과보를 얻게 된다는 믿음이 자리하고 있는 것이다.

이러한 공양의 전통은 붓다가 활동하던 시기의 탁발 문화에서 비롯되었다. 당시 출가한 사문들은 걸식을 통해 식생활을 해결하였는데, 이를 제공한 이들은 주로 재가불자였다. 사문들에게 걸식은 단순히 배고픔을 해소하는 수단이 아니라 깨침을 향한 수행으로서 의미를 지닌다. 그렇기 때문에 여기에도 몇 가지 엄격한 규율이 적용되었다. 예컨대 하루에 한 번 오전에만 탁발을 해야 하며, 일곱 집 이상을 다니면 안 되었다. 또한 탁발하는 집이 부유한지 가난한지, 공양받는 음식이 어떤 종류인지 가려서도 안 된다. 그저 주는 대로 먹을 뿐이다. 이런 점에서 탁발은 하심(下心), 즉 아상(我相)을 내려놓는 매우 효과적인 수행이었다. 얻어먹는 사람이 어떻게 우쭐하는 마음을 낼 수 있겠는가.

한편 사찰이 생기고 교단의 규모가 커지면서 공양의 대상도 수행자 개인에서 대중으로 확대되기에 이른다. 우리가 사찰에서 먹는 음식은 누군가 정성껏 보시한 공양물이다. 그렇기 때문에 절에서 음식을 먹을 때는 당연히 감사의 마음을 가지게 된다. 이러한 감사의 마음은 먹을 것을 보시한 사람뿐만 아니라 이 음식이 여기까지 오게 된 모든 인연들로 이어진다. 밥을 먹기 전에 "한 방울의 물에도 천지의 은혜가 스며있고 한 톨의 곡식에도 만인의 노고가 담겨있습니다. 정성이 깃든 이 음식으로 몸과 마음을 바르게 하고 청정하게 살겠습니다."라는 공양게(供養偈)를 합송하는 이유다.

음식은 어떤 마음으로 먹느냐에 따라 수행이 되기도 하고 배고픈 욕구를 충족시키는 행위가 되기도 한다. 우리가 먹는 모든 음식에는 태양과 구름, 비, 바람과 같은 대자연의 은혜뿐만 아니라 이를 길러낸 많은 사람들의 땀방울이 담겨있다. 그렇기 때문에 공양은 단순히 허기진 배를 채우거나 입맛을 위한 행위가 아니라, 모든 것은 연기적으로 존재한다는 실상을 인식하고 감사의 마음을 가지는 수행이다. 사찰에서 음식 남기는 것을 경계하는 이유도 공양 자체가 몸과 마음을 바르게 하고 청정하게 살기 위한 실천이기 때문이다. 오늘날 밥 한 톨 남기지 않는 불교의 공양 문화가 음식물쓰레기 문제를 해결하는 대안으로 주목받고 있는데, 공양의 의미도 함께 전달이 되었으면 하는 바람이다.

발우에 담긴 음식을 깨끗하게 비운 후에는 대중들이 합장을 하고 "이르는 곳마다 부처님의 도량이 되고 베푼 이와 수고한 모든 이들이 보살도를 닦아 다 같이 성불하여지이다."라고 합송을 한다. 공양게에는 대중들의 한 끼 식사를 위해 수고를 아끼지 않은 모든 이들이 열심히 정진하여 성불하기를 바라는 마음까지 담겨있다. 이런 마음으로 음식을 먹는다면 공양하는 장소가 집이든 식당이든 관계없이 그곳이 바로 부처님과 함께 하는 거룩한 도량이 될 것이다.

085

일상 모두가 수행

지금까지 붓다의 수행법인 위빠사나를 비롯하여 중국에서 개발된 간화선에 이르기까지 다양한 수행체계를 살펴보았다. 오늘날엔 바쁘게 살아가는 현대인의 실정에 맞는 수행법들이 등장하여 사람들의 관심을 끌기도 하였다. 각자의 성향이 다른 만큼 그에 어울리는 여러 수행법이 있는 것은 자연스러운 일이다. 붓다 역시 대기설법(對機說法), 즉 대중들의 근기에 맞는 가르침을 설하지 않았는가. 수행도 마찬가지로 자신에게 맞는 방법을 택하여 신행의 기초로 삼으면 되는 일이다. 옳고 그름이 아니라 서로 다름의 시각에서 접근하는 일이 필요하다.

그런데 일반인들은 전문 수행자가 아니기 때문에 집중적으로 수련하기가 그리 만만치 않다. 그렇기 때문에 일상의 순간순간을 수행의 도량으로 활용하는 지혜가 필요하다. 옛 선사들은 행주좌와(行住坐臥), 어묵동정(語默動靜)이 모두 선(禪)이 되어야 한다고 강조하였다. 어디를 가거나 머무르거나 앉거나 눕거나, 혹은 말하거나 침묵하거나 움직이거나 조용히 있는 모든 순간이 수행이라는 뜻이다. 이것이 가능하기 위해서는 우리의 마음이 늘 깨어있어야(mindful) 한다. 그렇지 않으면 일상에서 마주치는 모든 경계에 먹혀서 수행은커녕 정신없는(mindless) 중생의 삶이 계속될 뿐이다.

지금의 내 모습은 과거 몸[身]과 입[口], 생각[意]으로 지은 행위의 결과물이다. 흔히 업(業)이라 불리는 삶의 법칙에서 벗어나기란 매우 힘든 일이다. 과거의 반복된 행위가 무의식에 쌓이게 되면, 그 에너지가 현재의 삶에 영향을 주기 때문이다. 오랫동안 가까이 했던 술이나 담배를 끊기 어려운 이유도 바로 여기에 있다. 따라서 일상을 수행의 도량으로 가꾸기 위해서는 대상에 먹히면서 살아온 과거의 업으로부터 단절해야 한다. 그 방법이 무엇이겠는가. 그것은 다름 아닌 지금까지 우리가 살펴봤던 수행이다. 특히 정기적인 시간을 마련해서 훈련하는 것이 좋다. 매일 10분이라도 시간을 정해서 명상을 하거나, 아니면 1주일에 특정 요일을 정해서 훈련하는 일이 필요하다. 이는 일상에서 일어나는 번뇌, 망상을 수행의 주제로 전환시키는 중요한 과정이다.

정기적으로 훈련을 하다보면 수행으로 쌓인 에너지가 마치 가랑비에 옷 젖듯이 우리들 몸과 마음에 스며들어 삶이 조금씩 변화기 시작한다. 여기에서 주목할 것은 수행이 깊어지면 일상의 순간순간을 공부로 인식하게 된다는 점이다. 예컨대 목욕 또한 자연스럽게 수행으로 생각하면서 할 수 있다. 그 순간 욕실은 단순히 몸에 쌓인 때만 벗겨내는 것이 아니라 몸과 마음으로 지은 악업(惡業)을 참회하고 새로운 삶을 발원하는 거룩한 도량이 된다. 이른바 목욕 명상이 탄생하는 것이다.

운전도 수행이라 생각하면 훨씬 평온하고 안전하게 운행할 수 있다. 마음이 분주하면 운전 또한 불안하며, 평온한 마음일 때 안전한 운행이 뒤따르는 법이다. 베트남 출신의 틱낫한(Thich Nhat Hanh)은 운전하면서 만나는 빨간 신호등을 부처님으로 여기라고 말한 적이 있다. 빨간 불은 단순히 자동차를 멈추라는 신호가 아니라 빨리만 가려고 하는 우리의 마음을 붙잡아주는 부처님이라는 것이다. 그렇게 생각하면 빨간 신호등은 나의 주행을 방해하는 것이 아니라 오히려 고요와 평화를 가져다주는 고마운 존재로 다가온다. 비록 잠깐의 '멈춤'이지만 그런 마음으로 신호가 바뀔 때까지 들어오고 나가는 호흡에 집중한다면, 자동차 안은 거룩한 수행의 도량이 되는 것이다.

일상을 수행이라 생각하는 삶과 그렇지 않은 삶은 질적으로 다를 수밖에 없다. 예를 들어 화가 날 때도 이를 공부라고 생각한다면 그 상황을 지혜롭게 대처할 수 있다. 하지만 그 상황에 먹히면 화를 나게 한 대상을 탓하면서 짜증만 낼 뿐이다. 마치 불이 났는데 불 끌 생각은 하지 않고 화재의 원인만 탓하는 것과 같다. 그 순간 나 자신은 화에 완전히 지배를 당한 꼭두각시로 전락하게 된다. 어느 쪽을 선택할 것인가는 각자에게 달려있다. 수행이라 생각하면 삶의 방향은 붓다를 향할 것이고, 그렇지 않다면 대상과 경계에 먹혀서 허우적거리는 중생으로 남을 것이다. 우리가 왜 불교를 공부하는지 조용히 성찰할 일이다.

깨
침
의
길

086

붓다의 깨침,
그 실존적 의미는?

우리나라는 부처님오신날(음4.8)을 비롯하여 출가재일(음2.8), 성도재일(음12.8), 열반재일(음2.15)을 불교의 4대 명절로 정하여 기념하고 있다. 사찰마다 사정이 다르겠지만, 부처님오신날을 제외한 나머지 기념일은 그냥 넘어가는 경우가 종종 있다. 언젠가 제법 규모가 큰 교구본사를 방문했다가 그해 성도절을 어떻게 기념했는지 물어봤더니, 절에서는 특별한 행사 없이 평소처럼 보냈다는 것이었다. 어찌보면 불교에서 제일 중요한 날인데, 그냥 지나쳤다는 얘기를 듣고 고개를 갸우뚱했다.

그렇다면 불교에서 성도재일(成道齋日)은 왜 중요한 의미를 지니는 것일까? 이날은 글자 그대로 도를 이룬 성도(成道), 즉 석가모니의 깨침을 기념하는 날이다. 성도절이 중요한 것은 중생 싯다르타가 도를 이루고 깨달은 사람[覺者], 즉 붓다[佛]가 되었으며 그분의 가르침[敎]이 곧 불교이기 때문이다. 따라서 조금 엄밀히 말한다면, 불교의 역사는 석가모니의 탄생이 아니라 성도에서 시작된다고 보아야 한다. 성도절을 소홀히 해서는 안 되는 이유도 바로 여기에 있다.

싯다르타가 도를 이룬 그날 보리수 아래에서는 과연 무슨 일이 일어난 것일까? 소부경전 『우다나』에는 그때의 소식을 이렇게 전하고 있다.

> "참으로 진지하게 사유하여 일체의 존재가 밝혀졌을 때,
> 그의 의혹은 씻은 듯이 사라졌다."

여기에서 우리가 주목해야 할 부분이 있다. 그것은 바로 어린 시절부터 싯다르타를 괴롭히고 급기야 출가의 길로 들어서게 한 생로병사에 대한 의문이 진지한 사유(思惟)를 통해 해결되었다는 사실이다. 그러니까 중생 싯다르타를 깨달은 붓다로 이끈 원천은 다름 아닌 생각(生覺)에 있었던 것이다. 성도는 잠자고 있던 싯다르타의 삶[生]을 일깨운[覺] 종교적 체험이었다.

철학자 하이데거(Martin Heidegger, 1889~1976)는 생각이란 기대하지 않았던 사건과 조우할 때 발생한다고 하였다. 이 말은 생각은 익

숙한 상황이 아니라 낯선 상황과 만날 때 일어난다는 뜻이다. 예를 들어 항상 아파트 101동에 주차하던 사람이 그날 저녁 늦게 귀가하는 바람에 102동에 주차했다고 해보자. 그 사람은 다음날 아침 102동이 아니라 101동으로 갈 확률이 매우 높다. 평소 101동에 주차했던 습관 때문이다. 그런데 101동으로 가면 차가 보이지 않는 낯선 상황과 만나게 되고 '왜 차가 없을까?'라는 생각을 하게 되는 것이다. 어젯밤 일은 그때 비로소 떠오른다.

싯다르타가 생각을 하게 된 계기도 마찬가지였다. 그는 사문유관(四門遊觀), 즉 늙고 병들고 죽은 사람과의 '낯선' 만남을 통해 '삶과 죽음이란 무엇일까?'를 생각하게 된 것이다. 이를 계기로 출가를 하고 치열한 수행 끝에 깨침에 이르렀으며 불교라는 새로운 종교가 탄생한 것이다. 이런 점에서 보면 생각은 한 사람의 삶을 바꿔놓을 뿐만 아니라 새로운 역사를 창조하는 엄청난 에너지를 갖고 있는 셈이다.

붓다의 깨침과 사유는 우리의 실제적인 삶에 어떤 의미가 있는 것일까? 왕자 싯다르타의 궁중 생활은 익숙한 상황의 연속이었기 때문에 생각을 일으키기에 좋은 환경이 아니었다. 그런 상황에서는 사는 대로 생각하기 마련이다. 주체적인 삶이 아니라 아버지 정반왕이 원하는 삶이었던 것이다. 그러나 성문 밖의 낯선 만남을 통해 그는 주체적인 삶, 즉 사는 대로 생각한 것이 아니라 생각대로 사는 일대 전환을 이루었다. 붓다의 출가와 성도에서 우리는 이것을 읽을 수 있어야 한다. 그래야 불교가 생생하게 살아있는 나의 문제로 다가오기 때문이다.

　은지성 작가의 책 제목처럼 사람은 '생각대로 살지 않으면 사는 대로 생각하게 된다.' 업(業)의 관성 때문에 그렇다. 중생이란 다름 아닌 사는 대로 생각하는 사람이다. 그렇기 때문에 다른 사람의 욕망에 맞추느라 삶이 늘 정신없이(mindless) 흘러갈 뿐이다. 물건 하나를 사더라도 내가 진정 원해서가 아니라 다른 이의 욕망이 투영되어 지갑을 열게 된다. 그러나 붓다는 생각대로 사는 사람이기 때문에 늘 깨어있는(mindful) 삶을 산다. 중생에서 붓다로 질적 전환을 이루는 비밀이 '생각'에 있었던 것이다.

087

깨침, 언어의 길이
끊어진 체험인가?

"말할 수 있는 것은 분명히 말하라. 그러나 말할 수 없는 것
은 침묵하라."

언어철학자인 비트겐슈타인(Wittgenstein, 1889~1951)의 유명한 말이
다. 우리는 상대방의 말이나 행동을 보고 그 사람을 쉽게 규정하는
데, 사람의 감정이나 확인되지 않은 사실들에 대해서 함부로 말해서
는 안 된다는 것이다. 한마디로 검증되지 않은 사실들을 예단해서 말
하는 것을 경계해야 한다는 의미다.

비트겐슈타인에 의하면 분명히 말할 수 있는 것은 서로 확인이

가능한 것들에 한해서다. 예를 들어 두 친구가 길을 걷다 하늘을 보더니 '먹구름이 몰려오는 거 보니 비가 오려나봐.'라고 말하는 것은 가능하다. 서로 먹구름이 끼었다는 사실을 확인할 수 있기 때문이다. 이처럼 분명한 것만 말하고 그렇지 않은 것에는 침묵한다면, 사람들 간의 오해도 없을 것이다. 그런데 인간의 삶이 어디 그럴 수 있겠는가.

그의 말을 종교에 적용하면 무척 난처해진다. 종교는 검증의 영역을 넘어서기 때문에 할 수 있는 일이라곤 침묵밖에 없다. 특히 붓다의 깨침을 논할 때는 더욱 더 할 말이 없어진다. 깨침은 언어의 길이 끊어지고[言語道斷] 마음으로도 헤아릴 수 없는[心行處滅] 종교적 체험이기 때문이다. 그럼에도 불구하고 붓다는 45년 동안이나 언어도단의 세계에 대해 엄청난 말들을 쏟아냈다. 팔만대장경으로 대표되는 수많은 말들을 어떻게 설명할 수 있을까? 아이러니도 이런 아이러니가 있을 수 없다. 이 문제를 해소하기 위해 종교학자인 오강남 교수의『열린 종교를 위한 단상』에 실린 우물 안 개구리 이야기를 해볼까 한다.

우물 안에 여러 개구리들이 살고 있었는데, 한 개구리가 밖으로 나가려고 하였다. 자신이 본 하늘이 과연 저만큼인가 의문이 들었기 때문이다. 그래서 여러 번 시도해보았지만 매번 떨어지는 바람에 쉽게 나갈 수 없었다. 그러던 어느 날 개구리는 온힘을 다해 뛰어올랐고 기적처럼 우물 밖으로 나올 수 있었다. 밖으로 나온 개구리의 첫마디는 '아!'라는 감탄사였다. 우물 안의 하늘과 끝없이 펼쳐진 하늘은 달라도 너무 달랐다. 그는 비로소 자신이 보았던 하늘은 그저 일부에 지나지 않았다는 것을 깨치게 되었다. 그는 새로운 세계에 흠뻑 취해 여기저기를 여행하면서 맘껏 즐겼다.

그런데 개구리는 문득 우물 안에 있는 친구들에게 이 멋진 세계를 보여주고, 그 안에서 본 하늘은 실재(reality)가 아니라고 말해주고 싶었다. 우물 안으로 돌아온 개구리는 벗들에게 자신이 경험했던 드넓은 들판과 시냇물, 나무 등에 대해 이야기했다. 하지만 그들 모두 우물 밖을 나가본 경험이 없기 때문에 한마디도 알아들을 수 없었다. 고민 끝에 그는 저 넓은 들판을 내 배의 '2배'만큼이나 넓다고 소개한다. 그제야 비로소 다른 개구리들은 '아하, 그렇구나.'하고 고개를 끄덕였다.

그렇다면 개구리는 왜 그렇게 말했을까? 우물 안에서 가장 큰 숫자는 2였기 때문이다. 비록 저 넓은 들판의 실제 모습과는 다르지만, 우물 안에 있는 개구리들이 이해할 수 있도록 '2'라는 상징(symbol)을 동원해서 설명했던 것이다. 상징은 말로 표현할 수 없는 체험을 '2배'라는 우물 안 언어를 통해 바깥 세계와 연결해주는 수단이었다.

여기에서 우물 밖으로 나간 개구리는 붓다나 그리스도, 마호메트와 같은 종교적 체험을 한 인물을 가리킨다. 이 이야기를 통해 우리는 중요한 사실을 확인할 수 있다. 먼저 우물 밖 세계는 직접 체험하지 않으면 절대 알 수 없다는 것이다. 붓다는 수많은 가르침을 통해 사람들이 직접 우물 밖으로 나갈 수 있도록 안내한 길잡이였다.

그렇기 때문에 체험과 언어 사이에는 간극이 존재한다는 사실을 분명히 인식해야 한다. 개구리 배의 '2배'는 결코 우물 밖 들판의 실재가 아니다. 이는 마치 싯다르타가 마야 부인의 오른쪽 옆구리에서 태어났다는 기록을 사실이라고 믿는 것과 같다. 종교 경전에 상징이나 비유(analogy), 은유(metaphor) 등이 많이 동원되는 것도 바로 체험과 언어 사이의 간극 때문이다. 이 간극을 줄이기 위해 붓다는 45년 동안 언어의 길이 끊어진 깨침의 세계를 중생들의 언어로 전하고자 고군분투했던 것이다.

088

지정의(知情意)로 본
붓다의 깨침

앞선 글에서 강조한 것처럼 붓다의 깨침은 언어의 길이 끊어진 종교
적 체험이다. 그렇기 때문에 언어를 통해서는 깨침의 세계를 표현할
수 없다. 그럼에도 불구하고 붓다는 평생에 걸쳐 자신이 깨친 진리를
대중들에게 언어로 설명하였다. 말로 표현할 수 없다고 하면서 많은
말을 하고 있는 이상한 상황이 펼쳐진 셈이다.

　깨침의 세계가 언어를 넘어서있다고 하지만, 언어 이외에 그 소
식을 전할 마땅한 수단이 있는 것도 아니다. 물론 직접 종교적 체험
을 한 이들에게 언어는 필요 없겠지만, 그렇지 못한 사람들에게는 반
드시 필요하다. 붓다는 자신이 깨친 체험을 언어라는 수단을 통해서

세계와 소통하고자 하였다. 그렇게라도 해야 사람들이 깨치고자 하는 마음을 낼 것이기 때문이다.

그렇다면 붓다의 깨침을 인간의 언어로 어떻게 표현할 수 있을까? 원로 불교학자 강건기 교수는 『부처님 생애』라는 저서에서 붓다의 깨침을 지정의(知情意), 즉 사람의 마음에 있는 지성과 감정, 의지 세 가지 측면에서 설명하였다.

먼저 붓다의 깨침을 감정적인[情] 측면에서 설명한다면 그 어떤 즐거움과도 비교할 수 없는 '한없는 기쁨'이라고 하였다. 불교식 표현을 빌린다면 이는 곧 법열(法悅), 즉 진리를 깨달은 기쁨이다. 마치 우물 안에 있던 개구리가 밖으로 나갔을 때의 황홀한 감정에 비유할 수 있을 것 같다. 우물 안과는 너무도 다른 신세계와 만남을 어찌 말로 표현할 수 있겠는가. 그저 '아!' 하는 감탄사만으로 충분하다. 붓다는 우물 밖 실재와의 만남에서 느낀 한없는 기쁨, 법열을 몇 주간 즐겼다고 한다.

깨침을 지성적[知] 측면에서 본다면 '하나' 되는 것이라 하였다. 우리는 나와 남, 나와 세계가 분리된 삶을 살고 있다. 그렇기 때문에 남보다 더 많이 가지려 욕심내고[貪], 그것이 뜻대로 되지 않을 때는 성을 내며[瞋] 어리석은[痴] 삶을 살아가는 것이다. 이것이 삼독(三毒)에 찌든 중생들 삶의 모습이다. 그런데 깨침은 나와 세계를 가로막고 있던 벽이 깨지는 체험이다. 그렇게 되면 나와 남, 나와 세계가 서로 소통이 되고 하나가 된다. 깨침은 곧 '깨짐'이었던 것이다.

마지막으로 깨침을 의지적인[意] 측면에서 표현한다면 '자비로운 삶'이라고 하였다. 왜냐하면 자비는 나와 남, 나와 세계가 하나 되는 체험에서 나오는 자연스런 몸짓이기 때문이다. 이를 동체자비(同體慈悲)라고 한다. 너와 내가 한 몸[同體]이라는 실상을 깨치게 되면 저절로 자비를 실천하게 된다는 뜻이다. 이웃을 내 몸처럼 사랑하라는 기독교의 가르침도 이와 다르지 않다. 그러한 사랑이 가능하기 위해서는 나와 이웃이 먼저 '하나' 되어야 하기 때문이다. 이런 점에서 깨침은 자비와 사랑이 나오는 원천이라고 할 수 있다.

공명(共鳴)이라는 단어가 있다. 글자 그대로 함께[共] 운다[鳴]는 뜻이다. 누군가 아파할 때 나도 함께 우는 것이다. 과학자들에 의하면 공명현상은 사물과 사물 사이에서 주파수가 맞을 때 일어난다고 한다. 예컨대 피아노 건반에서 '도' 음계를 치면서 입으로 '도' 소리를 함께 내면 손가락을 떼더라도 피아노에서는 계속 '도'음이 울린다. 피아노와 내 입에서 나오는 주파수가 서로 맞았기 때문에 가능한 일이다. 만약 입에서 '도'가 아니라 '파'나 '솔' 소리를 낸다면 진동수가 맞지 않아 피아노에서 울림 현상은 일어나지 않는다.

이러한 공명현상은 일상에서도 자주 일어난다. 세월호 참사에서 아이들이 죽어갈 때 많은 이들은 함께 슬퍼하고 함께 울었다. 남의 일이 아니라 나의 일처럼 느껴졌기 때문이다. 이는 사람들 마음의 주파수가 서로 맞았다는 뜻이 된다. 모두 한마음이 되어 함께 울었던 것이다.

깨침은 너와 나의 벽이 깨져서 서로 하나 되는 것이다. 그리고 '하나'인 지혜의 샘에서 사랑과 자비의 샘물이 솟아 나온다. 진리의 세계, 깨침의 세계, 우물 밖의 세계가 이런 곳이라면 한없는 기쁨이 나오는 것은 당연할 것이다. 우리가 깨침을 향하여 한 걸음 내딛는 이유도 여기에 있지 않을까.

089

열반의
네 가지 모습
[涅槃四德]

종교의 목적은 괴로움이 가득한 차안(此岸)에서 즐거움과 행복이 넘치는 피안(彼岸)에 이르는 것이다. 불교와 기독교를 포함한 모든 종교는 파라다이스로 사람들을 싣고 가는 배에 비유할 수 있다. 종교는 목적이 아니라 수단이라는 뜻이다. 그렇기 때문에 피안에 도착하면 배에서 내려야 한다. 배가 너무 마음에 든다고 해서 내리지 않으면 그 세계가 어떤 모습을 하고 있는지 알 수 없다. 마치 제주도에 도착해서 배 안에만 있으면 그곳의 바람과 한라산, 올레길, 돌하르방 등을 볼 수 없는 것과 같다.

    그런데 피안의 세계로 가기 위해서는 배에 탈 수 있는 승차권이 있어야 한다. 대승불교에 의하면 모든 사람은 태어날 때부터 이 티켓을 가지고 있다고 한다. 그것이 바로 불성(佛性)과 여래장(如來藏)이다. 붓다가 될 수 있는 성품, 여래의 씨알이 열반의 언덕으로 건너갈 수 있는 승차권이라는 것이다. 모든 사람은 이것을 가지고 있기 때문에 언제든 불교호에 오르기만 하면 그곳을 향해 갈 수 있다. 다만 티켓이 있는데도 그 사실을 모르고 피안으로 가지 못하는 경우는 어쩔 수 없다. 중생이란 바로 그런 존재다.

그렇다면 배를 타고 도착한 그곳은 어떤 모습을 하고 있을까? 『열반경』에 의하면 열반의 언덕에는 네 가지 아름다운 광경이 펼쳐진다고 한다. 그것을 열반사덕(涅槃四德)이라고 하는데, 상락아정(常樂我淨) 즉, 항상함과 즐거움, 자아, 청정이라는 네 가지 모습이 열반의 세계를 장엄하고 있다는 것이다. 그런데 조금 이상하다. 붓다는 영원[常]이 아니라 무상(無常)을, 자아[我]가 아니라 무아(無我)를 강조했으니까 말이다. 도대체 어떻게 된 것일까?

우리들이 살고 있는 사바세계는 어떤 존재가 생겨나면[生] 일정 기간 머물다가[住] 다른 모습으로 변화하고[異] 마침내 소멸하는[滅] 과정을 거치게 된다. 깨치지 못한 중생들은 이러한 윤회의 과정을 거치면서도 세계가 영원하다고 착각하면서 살아간다. 열반은 이러한 착각에서 벗어나 모든 것이 무상하다는 이치를 깨쳤을 때 드러나는 모습이다. 『반야심경』에서는 이를 "모든 것은 공하여 나지도 멸하지도 않는다."고 하였다. 열반의 상(常)은 바로 나고 죽는 것이 완전히 끊어진 불생불멸(不生不滅)의 항상한 모습을 가리키고 있다.

열반의 즐거움[樂] 역시 중생들이 느끼는 감각적이고 상대적인 즐거움과는 의미가 다르다. 이는 즐거움과 괴로움이라는 상대적인 것이 완전히 초월된 즐거움이다. 사바세계를 고통으로 물들인 집착과 번뇌를 모두 제거하고 진리를 체험한 데서 오는 기쁨인 것이다.

자아[我] 역시 실체가 있다는 뜻이 아니라, 무아(無我)를 깨쳤을 때 펼쳐지는 나의 참모습을 가리키고 있다. 즉, 작은 것에도 욕심을 내고 그것이 충족되지 않으면 성내고 어리석은 소아적(小我的)인 모습이 완전히 소멸된 상태를 의미한다. 그래서 참 나[眞我], 혹은 우주적인 나 등으로 부르기도 하지만, 열반의 아(我)는 힌두교의 영원불변하는 아트만(atman)과 같은 실체가 아니다.

열반의 청정[淨] 역시 중생들이 느끼는 더러움의 반대말이 아니다. 깨끗하거나 더럽다는 이원적 분별의식이 완전히 소멸된 청정함을 의미한다. 이를 『반야심경』의 언어로 표현하면 불구부정(不垢不淨)이 된다.

이처럼 열반의 아름다운 모습을 상락아정으로 그리고 있지만, 이 세상 언어로 표현하기에는 한계가 있다. 언어의 길이 끊어진[言語道斷] 깨달음의 체험, 열반의 기쁨, 법열(法悅)을 일상 언어로 완벽하게 표현하는 것은 불가능하다는 것이다. 그렇기 때문에 문자에 집착하지 말고 그것이 우리에게 어떤 의미인지 붓다의 정신에 입각해서 해석하는 태도가 필요하다.

무엇보다 간과하지 말아야 할 것은 붓다가 열반에 머물지 않고 중생들이 사는 사바세계로 돌아왔다는 사실이다. 붓다를 가리키는 여래(如來)라는 표현에서 이를 알 수 있는데, 여(如)는 '있는 그대로'의 모습 즉 진리, 열반의 세계를 가리킨다. 그곳으로 갔다가[如去] 다시 왔다[來]는 뜻이다. 중생들에게 그곳의 소식을 전해주기 위해서다. 붓다는 열반의 기쁨을 혼자서 만끽한 것이 아니라 고통 속에 있는 중생들을 구제하기 위해서 차안(此岸)으로 향하는 배를 타고 다시 돌아온 것이다. 불교의 진면목이 바로 여기에 있다.

090

깨침에 이르는
네 단계[四果]

내가 스무 살 때 큰형님이 결혼을 하면서 처음으로 양복을 입게 되었다. 그 당시는 양복점에서 치수를 재고 옷을 맞춰 입었기 때문에 비교적 몸에 잘 맞는 편이었다. 그럼에도 불구하고 평소 잘 안 입던 옷이어서 그런지 조금은 불편했다. 양복을 입은 설렘에 한껏 폼을 잡아보았지만, 폼이 잘 나는 것 같지 않았다. 그때 느꼈다. 폼 잡기도 쉽지 않지만 폼 나기는 더 어렵다는 사실을 말이다. 옷 입는 것도 그러한데, 우리네 삶이야 더 말할 것이 있겠는가.

이런 이야기를 하는 이유는 깨침의 세계도 이와 비슷할 것이라 생각하기 때문이다. 중생의 삶, 고통의 삶을 청산하고 깨침의 길로

들어섰다 하더라도 처음부터 폼이 잘 나기는 어려울 것이다. 중생으로 살았던 습기(習氣)가 여전히 남아있을 것이기 때문이다. 불교의 여러 종파에서 깨달음의 세계에 여러 단계와 과정을 설정한 이유도 여기에 있다. 이는 곧 폼 잡는 단계에서 폼 나는 단계로 한층 성숙해가는 과정이라 할 수 있다.

부파불교에서는 깨침에 이르는 과정을 4단계로 설명하고 있다. 이를 소승사과(小乘四果), 혹은 성문사과(聲聞四果)라고 한다. 성문이란 글자 그대로 붓다의 음성을 직접 듣고 수행하는 제자를 가리켰다. 그런데 '위로는 진리를 구하고[上求菩提] 아래로는 중생을 구제하는[下化衆生]' 보살이 대승불교의 이상적인 인간상으로 부각하면서 성문은 홀로 연기의 진리를 깨치는 연각(緣覺)과 함께 소승으로 분류되었다. 성문과 연각, 보살을 흔히 삼승(三乘)이라 부른다.

성문사과에서 맨 처음으로 깨달음의 세계에 들어간 경지를 수다원과(須陀洹果)라고 한다. 이를 한자로 입류과(入流果), 혹은 예류과(預流果)라고 하는데, 깨침이라는 흐름[流]에 들어갔다[入]는 뜻이다. 이 경지에 들기 위해서는 사성제를 확실하게 이해하고 색·성·향·미·촉·법의 경계에 끌려가지 않아야 한다고 한다. 수다원과에 들게 되면 욕계(欲界)와 색계(色界)를 일곱 번 반복한다고 한다. 비유하자면 처음으로 양복을 입고 폼을 잡는 단계와 비슷하다고 할 수 있다.

두 번째 단계는 사다함과(斯陀含果)다. 일래과(一來果)라고도 부르는데, 천상계와 인간계를 한 번 왕래한다는 뜻이다. 열심히 수행하여 깨달음의 세계에 들었으나, 아직 모든 번뇌를 완전히 끊지 못했기 때문에 한 번 윤회한다는 것이다. 그래도 수다원과에 비하면 수행이 많이 익은 단계다. 비유하자면 양복을 자주 입어서 몸에도 익숙하여 폼이 조금 나는 단계라고 할 수 있다.

세 번째 단계는 아나함과(阿那含果)다. 이 경지는 불래과(不來果), 혹은 불환과(不還果)라고도 하는데, 윤회하는 세계에 다시 오지 않는다는 뜻이다. 수행이 많이 익어서 더는 욕심의 경계에 떨어지지 않는 경지다. 양복을 입었어도 입은 것 같지 않은, 그러니까 폼이 아주 잘 나는 상태에 비유하면 어떨까 싶다.

마지막 단계는 아라한과(阿羅漢果, Arahan)다. 이 단계는 모든 번뇌를 완전히 끊은 경지다. 번뇌라는 도적을 죽였다고 해서 살적(殺賊)이라고 부르며, 이러한 사람은 마땅히 공양을 받을 만하다는 의미에서 응공(應供)이라고도 한다. 깨달음을 이룬 성인 가운데 최고의 경지라고 할 수 있다. 사찰에 있는 나한전(羅漢殿)은 바로 아라한을 모신 전각이다.

이처럼 성문사과는 번뇌를 끊은 정도에 따라 깨침의 질적 차이를 두고 있다. 경전에도 '누구는 수다원과에 들었다, 누구는 아라한과에 들었다.'는 이야기가 종종 나온다. 물론 이것은 수행의 차이에서 결정되지만, 근본적으로 얼마나 폼이 잘 나느냐에 달려있다고 볼 수 있다. 그리고 그 폼은 구체적인 삶에서 드러난다. 결국 그 사람이 어떤 모습으로 사는지가 기준이 된다는 뜻이다.

한국불교에서 깨달음에 관한 돈오점수(頓悟漸修)와 돈오돈수(頓悟頓修) 논쟁이 지금까지 이어지고 있다. 돈점논쟁의 핵심은 관념이 아니라 구체적인 삶의 모습에서 찾아야 한다. 얼마나 깨치고 닦았는지는 순간순간 부딪치는 경계 속에서 드러나기 때문이다. 앞서 언급한 것처럼 폼 잡기도 쉽지 않지만 폼 나기는 훨씬 더 어려운 법이다.

091

아라한이
몽정을 한다면?

2004년도에 개봉한 〈아라한 장풍대작전〉이란 영화가 있다. 이 영화
에는 손에서 바람을 일으키는 무림의 고수들이 등장하는데, 그래서
인지 아라한을 절대내공을 지닌 신비한 사람으로 이해하는 경우도
있다. 아라한은 모든 번뇌를 끊고 깨침에 이른 사람을 가리킨다. 대
승불교가 일어날 때까지 아라한은 모든 수행자들의 꿈이자 목표였
다. 그렇기 때문에 아라한의 위상은 절대적이었다. 그런데 그 위상과
권위에 금이 가기 시작했다.

　불멸 후 200여 년경 마하데바(Mahādeva), 한역불전에는 대천(大
天)이라 불리는 비구가 있었다. 그는 열심히 수행하여 아라한의 경지

에 올랐는데, 번뇌를 끊은 사람이라고 할 수 없는 이상한 행동과 주장을 하였다. 그가 제기한 다섯 가지 주장을 가리켜 '대천오사(大天五事)'라고 한다. 이는 깨달음과 아라한의 위상에 대한 문제라는 점에서 결코 가볍게 다룰 사항이 아니다.

첫째는 여소유(餘所誘)인데, 아라한도 유혹에 넘어갈 때가 있다는 뜻이다. 어느 날 마하데바가 몽정을 하였다. 스승의 옷에서 그 흔적을 발견한 제자가 어떻게 모든 번뇌를 끊은 성자가 몽정을 할 수 있느냐고 물었다. 그때 마하데바의 대답이 바로 아라한도 꿈속에서는 여인의 유혹에 넘어갈 수 있다는 것이었다.

둘째는 무지(無知)인데, 스스로 깨달았는지 모를 수도 있다는 의미다. 마하데바의 제자가 열심히 수행하여 아라한이 되었다. 그런데 스스로 그것을 자각하지 못했기 때문에 자신이 아라한이 된 건지 아닌지 알 수 없었다. 그래서 스승에게 물었더니, 스스로 깨달았다는 것을 모를 수도 있다고 답한 것이다.

셋째는 유예(猶豫)다. 이는 무지와 비슷한 내용인데, 자신이 아라한이 된 것을 알기까지 시간적인 유예가 있을 수 있다는 뜻이다. 깨치는 순간 '아!' 하고 스스로 알 수도 있지만, 때로는 시간이 흐르고 나서 과거 어느 때 자신이 깨쳤다는 것을 알기도 한다는 것이다.

넷째는 타령입(他令入)이다. 이것도 앞선 무지, 유예와 유사한 경우다. 내가 아라한이 되었다는 것을 모르고 있었는데, 다른 사람이 알려줘서 아는 경우도 있다는 것이다. 무지와 유예, 타령입은 결국

'아라한의 자각'에 대한 문제라고 정리할 수 있다.

다섯째는 도인성고기(道因聲故起)다. 성스러운 도(道)는 괴롭다는 소리로부터 생긴다는 뜻이다. 어느 날 마하데바가 무심결에 괴롭다고 탄식하는 소리를 제자가 들었다. 그러자 제자는 아라한도 괴로움을 느끼는지 물었고 스승은 깨친 사람도 괴로움을 느낄 수 있다고 답한 것이다. 당시 사람들은 아라한은 모든 번뇌, 망상에서 벗어났기 때문에 괴로움이 없다고 생각했는데, 마하데바는 다른 견해를 갖고 있었다. 아라한도 괴로움을 느끼며, 그럴 때마다 자신을 돌아보면서 이를 소멸하기 위해 수행을 지속해야 한다는 것이다.

이와 같은 다섯 가지 문제 제기로 인해 아라한의 권위와 위상이 흔들리기 시작했다. 몽정을 하고 괴로움을 느끼는 성자, 자신이 깨쳤는지 알지 못하는 아라한을 그들은 상상할 수 없었다. 많은 사람들이 마하데바의 의견에 동의하지 않았다. 아라한은 모든 번뇌를 끊은 성자이기 때문에 괴로움을 느끼고 몽정을 한다면, 그는 아라한이 아닌 것이다.

그런데 마하데바의 의견에 찬성하는 수행자들이 등장하기 시작했다. 그들은 아라한이 된 후에도 끊임없이 수행해야 한다는 입장을 지지하였다. 깨달은 이후에도 인간으로서 괴로움이 완전히 사라지는 것은 아니기 때문에 붓다와 같은 완전한 경지[成佛]에 이르기 위해서는 꾸준히 정진해야 한다는 것이다. 이 사건을 계기로 아라한을 최고의 이상으로 삼았던 체계가 서서히 무너지기 시작했다. 부파불교에서는 여전히 아라한을 절대시했지만, 대승불교에서 아라한은 성불을 향한 하나의 과정에 불과했다.

대천오사는 깨달음에 대한 논쟁을 촉발시켰지만, 이는 우리들의 실존적인 삶에도 중요한 의미로 다가온다. 아무리 깨쳤다 하더라도 붓다처럼 완전한 인격을 갖춘 사람이 얼마나 있을까? 때로 괴로움이 느껴지고 실수나 잘못을 하게 되면 참회, 발원하고 더욱 정진하면 되는 일이다. 그것이 불자(佛子)의 삶이다.

092

보살이란?

"미륵보살과 미륵불은 같은 분인가요, 다른 분인가요?"

언젠가 한 불자로부터 받은 질문이다. 미륵이란 이름은 동일한데, 뒤
에 붙는 호칭이 다르다 보니 같은 분인지, 아니면 다른 분이지 궁금
했던 것 같다. 결론은 간단하다. 미륵보살이 수행을 완성하여 성불하
면 미륵불이 되는 것이다. 그러니까 보살은 깨친 붓다가 되기 이전의
수행자를 가리킨다. 현재 미륵은 도솔천에서 수행하고 있기 때문에
미륵보살이라고 한다. 이 보살이 56억 7천만 년 후에 이 땅에 내려와
성불한 후, 즉 미륵불이 되어 모든 중생들을 구제한다는 것이 미륵신

앙의 요체다.

　보살이란 본래 보리살타(菩提薩陀, Bodhisattva)를 줄여 쓴 것인데, 이 용어는 대승불교 운동이 일어나면서 역사에 등장하였다. 당시 사람들은 붓다가 깨침을 이루고 위대한 성자의 삶을 산 것은 6년간의 고행으로는 불가능하다고 생각하였다. 이는 아주 오랜 겁(劫)의 시간 동안 윤회를 반복하면서 열심히 수행 정진해야 가능한 일이라는 것이다. 이런 생각을 기초로 찬불승(讚佛乘)들에 의해 만들어진 것이 붓다의 전생담(前生譚)인 자타카(Jataka)다. 그들은 전생담을 활용하여 붓다의 사리를 모신 탑(塔)을 찾는 순례객들에게 위대한 스승의 생애를 설명해주었다. 보살이란 바로 전생담에 등장하는 붓다의 모습을 가리키는 말이었다. 즉, 깨치겠다는 발심(發心)을 하고 수행하는 전생의 석가모니 붓다가 보살이었던 것이다.

　이처럼 보살은 석가모니에게만 적용되는 용어였다. 전생담에는 석가보살이 임금이나 사문, 토끼 등 수많은 모습으로 등장한다. 그가 전생에 무구광(無垢光)보살이란 이름으로 수행하고 있을 때, 연등불(燃燈佛)께 정성껏 공양을 올리고 수기(授記)를 받는다. 수기란 미래에 성불할 것이라는 예언이자 일종의 보증수표라고 할 수 있다. 연등불은 무구광보살에게 앞으로 백 겁 후에 성불할 것이며, 이름은 석가모니가 될 것이라고 예언하였다. 그 수기보살이 2,600여 년 전 인도에서 태어나 깨달음을 얻고 석가모니불이 된 것이다.

　그런데 대승불교 운동이 본격화되면서 보살의 의미가 변하기 시작하였다. 보살은 석가모니의 전생이 아니라 대승의 이상적인 인간상을 가리키는 용어가 되었다는 것이다. 그들은 깨침을 향한 마음을 내고[發心] 이를 바탕으로 원(願)을 세우며 6바라밀 즉 보시·지계·인욕·정진·선정·지혜 등의 수행[行]을 하는 삶이 가장 이상적이라고 생각하였다. 보살이란 바로 이런 마음을 내고 실천하는 사람을 가리키는 용어가 되었다. 이를 범부보살(凡夫菩薩)이라 한다. 그렇기 때문에 보살은 남성과 여성, 출가와 재가 등에 관계없이 모든 사람들에게 사용되었다. 이런 마음으로 출가를 하면 비구 보살, 비구니 보살이 되며, 재가자라면 우바새 보살, 우바이 보살이 되는 것이다. 이렇게 보살은 대승불교의 이상상(理想像)이 되었다.

대승에서는 관음, 대세지, 지장 등 수많은 보살이 등장한다. 그런데 주목되는 것은 그들의 시선이 깨친 붓다가 아니라 진흙 밭에서 허덕이고 있는 중생들에게 닿아있다는 점이다. 대승의 보살들은 성불을 못 하는 것이 아니라 안 하고 있었던 것이다. 지옥중생이 모두 성불할 때까지 자신은 결코 성불하지 않겠다는 지장보살의 서원은 이를 극명하게 보여주고 있다. 지장보살을 가리켜 원이 가장 큰 대원본존(大願本尊)이라고 부르는 이유가 있었던 것이다. 이를 통해 우리는 불교의 지향점이 대 사회적 실천인 자비행에 있다는 사실을 다시 한번 확인할 수 있다.

지금까지 살펴본 것처럼 보살은 석가보살, 수기보살을 거쳐 대승의 이상적인 인간상이 되었다. 요즘은 점집을 운영하는 사람들도

'처녀보살', '애기보살' 등으로 차용하고 있는데, 그리 기분 좋은 일은 아니다. 이 용어가 오용되고 있다는 생각 때문이다. 적어도 보살이란 용어를 사용하려면 이 말에 담긴 의미 정도는 알았으면 하는 바람이 다. 그 안에 담긴 중생들을 구원하겠다는 서원이 너무 거룩하기 때문 이다. 그래야 자신을 찾는 사람들의 아픔을 조금이라도 어루만질 수 있지 않겠는가. 이것이 나만의 바람은 아닐 것이다.

093

보살은
무엇으로 사는가?

오래 전의 일이다. 어느 식당에서 점심 식사를 마치고 나오다 평소 알고 지내던 불자 한 분을 만났다. 나는 반가운 나머지 '안녕하세요, 보살님.' 하고 인사를 드렸다. 순간 식당에 있던 사람들의 시선이 그를 향하고 있었다. 무속인이라 생각했던 것이다. 내가 실수한 것도 아닌데 괜스레 미안한 마음이 일었다. 그러면서도 불교 용어를 사용하는 데 남의 눈치를 봐야 되나 하는 생각에 화가 올라왔다. 무속인은 '보살'이란 용어를 사용해서는 안 된다는 사용금지 가처분 신청이라도 내고 싶은 심정이었다. 이 용어에 담긴 의미가 너무 거룩하기 때문이다.

그렇다면 보살은 어떤 삶을 지향하는 것일까? 보살이 지향하는 길을 보살도(菩薩道)라 하는데, 발심(發心)과 원(願), 행(行)의 세 단계로 이루어져 있다. 먼저 발심은 글자 그대로 마음을 내는 것이다. 본래 발심은 발보리심(發菩提心)의 준말이다. 보리(菩提, bodhi) 즉 진리, 깨달음의 마음을 낸다는 뜻이다. 이는 불성이라는 씨앗을 땅에 심는 일과 같다고 할 수 있다. 불교는 깨침을 목표로 하는 종교이기 때문에 이 마음을 내는 일이 무엇보다도 중요하다. 그래서 발심이 되었는가 아닌가에 따라 출가와 가출을 구분하기도 한다.

발심이 되었으면 이를 구체적인 삶의 목표로 확립해야 하는데, 이것이 보살도의 두 번째 단계인 원(願)이다. 이는 보살로서 '이렇게 살겠다.'라는 굳은 다짐이다. 보살과 중생을 구분하는 기준도 여기에서 찾을 수 있다. 보살은 원으로 사는 사람[願生]이고 중생은 욕심으로 사는 사람[欲生]이다. 원에는 모든 보살에게 공통적으로 해당되는 총원(總願)과 각자의 특성과 여건에 맞는 별원(別願)이 있다. 대표적인 총원이 널리 알려진 사홍서원(四弘誓願), 즉 네 가지 큰 서원이다.

1. 중생무변서원도(衆生無邊誓願度) : 중생을 다 건지오리다.
2. 번뇌무진서원단(煩惱無盡誓願斷) : 번뇌를 다 끊으오리다.
3. 법문무량서원학(法門無量誓願學) : 법문을 다 배우오리다.
4. 불도무상서원성(佛道無上誓願成) : 불도를 다 이루오리다.

이는 중생을 모두 구원하겠다는 서원을 시작으로 번뇌를 끊고 법문을 배워서 마침내 불도를 이루겠다는 다짐으로 마무리된다. 여기에서 불교의 깨침과 닦음은 중생구제를 위한 길로써 의미를 가진다는 사실을 다시 한번 확인할 수 있다. 불교의 모든 의식이 사홍서원을 합송하면서 마치는 이유가 있었던 셈이다.

이러한 사홍서원은 현실적으로 모두가 실천할 수 있는 일이 아니다. 원이 커도 너무 크기 때문이다. 그래서 각자의 능력이나 여건에 맞는 서원이 요청되는데, 별원이 바로 그것이다. 예컨대 의사가 환자들을 '내 부모님을 모시는 마음으로 진료하겠다.'고 다짐한다면 매우 훌륭한 별원이 된다. 개인적으로 강의를 위해 집을 나설 때 '오늘은 조는 사람이 없도록 하겠다.'는 별원을 세우곤 한다. 항상 성공하는 것은 아니지만, 서원을 세울 때와 그렇지 않을 때의 결과는 분명 다르다.

아무리 서원이 간절하다고 해도 그것을 현실에서 이루기가 결코 만만치 않다. 그래서 필요한 일이 바로 수행이다. 마음을 내고 서원을 세웠다면, 이를 이루기 위한 구체적인 실천이 필요하다는 뜻이다. 이것이 보살도의 세 번째 단계인 행(行)이다. 이 단계가 다름 아닌 대승불교의 실천체계인 6바라밀이다. 보시(布施)와 지계(持戒), 인욕(忍辱), 정진(精進), 선정(禪定), 지혜(智慧)는 보살도를 완성하기 위한 수행이다. 이러한 실천을 통해 우리 모두 괴로움이 가득한 이곳[此岸]에서 괴로움이 멸한 저곳[彼岸]으로 도달한다[到]는 것이 대승의 이상이었다. 이것이 다름 아닌 바라밀로써 지혜의 완성이다.

지금까지 살펴본 내용을 한마디로 정리한다면, 보살은 마음을 내어 모든 중생을 구원하겠다는 서원을 세우고 이를 이루기 위해 수행하는 사람이라고 할 수 있다. 그러니까 보살은 발심과 원, 행이라는 세 가지 양식으로 살아가는 존재인 것이다. 앞에서 '보살'에 담긴 의미가 성스럽다고 한 이유도 바로 이러한 철학에 바탕을 두고 삶을 살기 때문이다.

이름에는 그에 부합하는 내용뿐만 아니라 준엄한 책임도 함께 따른다. 다른 이의 아픈 상처를 보듬는 것이 아니라 이를 이용해서 개인적인 욕심을 챙긴다면, 보살이라는 이름에 담긴 거룩한 의미를 크게 훼손하는 일이다. 아무런 문제의식 없이 보살이란 이름을 함부로 쓰고 있는 이들에게 묻고 싶다. 진정 보살의 길을 걷고 있는지를.

094

보리심(菩提心)을 향하여

공부나 운동, 음악뿐만 아니라 그 어떤 일을 하더라도 마음을 내는 것이 무엇보다 중요하다. 그래야 흥미를 갖고 열심히 할 수 있기 때문이다. 종교에 귀의하는 일도 마찬가지다. 이처럼 마음을 일으키는 것을 발심(發心)이라 한다. 불교에서 발심은 깨치겠다는 마음[菩提心]을 내는 것이다. 깨침은 불교의 본질이기 때문에 이를 강조하는 것은 당연한 일이다. 그런데 문제는 그 마음이 쉽게 일어나지 않는다는 데 있다. 아무리 공부가 중요하다고 해도 마음이 일어나지 않으면 잘 안 되는 것과 같다. 그래서 공부의 마음을 내기 위한 환경을 조성하는 일이 필요한 것이다. 보리심을 향한 여정에서도 이러한 예비 과정이 필요하다.

발심을 위한 환경 조성에서 무엇보다 중요한 것은 지향(指向)과 지양(止揚)의 대상을 분명히 하는 일이다. 이는 곧 새롭게 해야 할 일을 정하고 낡고 오래된 나쁜 습관을 버리는 것이다. 먼저 지향해야 할 일은 붓다[佛]와 가르침[法], 승가[僧]에 귀의하는 것이다. 삼보를 믿고 의지한다는 신앙고백은 보리심을 향한 첫 걸음이다. 불교의 모든 의식에서 삼귀의(三歸依)가 제일 앞에 놓이는 이유도 여기에 있다. 흔히 신심(信心)이 중요하다고 말을 하는데, 이는 붓다의 아들[佛子]이 되기 위한 기본 중의 기본이기 때문이다. 신심 없이 행하는 모든 수행은 모래 위에 쌓은 성과 같아서 금방 무너질 수밖에 없다.

다음으로 보리심을 내기 위해서는 오랫동안 쌓인 좋지 않은 습관을 버려야 한다. 이는 지금까지 우리 마음에 쌓인 탐욕[貪]과 성냄[瞋], 어리석음[痴]이라는 세 가지 독한 기운[三毒]을 버리는 일이다. 진리를 향한 여정에서 이런 독 기운을 짊어지고 가면 얼마나 무겁겠는가. 마땅히 모두 버려야 몸과 마음이 가벼울 수 있다. 그러나 삼독을 버리는 일이 결코 쉬운 것은 아니다. 오랫동안 무의식 속에 습기(習氣)로 쌓여있었기 때문이다. 나쁜 습관을 고치려고 아무리 노력해도 마음대로 되지 않는 이유가 여기에 있다. 그래서 필요한 실천이 바로 참회와 발원이다. '참으로 잘못했습니다. 다시는 욕심내고 성내며 어리석은 행위를 하지 않겠습니다.'라는 다짐과 실천은 깨침의 길을 가기 위한 필수과정이다.

초등학교 3~4학년 시절로 기억된다. 우리 집 화장실엔 유독 귀뚜라미가 많았다. 당시에는 화장실에 전등이 없었기 때문에 저녁에는 초와 성냥을 가지고 가야만 했다. 그런데 성냥을 그어 촛불을 켜면 여기저기서 귀뚜라미가 뛰어다녔고 손으로 잡으면 어느새 다리 한쪽이 떨어져나가곤 하였다. 그러면 나는 손에 잡힌 귀뚜라미를 촛불에 태우면서 볼 일을 마쳤다. 아무런 죄의식을 느끼지 못한 채 그런 일은 한동안 계속 이어졌다.

그러던 어느 날 문득 귀뚜라미가 얼마나 고통스러웠을까 생각하니, 어린 마음에 눈물이 나왔다. 나는 화장실에 가서 나만의 참회 의식을 치렀다. 그것은 촛불을 켠 다음 손가락을 가져다 대는 일이었다. 참을 수 없을 만큼 뜨거웠지만 손가락을 불 위에 올려놓고 떼기를 반복하였다. 손가락 하나도 이렇게 뜨거운데, 귀뚜라미는 온몸이 태워질 때 얼마나 괴로웠을까? 나는 아픈 손가락을 움켜쥐고 울고 또 울었다. 방으로 돌아왔지만 손가락이 너무 아려서 밤새 잠을 이루지 못했다. 그래도 귀뚜라미를 향한 미안한 마음이 조금은 가시는 듯했다. 그 이후 귀뚜라미를 태우는 일을 더는 하지 않았다.

『원각경』에는 참회를 하면 마음의 경안(輕安)을 얻는다고 하였다. 그동안 쌓인 악업이 씻겨나가기 때문에 마음이 가벼워지고 편안해지는 것이다. 마치 어깨 위에 짊어진 무거운 짐을 내려놓는 것과 같다 할 것이다. 108참회를 마치고 명상에 들면 집중이 훨씬 더 잘되는데, 이 역시 몸과 마음을 가볍게 함으로써 명상할 수 있는 좋은 환경이 조성되기 때문이다.

발심을 위해서는 삼귀의를 지향하고 삼독을 지양해야 한다. 참회발원은 이를 실천하는 좋은 수행이다. 이는 곧 보리심을 향한 예비단계라 할 수 있는데, 마치 운동선수가 경기에 출전하기 위해서 몸을 만드는 것과 같다. 몸과 마음이 가벼워야 걷고 싶은 마음이 일어나는 법이다. 진리를 향한 첫걸음도 그렇다.

095

유식(唯識)의
깨침 5단계[位]

"집착하지 말자고 마음을 먹는데도, 왜 자꾸만 집착하게
될까요?"

집착이 일어나는 메커니즘을 이해하고 그것이 우리의 삶을 얼마나
피폐하게 만드는지 절실하게 느낀 사람들이 간혹 던지는 질문이다.
그들은 '집착하지 말아야지.' 하고 단단히 마음을 잡아보지만, 그 다
짐이 현실에서 작동하지 않는 모습에 실망하곤 한다. 그러나 첫술에
배부를 수는 없는 법이다. 그동안 집착하면서 살아왔던 에너지가 무
의식에 가득 차있는데, 한두 번 마음먹는다고 사라지겠는가. 마치 수

십 년 피운 담배를 하루아침에 끊기 힘든 이치와 같다. 집착이 쌓이는 데 들인 시간만큼, 비우는 데도 그만큼의 노력이 필요하다.

기독교를 서구 사회에 전파한 사도 바울은 『로마서』에서 "내가 마음으로 원하는 선(善)을 행하지 않으며, 내가 마음으로 원하지 않는 악(惡)을 행하도다."라는 솔직한 고백을 한다. 마음으로 선을 행하고 싶은데 정작 행동은 반대로 흐르는 현상, 즉 몸과 마음, 행동과 생각 사이의 넓은 간극은 우리 모두 실존적으로 느끼는 문제다. 불교에서 행하는 명상과 기도, 주문, 참회 등의 수행은 그 간극을 줄이기 위한 실천으로써 의미를 가진다. 이런 수행이 깊어졌을 때 비로소 마음으로 선을 원하면 행동도 선한 방향으로 흐르고, 집착하지 않겠다는 마음을 내면 실제 행동도 그렇게 되는 것이다.

유식에서는 몸과 마음의 간극을 좁히기 위한 단계적인 수행을 강조한다. 유식에 의하면 모든 현상은 오직[唯] 마음[識]의 작용일 뿐이라고 한다. 그런데 그 마음은 오랫동안 무의식에 쌓인 업의 에너지다. 그 에너지를 통해 세상을 바라보기 때문에 온갖 편견과 선입견이 작동을 하는 것이다. 유식의 수행은 이러한 편견[識]을 지혜[智]로 바꾸는 실천이다. 이것을 전식득지(轉識得智)라고 하는데, 편견과 미망에서 벗어나 지혜의 눈, 깨침의 눈으로 세상을 보기까지 점차적인 노력과 시간이 필요하다.

유식에서는 미망에서 벗어나 깨침에 이르는 과정을 다섯 단계[五位]로 설명한다. 첫째로 자량위(資糧位)는 깨침이라는 먼길을 가기 위해 식량을 비축하는 단계다. 여기에서 중요한 것은 붓다의 가르침을 믿고[信] 이해하는[解] 일이다. 붓다가 강조한 것처럼 무조건 믿는 것이 아니라 자신의 지성과 지혜를 통해 이것이 옳은 길인지, 나의 삶에 어떤 의미인지 생각하고 믿어야 한다. 그래야 자신의 삶을 질적으로 전환시킬 수 있기 때문이다. 둘째로 가행위(加行位)는 믿고 이해하는 차원을 넘어서 실제로 수행에 힘을 쓰는 단계다. 이런 정진을 통해 세 번째 단계인 통달위(通達位), 즉 깨달음에 이르게 된다. 번뇌가 소멸되고 어리석음이 지혜로 바뀌는 경지다.

그렇다면 여기에서 모든 수행을 마치는 것일까? 유식에서는 공부가 더 필요하다고 한다. 왜냐하면 오랫동안 쌓인 습기(習氣)가 저 깊은 무의식에 남아서 현재의 행동에 영향을 주기 때문이다. 따라서 미세한 기운을 제거하기 위한 수행이 계속 되어야 한다. 네 번째인 수습위(修習位)가 그것이다. 이처럼 끊임없는 정진을 이어가면 완전한 지혜를 얻는 다섯 번째 단계인 구경위(究竟位)에 이르게 된다. 몸과 마음, 앎과 삶이 완전히 하나 되는 경지다.

이처럼 유식에서는 점차적이고 단계적인 수행을 강조한다. 그런데 자량위에서 통달위까지 1아승지겁의 시간이 필요하다고 한다. 수없이 윤회를 반복하면서 무한한 시간 동안 수행해야 도달할 수 있는 경지인 것이다. 아는 대로 살게 되는 구경위(究竟位)까지는 또 다시 2아승지겁의 시간이 걸린다고 하니, 총 3아승지겁의 시간이 걸리는 셈이다. 그렇다면 현생에서는 이룰 수 없는 꿈이란 말인가.

그러나 이것을 사실적으로 이해할 필요는 없다. 왜냐하면 불교에서 겁(劫)이라는 무한한 시간은 한 생각 스쳐 지나는 찰나의 순간이기 때문이다. 「법성게(法性偈)」에서도 "무량한 겁이 곧 한 생각(無量遠劫卽一念)"이라고 하지 않았는가. 관건은 얼마나 간절한가에 달려 있다. 간절한 마음으로 수행하면 3아승지겁의 시간이 한 순간으로 압축된다는 뜻이다. 그러니 겁을 내고 물러날 필요는 없다. 꿈은 이루어진다.

096

화엄(華嚴)의
깨침 52단계[位]

화엄을 가리켜 불교철학의 최고봉이라고 말하곤 한다. 화엄이 다른 불교사상에 비해 관념적이고 철학적이라는 의미다. 그런데 이를 달리 해석하면 그만큼 어렵고 복잡하다는 뜻으로도 읽힌다. 화엄 관련 서적을 읽다보면 실제로 이 말이 실감날 때가 많다. 이번에 살펴볼 화엄 52위(位), 즉 수행을 통해 깨침에 이르는 52단계 역시 상당히 복잡한 구조를 지니고 있다. 이는 마치 1층부터 꼭대기인 52층까지 계단을 하나씩 밟으면서 걸어 올라가는 것과 같다. 그러니 중간에 포기하지 않으려면 처음부터 마음을 굳게 먹어야 한다.

그렇다면 화엄에서는 왜 52층짜리 높은 건물을 세운 것일까?

그것은 수행하면서 자신의 공부가 어느 정도인지 점검하는 기준이 필요했기 때문이다. 어찌 보면 수행자를 위한 세심한 배려에서 구성된 수증체계(修證體系)라 할 것이다. 비록 복잡해 보이지만 공부하는 사람의 입장에서 화엄 52위는 매우 유용한 모범 답안지에 해당된다. 자신이 문제를 제대로 풀고 있는지 가늠해볼 수 있으니까 말이다. 이 과정에는 화엄의 '믿고 이해하며 닦아서 깨치는' 신해행증(信解行證)의 체계가 모두 녹아있다. 복잡하지만 간략히 요약해보기로 하자.

먼저 화엄 빌딩 1층에서 10층까지는 열 가지 믿음[十信]으로 채워진 공간이다. 모든 종교적 행위는 믿음으로부터 시작된다. 그렇지만 불교에서는 무조건적 믿음을 경계한다. 붓다 역시 자신의 지성과 지혜로 성찰한 다음 믿어야 한다고 강조하였다. 그래야 믿음에 의심이 없고 삶의 질적 전환이 가능하기 때문이다. 여기에는 1층에 해당되는 신심(信心)부터 10층인 원심(願心)까지 입주해있다. 11층부터 20층까지는 10주(住)라고 한다. 붓다의 가르침에 대한 믿음으로 정진했기 때문에 진리의 자리에 머물[住] 수 있다는 의미다. 이 과정에는 11층 발심주(發心住)와 20층 관정주(灌頂住) 등의 프로그램이 갖춰져 있다. 관정주란 정수리에 진리의 물을 붓고 마음을 다진다는 뜻이다.

21층부터 30층까지는 수행의 에너지를 자비의 실천에 활용하는 10행(行)의 단계다. 불교의 적극성이 드러나는 대목이다. 진리에 안주하는 것이 아니라 대중들을 위한 보살행으로 확대하기 때문이다. 여기에는 중생들을 기쁘게 하는 21층 환희행(歡喜行)부터 붓다와 같이 진실하게 말하고 행하는 30층 진실행(眞實行)까지 자리하고 있다. 31층부터 40층까지는 지금까지 쌓은 수행의 공덕을 대중들에게 모두 돌려주는 10회향(廻向)의 공간이다. 스스로 쌓은 공덕을 자신이 아니라 다른 이들을 위해 널리 회향하는 것은 보살 정신의 극치라고 할 수 있다. 이 과정에는 모든 중생들을 구호하기 위한 31층 구호일체중생회향(救護一切衆生廻向)에서부터 다함이 없는 진리의 세계로 들어가는 법계무진회향(法界無盡廻向)까지 준비되어 있다.

41층부터 50층까지는 10지(地)라 하는데, 이는 마치 대지가 만물을 이롭게 하는 것처럼 모든 중생들을 품에 안고 이로움을 준다는 것이다. 여기에는 깨달음의 기쁨을 표현한 41층 환희지(歡喜地)부터 진리의 구름이 온 세상에 가득한 50층 법운지(法雲地)까지 있다. 그리고 51층은 붓다의 깨침과 동등한 '등각(等覺)'이 자리하고 있으며, 맨 꼭대기인 52층에는 가장 빛나는 '묘각(妙覺)'이라는 이름의 스위트룸이 있다. 흔히 묘각이 15일에 뜨는 완벽한 모양의 보름달이라면, 등각은 보름 전날 뜬 달에 비유하곤 한다.

지금까지 복잡하게 보이는 52위를 간략히 살펴봤는데, 여기에서 멋진 반전이 일어난다. 화엄에서는 무량원겁(無量遠劫)의 시간을 한 생각[一念]으로 압축한 것처럼 52층 전체를 첫 마음[初發心]으로 압축한다. 의상은 『화엄경』 60권을 210자로 정리한 「법성게」에서 "첫 마음이 곧 바른 깨달음[初發心是便正覺]"이라고 하였다. 깨침을 향한 여정에서 초심이 그만큼 중요하기 때문에 정각(正覺)이라 강조한 것이다.

초발심을 달리 표현하면 간절한 마음이라고 할 수 있다. 붓다의 가르침을 간절하게 믿고[信] 이해하는[解] 것이 중요하다는 것이다. 다음은 52단계의 과정으로 잘 짜인 프로그램이 준비되어 있으니, 상황에 맞게 스스로를 점검하면서 수행[行]하면 된다. 그렇게 한 계단씩 올라가다 보면 화엄 빌딩 스위트룸에서 깨달음[證]이 우리를 기다리고 있을 것이다.

097

깨침,
순간[頓]인가 점차[漸]인가?

깨침은 순간적으로 다가오는 것일까, 아니면 알 듯 모를 듯 가랑비에
옷 젖듯이 점차적으로 찾아오는 것일까? 깨침은 언어의 길이 끊어진
[言語道斷] 종교적 체험이기 때문에 이를 논하는 것 자체가 어쩌면 난
센스일지 모른다. 그럼에도 불구하고 이 문제는 오랜 시간 불교계의
논쟁거리가 되어왔다. 그만큼 많은 사람들이 관심을 가지고 지켜보
았다는 뜻이다. 한국불교에서 주요 논쟁이 되었던 돈오점수(頓悟漸
修), 돈오돈수(頓悟頓修) 문제도 발단은 여기서부터 시작되었다.

선불교 역사에서 5조 홍인(弘忍)의 문하에 있던 혜능(慧能)과 신
수(神秀)는 중요한 인물로 평가되고 있다. 이들로부터 돈점(頓漸) 문

제가 역사의 전면에 등장하기 때문이다. 홍인은 제자들에게 마음에 깨친 바가 있으면 게송으로 써서 제출하도록 한다. 가장 좋은 답안을 작성한 제자에게 자신의 법(法)을 물려주는 매우 중요한 시험이다. 이때 시험에 응한 인물은 혜능과 신수 둘뿐이었다. 그리고 선불교 역사에서 6조는 잘 알려진 것처럼 혜능으로 이어졌다. 도대체 답안지가 어떠했기에 당시 최고 엘리트로 평가받던 신수를 제치고 일자무식인 혜능이 법을 이어받았을까?

먼저 신수의 답안지부터 엿보기로 하자. 그는 우리의 마음을 명경(明鏡), 즉 모든 것을 밝게 비추는 거울에 비유했다. 그런데 맑고 깨끗한 거울에 먼지가 쌓이면 사물이 잘 보이지 않기 때문에 항상 깨끗이 닦아야 한다. 마찬가지로 우리의 마음에 망념이라는 먼지가 쌓이면 점차적인[漸] 수행을 통해 깨끗이 털어내야 한다. 그렇게 먼지가 쌓이지 않도록 열심히 수행을 하다 보면 언젠가 깨침이라는 소식이 찾아온다는 것이 신수의 답안이었다.

이 답안지를 본 대중들은 감탄을 했다. '역시 신수야!'라는 평가가 대부분이었다. 그러나 스승의 눈에는 그렇게 보이지 않았다. 거울에 먼지가 있다고 전제하는 한 우리가 할 수 있는 일은 영원히 털고 닦는 것밖에 없기 때문이다. 그렇게 되면 깨침이라는 일대사는 기대하기 힘든 일이다. 홍인이 신수가 진리의 문 앞까지는 왔는데, 그 안으로 들어오지 못했다고 평가한 이유도 여기에 있다. 안타깝지만 스승은 제자에게 B⁺학점을 주었다. 아닌 것은 아닌 것이다.

그렇다면 혜능의 답안지는 어땠을까? 한마디로 지금까지 볼 수 없었던 파격적인 답안이 제출되었다. 그는 마음이라는 거울에는 본래 먼지가 없다[無]고 답했다. 마음이란 본래 공(空)한 바탕인데, 털고 닦을 것이 어디에 있느냐는 것이었다. 그는 번뇌, 망상 자체를 착각이라고 자신 있게 답하였다. 이것은 마치 눈병이 났을 때 눈앞에 어른거리는 허공 꽃[空華]이 실재한다고 착각하는 것과 같다고 할 수 있다. 따라서 그에게는 먼지 자체가 본래 공하다는 것을 한순간에 [頓] 깨치는 일이 중요하다.

답안지를 확인하는 스승의 눈이 떨리기 시작했다. 제대로 된 물건이 하나 들어와서 너무 좋긴 한데, 당시 혜능은 신참내기에다가 굴러 들어온 돌이었다. 스승은 자칫 주위 사람들이 그를 시기하고 해칠까봐 답안지가 별거 아니라고 대중들에게 말하였다. 그리고 한밤중에 몰래 혜능을 불러 A⁺라는 최고 학점과 함께 그의 법을 전하였다. 선불교의 6조와 더불어 돈오(頓悟), 견성(見性)을 중시하는 전통이 탄생하는 순간이다.

이들의 답안지로 인해 신수의 전통을 북종(北宗), 혹은 북점선(北漸禪)이라 하였고 혜능의 전통을 남종(南宗), 또는 남돈선(南頓禪)이라 부르게 되었다. 마음에 번뇌, 망상이라는 먼지가 쌓이면 점차적으로 [漸] 털어내야 한다는 입장과, 그것이 본래 공함을 순간적으로[頓] 깨쳐야 한다는 입장으로 갈린 것이다. 불교의 역사는 혜능의 손을 들어 주었고 그 전통이 오늘날 한국불교의 정체성을 이루고 있다.

스승의 평가는 단호했다. 신수는 도시 출신의 공부 잘하는 엘리트 학생이었지만, 문제의 핵심에 도달하지 못했다. 반면 혜능은 시골 출신으로 글자도 몰랐지만, 마음의 본질을 정확히 꿰뚫고 있었다. 이러한 스승의 판단으로 인해 선불교의 역사는 혜능 중심으로 완전히 바뀌게 된다. 그리고 지금까지 '깨달음 논쟁'이란 이름으로 후학들에게 공붓거리를 제공하고 있다.

098

돈오(頓悟)란 무엇인가?

불교는 중생 싯다르타가 깨달음을 얻어 붓다가 된 순간부터 시작되었다. 그렇기 때문에 깨달음은 불교의 본질이라고 할 수 있다. 불교를 각교(覺敎), 즉 깨달음에 대한 가르침이라고 부르는 이유다. 그런데 깨침[覺]은 종파나 문화적 배경에 따라 견성(見性), 돈오(頓悟), 신해(信解), 해오(解悟), 증오(證悟) 등 다양한 이름으로 불리고 있다. 선불교에서는 깨달을 각(覺) 자(字)보다 오(悟) 자를 주로 사용한다. 특히 6조 혜능 이후 깨침의 선적(禪的) 표현인 돈오, 견성은 선의 생명이라 할 만큼 중요한 위치를 차지하고 있다.

그렇다면 돈오란 과연 무엇일까? 먼저 전제할 것은 돈오 역시 붓다의 깨침과 마찬가지로 언어, 문자의 길이 끊어진[言語道斷] 종교적 체험이라는 사실이다. 언어와 논리를 통해 그 세계를 명확하게 표현하는 데 한계가 있다는 뜻이다. 종교적 체험과 지적 이해 사이에는 건너기 힘든 간극이 존재한다. 우리는 높은 산에 올라 구름이 아래에서 흘러가는 멋진 광경을 볼 때, 그 아름다움을 언어로 형용할 수 없다고 말한다. 이러한 일상적 경험도 말로 표현하기 힘든데, 깨침이라는 체험을 어찌 언어 차원에서 완벽하게 표현할 수 있겠는가. 돈오라는 종교적 체험을 이야기할 때 논리적 겸손이 전제되어야 하는 이유도 바로 여기에 있다.

돈오란 글자 그대로 즉각적[頓]으로 깨치는[悟] 것이다. 돈(頓, sudden)이라는 용어 자체에서 우리는 깨침의 생생함을 엿볼 수 있다. '갑자기', '단박에', '일시에', '즉각적'이라는 뜻을 지니고 있는 돈은 마치 우물 안에만 살던 개구리가 우물 밖으로 뛰쳐나가는 것과 같은 엄청난 도약을 의미한다. 다시 말하면 나의 전 존재를 완전히 사로잡는 깨침의 순간성을 잘 보여주고 있다는 것이다. 돈오는 영어로 'sudden enlightenment'나 'sudden awakening'으로 번역되는데, 개인적으로 후자의 번역이 마음에 든다. 돈오는 중생이 무명(無明)이라는 잠에서 깨어나 부처로 질적 전환을 이루는 일대 사건이기 때문이다.

돈오는 아침에 잠에서 깨어나는 일로 비유할 수 있다. 우리는 아침에 '일어나야지, 일어나야지.' 머릿속으로 생각을 하면서도 실제로 이불을 걷고 나오기 힘든 경우가 있다. 이는 아직 잠이 덜 깬, 그러니까 몸은 아직 일어날 준비가 되지 않은 상태라고 할 수 있다. 이것은 돈오가 아니다. 돈오는 '깨어나야지' 하는 생각 차원에서 머무는 것이 아니라 실제로 이불을 털고 벌떡 일어나는 일이다.

그런데 선(禪)에서는 돈오라는 체험에 이르기까지 스승의 역할이 매우 중요하다고 강조한다. 물론 뛰어난 근기의 수행자는 스스로 모든 것을 다 할 수 있겠지만, 대개는 먼저 그 길을 걸었던 선지식의 올바른 가르침이 있어야 한다는 것이다. 마치 병아리가 알을 깨고 세상 밖으로 나오기 위해서는 어미 닭이 필요한 것과 같다고 할 수 있다.

선에서는 스승과 제자의 관계를 줄탁동시(啐啄同時)에 비유하곤 한다. '줄'은 병아리가 밖으로 나오기 위해서 안에서 껍질을 쪼는 것이며, '탁'은 병아리가 나올 수 있도록 어미 닭이 밖에서 쪼는 것을 말한다. 그러니까 병아리가 알을 깨고 새로운 생명으로 탄생하기 위해서는 스스로의 노력과 어미 닭의 쪼임이 동시에 이루어져야 한다는 것이다. 그렇지 않고 둘의 쪼는 방향이 다르다면 병아리는 안에서 죽고 만다. 이와 마찬가지로 제자가 깨침을 향해서 끊임없이 정진할 때, 스승의 올바른 가르침은 새로운 부처를 탄생시키는 관건이 된다.

고려시대 보조 국사 지눌은 『수심결(修心訣)』에서 돈오를 "선지식의 가르침으로 바른 길에 들어가 한 생각에 빛을 돌이켜[一念廻光] 자기의 본래 성품을 보는 것[見自本性]"이라고 하였다. 돈오는 스승의 가르침을 받아 밖으로만 치닫던 나의 마음을 안으로 돌이키는[返照]

일이다. 그런 점에서 돈오는 자신 존재에 대한 일대 방향전환이라 할 수 있다.

　우리는 항상 대상에 이끌려 정작 중요한 나 자신을 성찰하지 못하면서 살아가고 있다. 탐진치(貪瞋癡) 삼독(三毒)에 취해있기 때문이다. 돈오는 삼독의 술에서 깨어나 맑은 정신으로 나의 존재를 안으로 돌이키는 성찰의 빛이다. 그 지혜의 빛이 밝게 빛날 때 비로소 나의 참모습이 있는 그대로 드러난다. 그것은 과연 어떤 모습을 하고 있을까? 다음 글에서 살펴보기로 하자.

099

돈오,
완성인가 미완인가?

돈오(頓悟)란 중생의 삶을 청산하고 부처로 새롭게 태어나는 엄청난 사건이다. 그렇다면 한 사람의 삶을 완전히 변화시킨 깨침은 어떤 내용을 담고 있을까? 첫째로 부처란 어딘가 멀리 있는 외적 대상이 아니라 바로 내 마음[心卽佛]이라는 것이다. 평소에는 탐내고 성내며 어리석은 중생이라고 생각했는데, 그 중생이 다름 아닌 부처라는 것을 깨쳤다는 뜻이다. 선불교에서는 우리 본래의 바탕[本質]이 부처라고 강조하지만, 실제의 삶[實存]은 이와는 거리가 먼 중생으로 살아가고 있다. 아무리 인간의 본질이 부처라고 해도 현실에서 작동하지 않으면 아무 소용이 없기 때문이다. 그런데 돈오는 불성(佛性)이 작동하여 본질인 부처와 실존으로서 중생 사이의 벽이 깨지고 '하나' 되는 체험이다.

둘째로 돈오를 통해 확인되는 것은 번뇌의 성품이 본래 공(空)하다는 사실이다. 우리는 평소 무언가를 탐(貪)하며, 그것을 얻지 못하면 성내고[瞋] 어리석은[痴] 중생의 삶을 살아간다. 우리의 일상은 온갖 번뇌, 망상 속에 있기 때문에 이것이 실재한다고 생각을 한다. 그런데 존재의 참모습을 깨치고 보니 번뇌의 성품은 실체가 없는 텅 빈 바탕이라는 것이다. 앞선 글에서 언급한 것처럼 이는 마치 눈병이 났을 때, 눈앞을 아른거리는 허공 꽃[幻花]이 실재한다고 믿는 것과 같다. 속된 말로 표현하면, 이것은 본래 존재하지도 않는데 헛것을 보고서 자꾸 있다고 지랄을 하는 것이다. 눈병이 나으면 그 꽃이 본래 없다는 사실을 알게 되는 것처럼, 돈오를 하면 번뇌가 실재한다는 망상에서 벗어나 본래 공(空)한 실상을 볼 수 있게 된다.

이처럼 선(禪)에서는 돈오의 내용을 두 가지로 압축하고 있다. 그렇다면 돈오로 모든 공부가 끝났다고 할 수 있을까? 바로 이 지점에서 그 유명한 돈오돈수(頓悟頓修)와 돈오점수(頓悟漸修)의 논쟁이 등장한다. 돈오돈수를 주장하는 이들에 의하면, 돈오란 더 이상 닦을 것이 없는 완전한 깨침이어야 한다. 닦을 것이 남아있다면 진정한 깨침이 아니기 때문이다. 이는 실존과 본질 사이의 간극이 완전히 사라지고 부처로서의 삶이 구현되는 경지다. 한마디로 깨친 대로 살아지는, 즉 본질과 실존이 완전 합일된 경우라야 제대로 된 돈오라고 할 수 있다는 입장이다.

반면 돈오점수의 시선에서는 돈오돈수가 이론적으로는 가능할
지 몰라도 현실적으로 그런 경우가 얼마나 있겠는가라는 문제 제기
를 한다. 왜냐하면 중생이 부처라는 것을 깨쳤다고 하더라도 중생으
로서 살아온 습기(習氣)는 여전히 남아있기 때문이다. 따라서 오랫동
안 몸에 익은 습기를 제거하기 위해서는 점차적인 수행이 필요하다.
그런 수행을 통해 미세한 번뇌마저 완전히 제거되면 현실에서도 깨
친 대로 살아지는 완전한 경지, 즉 증오(證悟)에 이를 수 있다는 것이
다. 돈오점수의 입장에서 보면 돈오란 완성이 아니라 본질과 실존의
미완(未完)의 합일이라고 할 수 있다.

그렇다면 닦음이 남아있는 깨침을 돈오라고 할 수 있을까? 돈오
돈수의 입장에서는 아니라고 하지만, 돈오점수의 시선에서는 당연히
돈오라고 인정한다. 돈오점수의 철학을 확립한 보조 지눌은 이를 어
린아이의 탄생을 예로 들어 설명하고 있다. 갓 태어난 아이는 어른처
럼 스스로 걷거나 밥을 먹는 등의 활동은 할 수 없으나, 사람이라는
것은 분명한 사실이다. 닦을 것이 남아있다고 해서 돈오가 아니라고
말하는 것은 마치 어린아이를 사람이 아니라고 부정하는 것과 같다
는 것이다. 다만 어른이 되기 위해서는 어머니의 젖도 먹고 학교에서
교육을 받으면서 성장하는 과정이 필요한데, 그것이 바로 점수다.

이러한 돈오점수는 지눌 이후 오늘에 이르기까지 8백여 년을 이
어온 수행 전통이었다. 그런데 퇴옹 성철(退翁性徹, 1912~1993) 선사가

돈오점수를 비판하면서 돈점논쟁은 불교계뿐만 아니라 사회적으로도 뜨거운 관심을 불러일으켰다. 이는 돈오를 바라보는 두 시선의 차이에서 비롯되었다. 돈오의 핵심은 중생에서 부처로의 '변화'에 있다. 마음은 변했지만 몸도 변하려면 시간이 필요하다는 주장과 몸과 마음 모두 완전하게 변해야 한다는 입장은 과연 양립할 수 있을까?

100

돈오점수와 돈오돈수,
양립 가능한가?

등산을 좋아하는 사람들 가운데 정상에 대한 집념이 강한 이들이 있다. 정상을 찍지 않으면 산에 간 것이 아니라고 생각해서 어떻게든 그곳에 오르려고 노력한다. 그들은 산꼭대기에 올라 스스로 해냈다는 성취감을 마음껏 즐긴 다음 이 한마디를 남기곤 한다. 이 맛에 산에 오는 거라고. 이와 달리 정상에 꼭 오르지 않더라도 산에 간 것이라고 생각하는 사람들도 있다. 산 아래든, 아니면 중턱이나 정상이든 모두 산에 있는 것이 아니냐는 것이다. 돈오를 바라보는 시선 가운데 앞의 것이 돈오돈수를 닮았다면, 뒤의 입장은 돈오점수를 닮아있다. 그렇다면 이 두 주장은 과연 양립 가능할까?

두 가지 주장이 양립하기 위해서는 서로 모순 관계가 아니어야 한다. 하나가 맞으면 다른 하나가 틀리는 관계가 아니어야 한다는 뜻이다. 예컨대 서울은 대한민국의 수도라는 명제와 서울은 미국의 수도라는 주장이 둘 다 옳을 수는 없다. 서울이 동시에 한국과 미국의 수도일 수는 없기 때문에 두 주장은 양립 불가능하다. 이와 같이 돈오점수와 돈오돈수가 하나는 옳고 다른 하나는 그른 관계라면 두 주장은 양립할 수 없다. 그러나 옳고 그름이 아니라 돈오를 바라보는 해석의 문제라면 이야기는 달라진다. 충분히 양립 가능하다는 얘기다.

그렇다면 보조 국사의 돈오점수와 성철 선사의 돈오돈수는 어떤 배경 속에서 등장했을까? 문제의식이 다르면 대안도 다를 수밖에 없으므로 이를 알아보는 것은 찬성과 반대 이전에 반드시 필요한 일이다. 지눌은 어떻게 하면 선종과 교종 내에 쌓인 폐단을 청산하고 마음 닦는[修心] 불교로 회복할 것인가 고민하였다. 당시 교종은 '나는 안 돼. 깨칠 수 없다.'는 무력감에 빠져있었고 선종은 자기가 부처인 줄만 알고 수행은 하지 않은 채 막행막식하는 자만심에 물들어있었기 때문이다. 돈오점수는 이러한 문제를 해결하기 위한 실천적 처방이었다.

먼저 그는 스스로를 낮추는 교종을 향해 부처란 다른 데 있는 것이 아니라 '네가 바로 부처'이니, 이를 자각하는 것이 중요하다고 강조하였다. 반대로 자고심(自高心)에 빠진 선종을 향해 아무리 자신의 본질이 부처라 할지라도 현실에서 실천하지 않으면 중생과 다를 바

없으니, 끊임없는 수행을 통해 그것을 완성하라는 점수의 처방을 제시하였다. 그러니까 돈오는 교종을 향한 용기의 메시지였으며, 점수는 선종을 위한 따끔한 회초리였던 것이다. 그는 이러한 깨침과 닦음의 길을 통해 당시의 교단이 상처를 치유하고 승가 본연의 모습을 회복할 수 있다고 믿었다.

이와 달리 성철 선사의 시선은 조금 다른 곳을 향해있었다. 그는 당시 공부가 무르익지 않았는데도 가짜 선지식 흉내를 내는 이들이 큰 문제라고 생각하였다. 어설픈 견성도인 행세를 하면서 대중들을 잘못된 방향으로 이끌 수 있기 때문이다. 이는 마치 산의 중턱에 있는데도 정상에 올랐다고 착각하는 것과 같다. 그는 이렇게 된 원인을 돈오점수 사상에서 찾았다. 보조 국사를 향해 "몹쓸 나무가 뜰 안에 돋아났으니 베어버리지 않을 수 없다[毒樹生庭 不可不伐]."는 과격한 발언을 한 배경에 이러한 문제의식이 자리하고 있었다.

그는 가짜 선지식 문제를 해결하기 위해서는 강력한 처방이 필요하다고 생각하였다. 그것이 바로 완성되지 않은 깨침은 돈오가 아니라는 돈오돈수였다. 그는 동정일여(動靜一如)와 몽중일여(夢中一如), 오매일여(寤寐一如)가 되지 않으면 돈오가 아니라는 엄격한 기준을 정하였다. 일상이나 꿈속, 심지어 숙면에서도 화두가 성성(惺惺)하게 깨어있어야 참다운 깨침이라는 뜻이다. 한마디로 견성도인 흉내 그만 내고 더 치열하게 수행하라는 강력한 메시지였던 것이다.

이처럼 문제의식의 차이는 서로 다른 대안이라는 결과를 낳았다. 요약하자면 보조 국사가 고려불교의 상처를 치유하고 교단을 바로 세우기 위해 돈오를 관대하고 폭넓게 해석한 반면 성철 선사는 가짜 선지식의 문제를 해결하기 위해 돈오를 매우 엄격하게 적용하였다. 두 선사가 처한 시대 상황을 고려하면 돈오점수와 돈오돈수 모두 이해할 수 있는 대안이라고 할 수 있다.

그런데 800여 년을 이어온 돈오점수의 전통을 선사가 과격하게 부정하면서 돈점논쟁이 시작되었다. 이 논쟁으로 인해 한국불교의 학문적 발전과 토론문화의 확산 등의 많은 긍정적 효과가 있었다. 아쉬움이 남는 것은 선사가 문제의식이 아무리 간절했다 하더라도 보조 국사에 대한 비판이 도를 넘었다는 사실이다. 각자의 상황에 따라 얼마든지 돈오점수와 돈오돈수 어느 하나를 선택하여 공부의 기준으로 삼을 수 있는데도 말이다. 붓다는 대기설법(對機說法), 즉 사람들의 근기에 따른 가르침을 강조하였다. 보조 국사 역시 이에 따라 선종과 교종 각각에 필요한 대안을 제시하였다. 논쟁은 치열하더라도 양립할 수 있는 문제를 양립 불가능한 상황으로 만드는 일만은 피해야 할 것이다. 돈오점수와 돈오돈수는 서로 모순 관계가 아니기 때문이다.

신문사 연재가 끝나갈 무렵 담당 기자로부터 "다음주부터는 원고 안 보내셔도 됩니다."라는 전화를 받고 무척 기뻐했던 기억이 떠오른다. 지금도 계속 신문이나 잡지에 연재를 하고 있지만, 2년 동안 매주 한 편씩 글을 완성해서 신문사에 보내는 일이 쉽지만은 않았기 때문이다. 매주 주제를 정하고 그 속에 어떤 내용을 담을 것인지 고민해야 했다. 그뿐만 아니라 한정된 지면 안에서 붓다의 가르침이 오늘의 우리에게 어떤 의미인지 성찰해야 했다. 덕분에 공부도 많이 되었고 나 자신을 돌아보는 소중한 시간이 되기도 하였다.

2년 동안 연재를 하면서 독자 분들로부터 이런저런 의견을 듣기도 하였다. 어느 분은 신문에 실린 글을 읽으면서 불교 사상 전체를 정리할 수 있어서 참 좋았다는 소감을 보내왔다. 가장 기억에 남는 독자는 연세가 꽤나 많으신 분인데, 신문에서 글을 읽고 소감과 함께 자신이 소장하고 있는 자료를 함께 보내주었다. 내가 놀란 것은 연필로 직접 써가면서 공부한 방대한 자료들이었다. 그때 느꼈다. 한 줄의 글을 쓰더라도 정성을 다해야 한다는 것을 말이다. 이 자리를 빌려 관심을 보내준 독자 분들께 감사의 마음을 전하고 싶다.

본문에서 지적한 것처럼 불교는 앎의 철학이자 삶의 종교라는 성격을 지니고 있다. 따라서 불교 역시 인문학의 근본 물음인 '인간이란 무엇이며, 어떻게 살 것인가?' 하는 것이 중심이 될 수밖에 없다. 우리는 붓다의 가르침을 통해 이 질문에 대한 분명한 답을 알고 있다. 바로 우리가 우주의 중심이기 때문에 자신과 진리에 의지해서 살아야 한다는 것이다. 그것이 붓다의 유훈인 자등명법등명(自燈明法燈明) 속에 담긴 실존적 의미다. 이뿐만 아니라 우리가 사는 세계는 영원한 것이 아니라 무상하기 때문에 순간순간을 최선을 다해 후회 없이 살아가야 한다는 것이 붓다의 가르침이다. 한마디로 주인공으로서 무상한 삶을 멋지게 살라는 뜻이다. 『불교에 대해 꼭 알아야 할 100가지』 역시 인문학의 근본 물음을 바탕으로 이에 대한 불교적 해답을 모색하고 있는 책이다.

원고를 쓰면서 경전이나 서적에 있는 내용뿐만 아니라 불교에 대한 필자의 느낌을 함께 전하고 싶었다. 그렇기 때문에 글쓴이의 해석이 담겨있는 것도 사실이다. 혹여 미흡한 부분이 있다면 독자들의 질정을 바란다. 아무쪼록 이 책이 개별 나무가 아니라 불교라는 전체 숲을 보는 데 도움이 되었으면 좋겠다.

믿음·이해·수행·깨달음
信解行證

불교에 대해
꼭 알아야 할
100 가지

ⓒ 이일야, 2021

2021년 6월 7일 초판 1쇄 발행
2024년 3월 20일 초판 3쇄 발행

지은이 이일야
발행인 박상근(至弘) • 편집인 류지호 • 상무이사 김상기 • 편집이사 양동민
편집 김재호, 양민호, 김소영, 최호승, 하다해, 정유리 • 디자인 쿠담디자인
제작 김명환 • 마케팅 김대현, 김선주, 이선호 • 관리 윤정안
콘텐츠국 유권준, 정승채, 김희준
펴낸 곳 불광출판사 (03169) 서울시 종로구 사직로10길 17 인왕빌딩 301호
        대표전화 02) 420-3200 편집부 02) 420-3300 팩시밀리 02) 420-3400
        출판등록 제300-2009-130호(1979. 10. 10.)

ISBN 978-89-7479-922-9 (03220)

값 20,000원

잘못된 책은 구입하신 서점에서 바꾸어 드립니다.
독자의 의견을 기다립니다. www.bulkwang.co.kr
불광출판사는 (주)불광미디어의 단행본 브랜드입니다.